Winfried Nouč

DEUTSCHE DOGGE

Illustrationen: Renate Dolz

KYNOS VERLAG MÜRLENBACH

Dr. Dieter Fleig GmbH
Am Remelsbach 30
D - 54570 Mürlenbach/Eifel
Telefon: 06594/653
Telefax: 06594/452
Internet: http://www.kynos-verlag.de

2. Auflage 2002

ISBN 3-924008-17-5

Titelbild: Foto Willi Freund
Vorsatz: Foto Werner Fuchs
Nachsatz: Originalkreidezeichnung Richard Strebel, Sammlung Dr. Fleig
Rückencover: Foto Helga Ohlenforst

Gesamtherstellung: Druckerei Anders GmbH, D - 54595 Niederprüm

Winfried Nouč

DEUTSCHE DOGGE

Inhaltsverzeichnis

Inhaltsverzeichnis

I. Zum Geleit

Auf ein Doggenbuch aus Deutschland, dem Mutterland der Rasse, das in einer weit ausgreifenden, die Eigenart dieser Hunderasse umfassende Gestaltung wohl einmalig ist, haben wir schon lange gewartet.
Der Autor, dem ich seit nahezu 30 Jahren freundschaftlich verbunden bin in dem gemeinschaftlichen Bestreben insbesondere zur Förderung des blauen Farbschlages – dort der Zwinger »Royal«, hier »Domofendi's« – kann aus seinem reichen Erfahrungsschatz schöpfen. Seine Ausführungen, die in hervorragender Weise Historie und Gegenwart beleuchten, werden selbst den erfahrenen Kynologen von internationalem Rang viele neue Erkenntnisse bringen.
Es ist nicht zu bestreiten, daß es in der Zucht und der Haltung dieser großen Hunderasse auch Probleme gibt. Ich bin aber sicher, daß es uns als den Verantwortlichen in den Zuchtvereinen gemeinsam gelingen wird, erkannte Schwächen abzustellen und der Deutschen Dogge, dem »Apoll unter den Hunderassen«, ihre hervorragende Stellung in der Hundewelt zu bewahren.
Nicht unwesentlich ist in diesem Zusammenhang der Zusammenschluß von Doggenfreunden in der »Féderation Europäischer Deutscher Doggen Clubs« (Eu.-D.D.C.), der, 1979 in Deutschland angeregt, formell auf der 1. Generalversammlung am 8. August 1981 in Gent-Belgien vollzogen worden ist. Im Zuge dieser Integration ist die vergleichende Kenntnis des Zuchtpotentials und der Zuchtrichtungen ein unschätzbarer Gewinn.
Kein ernsthafter Doggenfreund wird daher an dem vorliegenden Werk von Winfried Nouc, dessen theoretisches Wissen in einer praktischen Erfahrung als Züchter, langjähriger Zuchtbuchführer, Zuchtleiter und 1. Vorsitzender des Deutschen Doggen Clubs 1888 e. V. wurzelt, vorübergehen können. Es verschafft uns allen, Züchtern, Zuchtrichtern und Liebhabern der Deutschen Dogge einen intensiven Einblick in diese Hunderasse und einen Wegweiser zugleich.
So wünsche ich dem Doggen-Portrait eine weite Verbreitung.

Tremelo-Belgien, im Februar 1990

Roland Thienpont
2. Präsident der
Féderation Europäischer Deutscher
Doggen Clubs

II. Vorwort

Als vor einigen Jahren der Kynos-Verlag mit der Bitte an mich herantrat, ein Doggen-Portrait zu schreiben, war ich von dieser Idee sehr angetan. Immerhin fühle ich mich seit über 40 Jahren dieser Rasse verbunden, die ich mit all' ihren Höhen und Tiefen, wie sie der tägliche Umgang in der Familie, aber auch Zucht und Ausstellung mit sich bringen, erleben durfte.

Es erschien mir reizvoll und gleichzeitig auch nützlich, diesen »Apoll unter den Hunderassen« von seiner geschichtlichen, vor allem aber auch seiner biologischen wie psychologischen Seite aus näher zu beleuchten, um daraus dann praktische Schlußfolgerungen für eine naturgemäße Haltung zu ziehen, die jedem Doggenfreund und Züchter willkommen sein werden. Das Buch dürfte auch jedem Zuchtrichter und Körmeister, der nicht von seiner Unfehlbarkeit überzeugt ist, noch manches zu sagen haben.

Eine Rasse zu lieben, heißt nicht nur das Schöne zu sehen, sondern auch ihre Betrachtungen aus kritischer Distanz. Nur so lassen sich über Nachdenklichkeiten zukünftige Fehlentwicklungen vermeiden.

Das Ergebnis dieses Buches beruht auf einer Fülle eigener Erfahrungen und vieler persönlicher Unterredungen mit Doggenfreunden aus aller Welt. Über Länder und Grenzen hinweg entstand ein reger Gedankenaustausch, entwickelten sich Freundschaften, wie sie nur von Menschen geschlossen werden können, die von einer gemeinsamen Liebe zu einer Rasse besessen sind. Ihnen möchte ich Dank sagen, ebenso wie den lebenden und verstorbenen Autoren der Werke, die ich in meinem Quellenverzeichnis angegeben habe. Welch großes Wissen ist doch in diesen Schriften niederlegt, getragen von der Liebe und dem Verantwortungsgefühl gegenüber unseren vierbeinigen Gefährten.

Mit Freude erkenne ich die Bereitschaft jener Fotografen an, die mir die vielen schönen Aufnahmen für mein Buch zur Verfügung gestellt haben. An der Auswahl der Bilder läßt sich ermessen, daß sich der Übergang von der »kupierten Dogge« zur »unkupierten« nur langsam vollzieht. Mit viel Einfühlungsvermögen und Können hat Frau Renate Dolz die Illustrationen geschaffen, die das »neue« Aussehen der Dogge vermitteln.

Was ich vor Beginn dieses Buches nicht bedachte, war der enorme Zeitaufwand, den ich neben meinen sonstigen, mich bereits voll ausfüllenden Tätigkeiten aufzubringen hatte. So möchte ich mich nunmehr, da das Werk vollbracht ist, bei meiner Verlegerin, aber auch bei den zahlreichen Doggenfreunden für deren Langmut bedanken, mit der sie sich immer wieder haben vertrösten lassen. Für die Nachsicht, die sie mir in dieser Zeit stets entgegengebracht hat, bin ich meiner lieben Frau verbunden.

Ich hoffe, mit diesem Buch das Verständnis für die Eigenart, aber auch für die Bedürfnisse der von uns so sehr geliebten, aber auch ebenso oft falsch verstandenen und daher falsch behandelten Deutschen Dogge vermitteln zu können.

So möge das »Doggen-Portrait« nunmehr seinen Weg antreten; den Doggenfreunden zur Erbauung und Anregung, unserem gebliebten Hund, der Deutschen Dogge, zu Ehre.

5106 Roetgen, im Februar 1990 Winfried Nouč

III. Die doggenartigen Hunde des Altertums

Zu einer Zeit, als die ersten geschichtlichen Aufzeichnungen entstanden, war der Hund bereits überall vorhanden, sogar in vielfältigen Spielarten, die von der Zwergform bis zu großwüchsigen Formen reichten, die Nackthunde ebenso eingeschlossen wie die ›ganz mit Haaren besetzten‹. Im Vorderen Orient (Assyrien, Persien) und bis nach Indien wurden Hunde schon 6000 Jahre vor Christus gehalten. Das älteste Religions- und Gesetzbuch der Perser »Avesta« berichtet von Hunden, die in der Seelenwanderung eine große Rolle spielten. Das Töten oder Verletzen solcher Tiere wurde mit hohen Strafen belegt. In Vendidad, dem zweiten Teil Avesta, finden wir sogar den Ausspruch: »Durch den Verstand des Hundes besteht die Welt«.

Die Ägypter kannten und schätzten den Hund seit uralter Zeit. Er stand den Menschen so nahe, daß er zur Gottheit erhoben wurde. Anubis, der Totengott der Ägypter, besaß einen Hundekopf, ähnlich dem eines Wolfes oder Schakals.
Von den Indern wissen wir aus dem heiligen Buch Veda, daß die eingewanderten Arier 3000 bis 2000 v. Chr. bereits Hunde als Hüter und Wachhunde hielten.
In China, wo der Ackerbau bereits in voller Blüte stand, und die Jagd für das gemeine Volk auf dem heiligen Boden des Reisanbaues verboten war, wurden Hunde überwiegend als Luxustiere gehalten. Das Schuking (Buch der Urkunden) aus dem 9.–7. Jahrhundert v. Chr. berichtet von der Einfuhr einiger Hunde für den kaiserlichen Zwinger. Die Kaiser der Dschou-Dynastie ließen sich dagegen von den Gesandten ihrer fernen Provinzen Jagdhunde und kleine Spielhündchen schenken. Man erfährt, daß bereits um 3450 v. Chr. der Kaiser Fu-hi mit dem Gedanken spielte, in seinem Palast »Muffhunde« zu züchten, um im Winter nicht an den Fingern zu frieren.
Reichhaltig sind die Nachrichten über den Hund auch bei den alten Griechen. In der Literatur und in der Mythologie findet er eine große Beachtung. Die Stadt Korinth widmete im Peloponnesischen Krieg dem einzigen überlebenden Hund von 50 Mastiffs, welche die Stadt gegen den angreifenden Feind verteidigt hatten, ein Denkmal, auf dem stand: Dem Beschützer und Retter Korinths.
Von der unerschütterlichen Treue des Hundes zu seinem Herrn weiß Homer in seiner Odyssee zu berichten. Nur sein Hund Argos erkennt Odysseus, als dieser nach 20 Jahren Abwesenheit zurückkehrt. Argos stirbt bald darauf an Altersschwäche und Wiedersehensfreude.

Zerberus, der dreiköpfige Hund mit dem Schwanz einer Schlange, wird bei den Griechen als der Wächter der Unterwelt angesehen.
Bei den verschiedenen alten römischen Schriftstellern wie Marcus, Terentius, Varus, Gratius, Seneca und Oppian finden wir Belege für den Wert und das Ansehen, das die Hunde bei den Römern genossen. Hunde waren hier in alle Lebensbereiche einbezogen. Sie haben vielfach Ähnlichkeit mit den griechischen Hunden. Vor allem die Molosser spielten eine große Rolle, weil sie nicht nur groß, kräftig und äußerst mutvoll waren, sich also zu Schutz- und Wachhunden eigneten, sondern weil sie auch gute Nasen hatten (Strebel).
Uns interessiert aus dieser Vielfalt lediglich die Gruppe der Doggen und Doggenartigen, zu der alle breitstirnigen, großen Hunde mit auffallend starkem Gliederbau, sehr kräftig entwickeltem Schnauzenteil, tief herabhängenden Lefzen und Neigung zur Faltenbildung der Kopfhaut gezählt werden, und bei denen alles mehr auf elementare Kraft als auf große Beweglichkeit deutet.
Ihre Geschichte beginnt im Vorderen Orient. »Hätte es«, so schreibt H. Räber, »unter den germanischen Völkern Bildhauer, Schriftsteller und Maler gegeben, so wären uns vermutlich Bilder von germanischen Doggen überliefert worden, und niemand wäre jemals auf den Gedanken gekommen, die Heimat der Doggen läge im Hochland von Tibet.« So müssen wir uns auf die herrlichen assyrischen Reliefs oder auf die ägyptischen Malereien und Skulpturen berufen, die uns genauere Auskünfte über die letzten Jahrtausende vor Christi Geburt geben.
Eines der ältesten Reliefs, das von dem Vorhandensein doggenartiger Hunde zeugt, ist überliefert aus einem im 12. Jahrhundert v. Chr. erbauten babylonischen Tempel, den im Jahre 380 v. Chr. Nebukadnezar erneuern ließ. Eine gute Vorstellung erhalten wir aus einem hethitischen Flachrelief aus Malatya (9. Jh. v. Chr.). Es zeigt eine Szene aus einer Löwenjagd mit Tibetdoggen (Abb. 1).

Abb. 1: Szene aus einer Löwenjagd. Doggenartige Hunde wurden auch bei der Jagd auf große Raubkatzen verwendet. Hethitisches Flachrelief aus Malatya (9. Jh. v. Chr.).

Um 1800 v. Chr. fielen die Hyksos, die aus Asien stammten, in Ägypten ein. Sie brachten neben Windhunden vor allem Doggen mit, die im Lande verblieben, nachdem ihre Herren vertrieben worden waren. In einer Szene, die Tutanchamun, den berühmten Pharao der 18. Dynastie bei der Verfolgung der Nubier zeigt, sind auch Doggen abgebildet.
Desweiteren sind im Palast von Ninive, den Assurbanipal um 649 v. Chr. erbaute, Ausschnitte aus assyrischen Flachreliefs erhalten geblieben, auf denen doggenartige Hunde dargestellt werden (Abb. 2 u. 3).
Ähnliche Hunde haben die Perser besessen. Von Kambyses wissen wir, daß er einen Hund hatte, der es mit zwei Löwen aufnahm und der persische König Xerxes I. (486–465 v. Chr.) soll sich auf seinen Kriegszügen wilder Kriegshunde bedient haben. Aristoteles zählt neben verschiedenen Hunden auch scharfe Jagd- und

Abb. 2: Dogge beim Spaziergang im königlichen Park. Ausschnitt aus einem assyrischen Flachrelief im Palast von Ninive, den Assurbanipal um 649 v. Chr. erbaute.

Abb. 3: Jagdszene mit Doggen aus einem assyrischen Flachrelief um 649 v. Chr.

Kriegshunde auf, die vom Perserkönig Kyros in die Schlacht geschickt wurden und deren sich sein Schüler Alexander der Große zu erwehren hatte.
Die Lydier, ebenfalls ein asiatischer Volksstamm, besiegten 628–571 v. Chr. die Kimmerer, indem ihr König Alyattes große Hunde gegen sie hetzen ließ.
Etwa zur Zeit der Dschou-Dynastie gelangte die Tibetdogge auch nach China. Als Kriegs- und Jagdhund erfreute sie sich vor allem unter den Hankaisern (206 v. Chr.–220 n. Chr.) einer großen Beliebtheit (Abb. 4).
Alexander der Große (336–326 v. Chr.) brachte auf seinen ausgedehnten Feldzügen, die ihn nach Persien und Indien führten, Tibetdoggen nach Griechenland. Sie begründeten dort die berühmte Zucht der Molosser, benannt nach deren Zuchtgebiet Molossis in Epirus (Südalbanien). Von Alexander wird berichtet, daß er auf seinen Feldzügen diese Hunde dazu benutzte, seine Gegner in Panik zu versetzen.

Abb. 4: Grabbeigabe (Keramik) aus der Hanzeit (206 v. Chr. bis 220 n. Chr.). Tibet-Doggen bewachten in China und im Vorderen Orient die Paläste.

Über Griechenland gelangten diese Molosser zu den Römern. Sie waren von der Entschlossenheit und Kampfeskraft dieser Tiere so begeistert und setzten sie nicht zuletzt deshalb zu ihrem pervertierten Vergnügen als Kampfhunde in den Arenen gegen Großkatzen, Stiere und Gladiatoren ein. Bei Ausgrabungen von Taĉ in der römischen Provinz Pannonien (heutiges Ungarn) konnten unter den etwa fünfzig Skeletten außer Schäfer- und Windhunden auch einige Doggen identifiziert werden.

Große Hunde wurden auch von den Römern auf ihren Kriegszügen mitgeführt. Der griechische Geschichtsschreiber Polyänos, der zur Regierungszeit Marc Aurels (161–180 n. Chr.) in Rom lebte, hat in seinem Werk »Stragetemata« die berühmtesten Kriegslisten seiner Zeit zusammengestellt und weist darin den Hunden bei militärischen Operationen drei Aufgaben zu: Einsatz beim Angriff, Lagerverteidigung und Kurierdienste.

Auf ihren Eroberungszügen nach Gallien und Britannien gerieten die römischen Legionäre mit den Nachkommen der Kelten aneinander. Dieses Volk war vom Kaspischen Meer die Donau entlang über Mitteleuropa bis nach Nordfrankreich und Britannien vorgedrungen und hatte Kriegspferde, sehr viele Hunde und eine fortgeschrittene Technik der Eisenverarbeitung mitgebracht. Der schwerere mastiffartige Hundetyp der Kelten, der Canis Britannicus, machte wegen seiner Wildheit und Stärke den Römern und ihren eleganteren Molossern arg zu schaffen.

Über diese britannischen Hunde wird berichtet, sie seien imstande gewesen, einem Ochsen das Genick zu brechen. Sie wurden bald zu einem begehrten Exportartikel, der für den Einsatz in den Tierkampfarenen Roms bestimmt war. Um nur ja die besten Spezies dieser Kampfhunde zu erhalten, wurde von den Römern eigens ein offizieller Beamter bestellt, der »Procurator Cynogie«, mit Amtssitz in Winchester, das zu dieser Zeit als die »Stadt der Hunde« bezeichnet wurde.

Wie sehr sich die Römer mit allen Arten von Hunden beschäftigt haben, läßt sich unschwer an den zahlreichen Mosaiken und Flachreliefs mit Abbildungen von Hunden erkennen. Wachhunde, wie die von Pompeji, Kampfhunde, Windhunde mit Steh- und Hängeohren sowie kleinwüchsige Jagdhunde kommen dort zur Darstellung. Es liegt auf der Hand, daß die kulturell so hochstehenden Römer auch bereits Rassenzucht betrieben und neben den schweren Kampfhunden leichtere, doggenartige Formen zur Jagd herauszüchteten.

Sichere Nachweise über das Auftreten doggenartiger Hunde in prähistorischer Zeit fehlen für Europa weitgehend. Ein dänischer Fund aus der mittleren Steinzeit lieferte nach Brinkmann (1932) zwei verkürzte Unterkiefer einer »großen Rasse«, und Studer (1905) beschreibt einen Schädel aus der Hallstattzeit (Eisenzeit 900 bis 400 v. Chr.), der einem großen, doggenähnlichen Hund zugeordnet wird. Dieser Fund aus Karlstein bei Reichenbach entstammt einer illyrischen, also indogermanischen Kultur. Auch Nehring (Gesellschaft Naturforschender Freund, Berlin 1884)

beschreibt zwei Schädel doggenartiger Hunde, die bei Berlin gefunden wurden. Sie konnten aber offensichtlich nicht genau zugeordnet werden und Nehring selbst läßt eine Zeitspanne von prä- bis frühhistorisch offen.
Doch dafür, daß die germanischen und keltischen Stämme in Europa doggenartige Hunde besaßen, sprechen zumindest zwei schriftliche Zeugnisse. Der griechische Geograph Strabon (63 v. Chr. bis 20 n. Chr.) erwähnt in seiner Beschreibung der Länder der damaligen Welt »Geographika«, daß die Gallier (französische Kelten) bei den Britanniern Kampfhunde kauften, und Plinius der Ältere (24 n. Chr.), der als Offizier große Teile des Römischen Reiches kennenlernte, berichtet in seinem umfassenden Werk »Naturalis historia« von den Kimbern, einem germanischen Stamm, der gegen Ende des 2. Jahrhunderts vor Christus seine Heimat im Norden von Jütland verließ und nach Süddeutschland, Gallien und Spanien gelangte. Sie besiegten mehrfach die römischen Heere und von ihren Schlachten ist bekannt, daß große, starke Hunde die Wagenburgen bewachten und aktiv in den Kampf eingriffen. Auch in den Sagen der Isländer tauchen große Hunde auf, ohne allerdings genauer beschrieben zu werden.
Anewien, ein keltischer Dichter des 6. Jahrhunderts, sagt in seiner Schilderung der Schlacht bei Cattraeth, in der seine Landsleute von den Sachsen geschlagen wurden und an welcher er selbst als nordbritischer Häuptling teilnahm: »Es entrannen nur Drei der Macht ihrer Schwerter, zwei Kampfhunde von Acron und Cynon, und ich.«

IV. Die Doggen des Mittelalters

Die Geschichte der Hunde des Mittelalters ist bestimmt durch die Jagdherrlichkeit jener Zeit. Es war die Zeit, wo ungeheure Rudel von Schwarzwild die Wälder Mitteleuropas durchbrachen und in ihrem Gefolge Bären und Wölfe auftraten.
Nur spärlich sind zunächst die Aufzeichnungen. Sie sind im Gegensatz zu den einst phantastischen Schilderungen der griechischen und römischen Schriftsteller eher dürftig und trocken gehalten.
In den germanischen Volksrechten treffen wir auf verschiedene Arten von großen und schweren Hunden, darunter den Bärenfänger, Büffelfänger, Saurüde (Canis porcaritius), Bullenbeißer und Hatz-Rüden. In den alemannischen Gesetzen des 7. Jahrhunderts sind die Strafen für die Entwendung dieser Hunde aufgeführt: »Bonum canem porcatorium, qui capit porcas, ursaritium, qui ursos capit, vel qui vaccam et taurum prendit, si occiderit aliquis, cum 3 solidis componat.« Lex. Alem. tit. 83, art. 3. »Wenn jemand einen guten Saurüden, der Schweine fängt, einen Bärenfänger, welcher Bären faßt, oder welcher die Kuh und den Stier packet, tötet, so wird er mit drei Solidis gebüßt.«

Weitere Hinweise auf Hunde mit doggenartigen Formen finden sich an Kapitälen von Bauwerken des 12. Jahrhunderts, die vielfach mit Reliefs verziert sind und verschiedene Jagdarten mit Hunden darstellen. Strebel hat hierzu eine Reihe von Zeichnungen aus den Kreuzgängen des Großmünsters in Zürich angefertigt, die Hunde bei der Sau- und Bärenhatz zeigen (Abb. 5). Aus demselben Jahrhundert stammt vermutlich auch das von Strebel aufgenommene Motiv einer Ziegelplatte, die von der Burg Straßberg stammt. Es zeigt einen Jäger hoch zu Roß in Begleitung eines doggenartigen Hundes, der mit einem Panzer zum Schutz gegen die schweren Schläge der Waffen der Keiler bekleidet ist (Abb. 6).
Zu welcher Blüte die Hundebegeisterung der abendländischen Rittergesellschaft sich schließlich entwickelte, geht aus den in Stein gemeißelten Denkmälern von Hunden hervor, ihren Abbildungen auf kostbaren Gobelins und Gemälden sowie aus den Nachbildungen von Hunden auf Wappen und Siegeln, mit denen sich ihre Besitzer zu schmücken pflegten. Es wird berichtet, daß die Gefolgsleute Karls des Großen, sehr zum Mißfallen der Kirche, sich selbst während des Kirchganges nicht von ihren hochgeschätzten Windhunden und Doggen trennen wollten.
Zwei Doggen waren es, die der Malteser Ritter Dieudonné von Gozon (gestorben 1353) abrichtete, um das bei Rhodos hausende Krokodil, das Schafe, Kühe und

Abb. 5: Jagd mit Hatzrüden (Saurüden und Bärenfänger). Dargestellt von Richard Strebel aus den Reliefs der Kreuzgänge des Großmünsters von Zürich aus dem 12. Jahrhundert.

Abb. 6: Ziegelplatte aus der Burg Straßberg zwischen Diesbach und Büren, vermutlich 12. Jahrhundert. Sie zeigt einen Jäger zu Pferd mit einer schweren Dogge, die einen Schutzpanzer gegen schwere Schläge durch die Waffen der Keiler trägt. Zeichnung R. Strebel.

Pferde fraß und auch junge Hirten schon verschlungen haben sollte, zu töten, was Schiller bekanntlich zu seinem im Jahre 1798 entstandenen Gedicht »Der Kampf mit dem Drachen« inspirierte.

». . . Und alles bild ich nach genau
Und kleid es in ein scheußlich grau;
Halb Wurm erschien's, halb Molch und Drache,
Gezeuget in der giftigen Lache.
Und als das Bild vollendet war,
Erwähl ich mir ein Doggenpaar,
Gewaltig schnell von flinken Läufen,
Gewohnt, den wilden Ur zu greifen;
Die hetz' ich auf den Lindwurm an,
Erhitze sie zu wildem Grimme,
Zu fassen ihn mit scharfem Zahn
Und lenke sie mit meiner Stimme . . .«.

Strebel erwähnt die sagenumwobenen kubanischen Doggen. Im 15. Jahrhundert soll Christoph Kolumbus diese großen Kampfhunde eingeführt haben, die später im Kampf der spanischen Eroberer gegen die Eingeborenen eine traurige Berühmtheit erlangten. So schildert der Pater Las Casas als Augenzeuge des Kampfes bei La Vega real, daß die so sehr gefürchteten Lebreles de presa, jeder für sich, fast 100 Indianer kampfunfähig gemacht haben und ihren Besitzern damit zu reicher Beute verhalfen, da ihre Taten genau belohnt wurden, wie die der Soldaten (Abb. 7, 8).

Aus dem Mittelalter ist uns vom Grafen Phöbus (Gaston de Feu) die Beschreibung einer Doggenart bekannt, welche den »Alan vautre« und »Alan gentil« unterscheidet. Der »Alan gentil« wird, einer leichten deutschen Dogge vergleichbar, mit spitzzugeschnittenen Ohren geschildert (Abb. 9).

Überall beginnen kynologische Schriftsteller die Hunde nach ihren unterschiedlichen Merkmalen zu klassifizieren, so daß man von einer genaueren Rassebeschreibung nicht mehr weit entfernt ist. Vor allem in England macht die Hundezucht große Fortschritte. In seinem Werk »De canibus britannicus« (1570) vermittelt Dr. Johannes Cajus eine vollständige Übersicht der historischen Hunderassen Englands. Es gibt dort bereits fünf Hundetypen, aus denen die Engländer seit dem 16. Jahrhundert eine große Anzahl weiterer Rassen züchteten. So die Greyhounds oder englischen Windhunde, die Slowhounds, ein für die Sumpfjagd geeigneter Hundetyp, die Erdhunde, die großen Doggen, die man als Hof-, Wach- oder Jagdhund verwenden kann und schließlich die dort berühmt gewordenen Bulldogs mit ihren Eigenschaften als Stierkämpfer.
Schon bald gelten die Engländer als die wichtigsten Hundeexporteure der Welt, an deren gewinnträchtigen Einnahmen sich selbst die Tudorkönige beteiligen. Sie unterhalten für ihre Hundezucht eigens eine Insel, die sogenannte Hundeinsel, auf

Abb. 7: Die spanischen Eroberer hetzten ihre gefürchteten Lebreles de presa auf die Indianer. Ausschnitt Stich Theodore de Bry aus dem 16. Jahrhundert.

Abb. 8: Kubanische Dogge nach Youatt. »Hier muß auch der Bullenbeißer von Kuba erwähnt werden, an den sich schreckliche Erinnerungen knüpfen. . . . Zu ihrer Selbstverteidigung verschafften sich die Spanier Bullenbeißer, mit deren Hilfe sie in die einzelnen Gebiete eindrangen und den größten Teil der Ureinwohner vernichteten.«

Abb. 9: Herzog Wolfgang-Wilhelm von Neuburg. – Die mit ihm vom flämischen Maler van Dyck (1599–1641) abgebildete Dogge ähnelt im Typ bereits sehr den Doggen des 19. Jahrhunderts.

Abb. 10: Velasquez (1599–1660) Don Antonio el Inglés. Eine Persönlichkeit des spanischen Hofes im 17. Jh., dargestellt mit einer großen Dogge.

der sie prächtige Zwinger errichten lassen. Diese wurden sogar von ihren Nachfolgern, den Stuarts, erweitert und modernisiert, um der wachsenden Nachfrage vom Kontinent gerecht zu werden.

»Bei den vielen wechselseitigen Beziehungen der Fürstensitze zueinander und der damaligen Sucht, in Pomp, in Sport ganz speziell, einander zu überbieten, sind aus England ganz umfangreiche Importationen dieser damals in hohem Ansehen stehenden englischen Doggen erfolgt« (Strebel). In wie hohem Ansehen zur damaligen Zeit diese Doggenart stand und welche Ausbreitung sie durch die verschiedenen Fürstenhöfe fand, geht eindrucksvoll aus den Porträts von Fürstlichkeiten mit großen Doggen hervor, die uns aus den Werken des großen van Dyck und seiner Schüler Castiglione Giovannie Benedetto genannt il grechetto (1676–1764), Velasquez (1599–1660) u. a. überliefert (Abb. 9, 10, 11) sind.

Abb. 11: Dogge mit Halsband. Gemäldeausschnitt Castiglione Giovanni Benedetto (1676–1764), das für den Herzog von Mantua gemalt wurde.

Wenn wir uns die Frage nach den echten Vorläufern unserer Doggen stellen, dann können wir bei der Betrachtung der zeitgenössischen Darstellungen davon ausgehen, daß englische Importe einen wesentlichen Beitrag zu ihrem heutigen Exterieur geleistet haben. Noch waren es keine »durchgezüchteten« Hunde, wie wir heute im Sinne einer sich im engsten Kreise bewegenden Rassehundezucht sagen würden. Es waren hochläufige, starke, doggenartige Hunde, wie sie in England und Irland durch Kreuzungen des Mastiffs mit den großen irländischen Windhunden jener Tage entstanden und überall Aufsehen erregten. Diese Hunde waren vor allem höher und rascher als der bereits bei uns bekannte Bullenbeißer, dabei in Größe, Schwere, Farbe und Form recht unterschiedlich. Die züchterische Auslese erfolgte lediglich unter dem Gesichtspunkt der Verwendbarkeit als Jagd- und Hetzhunde. Waren sie darüber hinaus noch schön, dann schmeichelte das um so mehr ihren fürstlichen Besitzern, die sich mit dem Image dieser großen Hunde umgaben.

Die an den europäischen Höfen am meisten geübte Jagdart war die Parfocejagd auf den Hirsch, bei der unter der Leitung eines Erzpikörs vier Piköre mit 80 bis 100 Hunden arbeiteten. Das Feld bestand aus 60 Reitern. Sobald die Meute den vom Rudel gesprengten Hirsch gestellt hatte, wurden ihm von den Pikören die Sehnen der Hinterschenkel durchschlagen und vom Jagdherrn der Fangstoß mit dem Hirschfänger gegeben.

Der Dichter Heinrich von Kleist (1777–1811) läßt in seinem Trauerspiel »Penthesilia« Doggen bei der Jagd Verwendung finden.

> . . . »Denn wie die Dogg' entkoppelt mit Geheul
> In das Geweih des Hirsches fällt: der Jäger
> Erfüllt von Sorge, lockt und ruft sie ab;
> Jedoch verbissen in des Prachtthiers Nacken,
> Tanzt sie durch Berge neben ihm und Ströme,
> Fern in des Waldes Nacht hinein« . . .

Und in des Dichters Friedrich Müller, genannt Maler Müller (1749–1825), »Jägerlied« erklingt es in seinen Versen über die mutigen Doggen:

> »Taltera! Taltera!
> Das Jagdhorn erschallt!
> Taltera! Taltera!
> Der Doggen Laut halt!
> Wie lechzen die muthigen
> Doggen! wie eilt's
> Dort über die blutigen Klippen! wie heult's!
> Ha! Cynthiens mächtiger
> Ruf in den Klang
> Dem Bären ein prächtiger Sterbegesang!«

Abb. 12: »Auf der Bärenjagd.« Kupferstich von Justus Sadler etwa um 1650. Sammlung Dr. Fleig.

Abb. 13: Sauhatz nach Snyders

Abb. 14: Abfangen der Sauen bei der Jagd zu Pferde. Antonio Tempesta, ca. 1500. Man achte auf den Typ der Hetzhunde. Sammlung Dr. Fleig.

Bei der Wildschweinhatz ging es noch rauher zu. Hier jagte man mit Saupackern und schweren Doggen, die manchmal so scharf waren, daß sie während der Jagd Pferde und Reiter anfielen. Die Jagdszene von Synders in Abb. 13 zeigt solch eine Hatz.

Beckmann hat aus den Bildern van Dyck's und Rubens, die sich in der Münchener Pinakothek bzw. im Belvedere bei Wien befinden, Doggen herausgezeichnet (Abb. 15). Diese Hunde kommen unseren heutigen Doggen in ihrer äußeren Erscheinung bereits sehr nahe.

Abb. 15: Deutsche Doggen Anfang des 17. Jahrhunderts. Zeichnung Ludwig Beckmann nach Originalen von van Dyk und Rubens.

Über die Gefahren dieser Jagden erfahren wir von den Beteiligten selbst. So schreibt um das Jahr 1570 der Landgraf Wilhelm IV. von Hessen, daß in drei Jahren 413 Sauen erlegt wurden, wiewohl sie sich »redlich gewehret, die Pferde, auch etlicher vom Adel Jeger und Bauern selbst geschlagen und über hauffen gelauffen, auch den Bauern, so uff Beume entfliehen wollen, nachgesprungen, bey den Füßen erwischt und widder herabgezogen, doch seyn unsere engelischen Rüdden biß anhero noch Gottlob zimblich ledig ausgegangen . . .«.

Einem alten Kupferstich, auf dem der Herzog von Schwaben und Neuburg mit seiner Lieblingsdogge, einem mächtigen Hund von schwarzer oder grauer Farbe mit großen weißen Abzeichen, abgebildet ist, entnehmen wir den Vers:

»Viel Hund des Schweines Tod,
Doch legt mit seinen Waffen
Es oft manch muntre Dog
Zu vor gar unsanft schlafen,
Wird nicht der Eber recht
Mit Spieß und Hund bestanden,
So hauet er ergrimmt
Manch Mann und Dog zu schanden.«

Fr. v. Flemming »Der vollkommende Teutsche Jäger« (Leipzig 1719) gibt uns einen Überblick sämtlicher deutschen Hatzhunde seiner Zeit. Hierzu zählten: »Englische Docken, Bären- oder Boll-Beißer, leichte Cours-Hunde, Saurüdden und Windspiele.«

Die englischen Doggen sind genau beschrieben. Flemming bestätigt, daß diese Hunde »in jetziger Zeit nicht mehr so weit geholet, sondern in Teutschland an großer Herren Höfen von Jugend auf erzogen, zur Pracht erhalten, auch nach ihrer Größe, gutem Gewächs, Schönheit und Farben als ›Kammer-, Leib- und Englische Hunde‹ unterschieden und ästimiret werden«.

Abb. 16: Gejackte oder gepanzerte Deutsche Dogge, 17. Jahrhundert.
Zeichnung L. Beckmann nach Originaljacken der Herzoglich Coburger Sammlung.

Abb. 17: Gepanzerte Leib- und Cammer-Hunde. Kupferstich J. E. Ridinger (1698–1767) Sammlung Dr. Fleig.

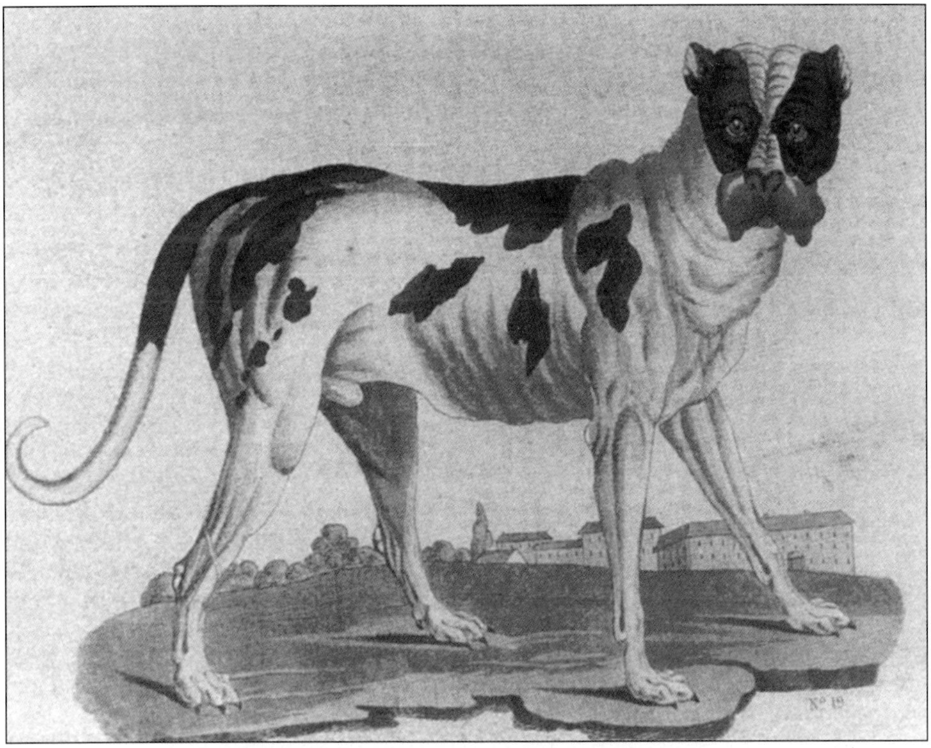

Abb. 18: »Die Englische Dogge ist der eigentliche König des Hundegeschlechts, ist die größte Hunderasse, denn sie ist fast 2, oft 3 Fuß hoch, von mächtig starkem Bau, sie hat kräftige Muskeln und eine breite, starke Brust . . . die Nase ist gespalten. Ihr Charakter ist in der Freiheit sanftmütig und fromm, und selten fangen sie Händel mit anderen Hunden an . . . An der Kette aber sind sie unbändig und, könnten sie oftmals loskommen, lebensgefährlich. Zum Bewachen der Güter und Häuser sind sie vorzüglich geeignet.« Aus Theodor Götz, »Hunde-Galerie oder naturgetreue Darstellung des Hundes«, 1853.

Flemming beschreibt zum ersten Male auch die Cours- und Saurüden. Bei den Coursrüden heißt es, man finde in Curland eine Art Windhunde, die von ungemeiner Größe und höher als englische Hunde sind, womit die Einwohner in Curland, weil es schnelle und flüchtige Hunde sind, die Bären und Elendtiere in Wildnissen hetzen können. »Wenn man diese Art haben kan, ist es freylich besser. Sonsten kan man in Ermangelung itzbesagter Hunde sich andere leichte, schnelle und flüchtige Hetzhunde zuwege bringen, wenn man nemlich eine große Wind-Hündin mit einem englischen Hund belegt.«

»Was nun das Exterieur der mittelalterlichen Hatzrüden betrifft«, so schreibt unser vor einigen Jahren verstorbener Doggenfreund Adolf Göschel, »finden wir alle

Farbschläge unserer heutigen Deutschen Dogge, wie dies aus den Überlieferungen damaliger Jagdschriftsteller hervorgeht. Der ursprüngliche Typus erhielt sich am längsten und zwar bis vor einigen Jahren in Hessen, in Form eines gelben Schlages. Herr Wildmeister Otto-Kassel, der vom Jahre 1860–1870 dem Kurhessischen Jägerhof als Hofjäger angehörte, hatte die Güte, mir noch einige Einzelheiten über die letzten ihres Stammes mitzuteilen. Danach waren es energische Hunde von gelber, rotgelber, gewölkter Farbe und schwarzem Fange und zum Teil hohe und flüchtige Tiere, welche ausschließlich zum Fangen außerhalb der Suche von Sauen verwendet wurden. Im Jahre 1876 wurden die letzten dieser Hunde verkauft.«

Abb. 19: »Der Bären- oder Bullenbeißer ist etwas kleiner als die Englische Dogge, allein von Körperbau viel kräftiger und stärker . . . Die Lefzen, Backen und die gespaltene, kurze, bis an die Augen schwielige Nase sind schwarz . . . Ihre Stärke und Kraft sind außerordentlich, ein einziger Hund hält den stärksten ungarischen Ochsen fest. Die schönsten Tiere dieser Hunderasse gab es schon in Wien, wo sie bei den Tierhetzen auf Büffel und Auerochsen, Wölfe, Panthertiere und dergleichen gebraucht wurden. Sie sind ebenfalls im freien Zustande gutmütig, angelegt aber oder eingesperrt, im Zimmer oder im Zwinger, für den Fremden lebensgefährlich.« Aus Th. Götz, »Hunde-Galerie oder naturgetreue Darstellung des Hundes«, 1853.

V. Das 19. Jahrhundert – Ein Name wird zum Begriff

Mit der Brechung der Vormachtstellung des Adels in den Revolutionsjahren der ersten Hälfte dieses Jahrhunderts verlieren sich auch dessen Privilegien in der alleinigen Ausübung der Jagdhoheit und der Haltung und Zucht vornehmer Hunde.
Die sich ausweitende Mechanisierung in den nachfolgenden Jahren, umschrieben mit dem Begriff der ersten industriellen Revolution, lassen den landwirtschaftlichen Anteil an der Güterproduktion immer mehr zurückgehen. Auch die Jagd verliert volkswirtschaftlich zunehmend an Bedeutung, obwohl sich nach der Reform des Jagdrechts eine immer breitere Bevölkerungsschicht der Ausübung des edlen Weidwerks zuwendet. Dennoch ist nach dem Umbruch der Hund als echter Jagdgehilfe, so wie wir ihn in den schneidigen Doggenformen des Mittelalters erlebt haben, nicht mehr gefragt.
Neue Techniken, wie das zu Anfang des Jahrhunderts entstandene Perkussionsgewehr und der um 1840 von Dreyse gebaute Hinterlader, das Zündnadelgewehr, lösen das unhandliche und treffunsichere Feuersteinschloßgewehr sowie den Hirschfänger und die Saufeder ab, lassen die alten Jagdgebräuche schnell vergessen.
»Mit dem Aufhören der Sauhetzen«, so schreibt Strebel, »hörte auch der Lebenszweck der Vorfahren unserer deutschen Dogge auf, man fing an, sie mehr als Wach- und Begleithund zu verwenden, wodurch gleichzeitig die größeren und schwereren wieder beliebter wurden; bei der Zucht wurde, damit zusammenhängend, mehr Gewicht auf Mächtigkeit und Eleganz gelegt und so der Grundstein zum Aufbau der modernen Doggenzucht geschaffen.«
Standen vormals die Funktion und die Fähigkeit der Doggen, bestimmte Leistungen zu erbringen, im Vordergrund der züchterischen Überlegungen und war ihre körperliche Erscheinung von zweitrangiger Bedeutung, so werden nunmehr immer strengere ästhetische Kriterien auf ihr Aussehen angewendet. Doch zunächst ist die Zucht noch recht willkürlich; ein jeder züchtet mit den überlieferten Beständen nach eigenen Vorstellungen. Es entstehen mehr oder weniger örtliche Schläge, wie man eine Gruppe von Tieren zu bezeichnen pflegt, die sich durch gemeinsame Hauptmerkmale auszeichnen.
Vor allem Württemberg, so scheint es, war bis zu dem Zeitpunkt, wo rigorose Polizeiverordnungen und Steuern das Halten solcher großen Hunde ungemein erschwerten, der Hauptsitz der damaligen Doggenzucht. Es gab dort zwar keine

großen Züchter, aber wie berichtet wird, besaß fast jeder Metzger, Bäcker oder Wirt eine Dogge oder Hatzrüden und züchtete damit. Später verlagerte sich der Hauptsitz der Doggenzucht mehr nach Norddeutschland, speziell nach Berlin. Bezüglich der Benennung dieser einzelnen Zuchten waren offensichtlich der Fantasie keine Grenzen gesetzt. Nicht zuletzt durch zahlreiche Händler, die sich bei der Vermittlung der plötzlich auch im Ausland sehr begehrt gewordenen Doggen deutscher Zucht hervortaten, welche diese Hunde bald als Ulmer, bald als Dänische Doggen anboten, je nachdem der Käufer einen schweren oder leichten Hund wünschte, kam es zu den geografischen Doggennamen. Züchterisch scheint man in Süddeutschland den weiß- und schwarz-gefleckten Schlag favorisiert zu haben, der als Ulmer Dogge bezeichnet wurde, während man in Norddeutschland blaue Doggen für Ulmer Doggen hielt. Als Hatzrüden oder Wolfshunde galten die Gestromten. Die Isabellfarbenen, manchmal auch die Blauen, nannte man Dänische Doggen. Aber auch Hatzrüde, deutscher oder altdeutscher Fanghund, Boarhound, Tigerdogge, englische Dogge, Große Dogge, Saupacker u. a. waren gebräuchliche Namen.

»Auf der ersten größeren Hundeausstellung in Hamburg 1863«, so lesen wir bei Beckmann, »fanden sich unter dem Titel ›Dänische Doggen‹ 8 Exemplare, während in der Klasse der als ›Ulmer Doggen‹ bezeichneten Hunde sieben Stück ausgestellt waren. In der Ausstellung zu Altona 1869 finden wir 15 ›dänische Doggen‹ und 12 ›Ulmer Doggen‹. Im Jahre 1876 erschienen auf der großen Hamburger Ausstellung 24 ›dänische‹ und 45 als ›Ulmer‹ benannte Doggen. Von allen diesen Hunden war kein einziger aus Dänemark eingeschickt oder seine Abstammung von dort angegeben – sie gehörten vorwiegend Hamburger und Altonaer Bürgern und waren theils im Württembergischen, theils in Berlin gezüchtet.« Von der Altonaer Ausstellung im Jahre 1869 ist im übrigen in besonderer Erinnerung geblieben, daß der Kaiser von Rußland zwei der dort ausgestellten Exemplare käuflich erworben hat.

Als weiterer Beweis unterschiedlicher Namensgebung mag ein Hinweis von Strebel gelten, wonach im Jahre 1874 Max Hartenstein in Stuttgart von Hettig eine als württembergischer Hatzrüde bezeichnete Dogge ›Basco‹ erwarb und zwei Jahre später von demselben Züchter die Hündin ›Bella‹. »Hiermit«, so Strebel, »beginnt die neue Ära für die deutsche Dogge.« Es sind dieses gewiß Nachkommen aus der Meute von Doggen, die auf der Solitüde bei Stuttgart zu Hatzzwecken gehalten wurden und wie sie im übrigen in jenen Tagen in der Nähe früherer Jagdschlösser auch in neuer Aufgabe als Karrenhunde allenthalben anzutreffen waren. Obgleich der Name »Hatzrüde« im kynologischen Verständnis für alle möglichen Hunde gebraucht wurde, die Anlagen und Kraft zur Hatz in sich vereinigten, ohne daß besonderer Wert auf deren Exterieur gelegt wurde, hat sich dessen Bedeutung im regionalen Gebrauch, vor allem in Württemberg, lange Zeit als Synonym für den Begriff der deutschen Dogge erhalten.

Noch im Jahre 1902 schreibt der Tierarzt und Doggenzüchter Diffine aus Rüsselsheim a. M. (Zwinger »Gloria«): ». . . So kommt es, daß wir diese Hatzrüden in den mannigfaltigsten Typen abgebildet finden, bald mehr, bald weniger dem Typus unserer Dogge sich zuneigend; natürlich waren diese Tiere meist rauh und struppig im Haar und durften sich mit der edlen Dogge, wie dieselbe heute herausgezüchtet ist, nicht messen. Wie aber schon erwähnt, hat sich in Württemberg bis auf den heutigen Tag der Name Hatzrüde für die deutsche Dogge mehr oder weniger erhalten. Es unterliegt wohl keinem Zweifel, daß die Vorfahren unserer Doggen meistens keine edlen Doggen nach unseren jetzigen Begriffen waren. Bürstenruten, Ringelruten und rauhes Haar waren meistens vorherrschend, und auf Farbe wurde selbstredend keinerlei Rücksicht genommen; doch konnte man auch schon bei den Meuten schönere, elegantere Hunde antreffen, die sich dem Typus unserer heutigen Dogge mehr näherten. Die besten dieser Hunde wurden ausgewählt, um als Begleithunde in Hof und Haus zu dienen, mit diesen edleren Tieren wurde weiter gezüchtet, und die Hatzrüden näherten sich so immer mehr dem heutigen vollendeten Typus, wenn auch natürlich in den Würfen noch viele minderwertige Tiere fielen.«

Anläßlich der Hamburger Ausstellung im Jahre 1876 sahen sich die beiden dort amtierenden Richter, der aus Norddeutschland kommende Hauptmann von Wardenburg und der bereits zu jener Zeit als Doggenzüchter bekannte Gustav Lang aus Blaubeuren, vor die Unmöglichkeit gestellt, in den ausgestellten Dänischen und Ulmer Doggen die Vertreter verschiedener Rassen zu erkennen. Sie machten daher den Vorschlag, die Doggenklassen auf eine einzige Rasse zu beschränken und dieselben einfach als »Deutsche Doggen« zu bezeichnen, um damit endlich auch der Entwicklung zu einer eigenständigen deutschen Hunderasse Rechnung zu tragen, die sich seit mehreren Jahrhunderten angebahnt hatte.

Mit ihren Anregungen trafen sie allseits auf ein offenes Ohr; denn es war die Zeit, in der sich die deutsche Kynologie auf sich selbst besann, um sich nach englischem Vorbild zu organisieren.

Es entstanden der ›Verein zur Veredelung der Hunderassen‹ mit Sitz in Hannover, der ›Verein Hektor‹ in Berlin, der ›Club zur Prüfung für Dachs- und Hühnerhunde‹ in Straßfurt, der ›Norddeutscher Hetzclub‹ und der ›Jagd-Club Nimrod‹ in Oppeln. Diese fünf Vereine schlossen sich am 26. April 1879 in Hannover zur Delegierten-Commission (DC) zusammen.

Der 1878 gegründete ›Verein zur Veredelung der Hunderassen‹ machte es sich zur Aufgabe, die Rassen nach Nationalitäten zu trennen, Rassemerkmale für einzelne Hunde festzulegen. Die Grundlage hierzu bot das im Jahre 1879 nach dem Vorbild des englischen »Kennel-Club-Stud-Book« angelegte »I. Deutsche Hunde-Stammbuch«.

Die Kynologen-Vereinigung »Hektor-Berlin« befaßte sich vornehmlich mit der Organisation des Ausstellungswesens. Vorsitzender dieser Vereinigung war der engagierte Doggenzüchter Dr. Bodinus, seines Zeichens Direktor des Zoologischen Gartens in Berlin. Unter seiner Regie trat im Jahre 1878 ein aus Züchtern und Richtern ausgewähltes siebenköpfiges Komitee zusammen, um auf der Grundlage der bisherigen Erfahrungen über eine einheitliche Namensgebung zu beraten. Am Ende stand der weittragende Beschluß, künftig alle Varietäten der Doggen unter dem gemeinsamen Namen »Deutsche Dogge« zu erfassen.

Bereits auf der Frankfurter Ausstellung desselben Jahres, die gemeinhin als die bis dahin wichtigste Ausstellung anzusehen ist, wurde der Berliner Beschluß in die Tat

umgesetzt. Alle Hunde, die dort als Ulmer Dogge, Hatzrüde, Saupacker und Dänische Dogge gemeldet waren, wurden in einer gemeinsamen Klasse als »Deutsche Dogge« erfaßt und den Nichtjagdhunden zugeordnet.
Nach dem Frankfurter Vorbild verfuhr ein Jahr später (1879) auch das Ausstellungskomitee in Hannover, nachdem die Herren Gustav Lang und der allseits bekannte kynologische Schriftsteller und Tiermaler Ludwig Beckmann-Düsseldorf dort intervenierten.
Im Jahre 1880 wurden anläßlich der Ausstellung in Berlin die vom »Verein zur Veredelung der Hunderassen« erstellten Rassezeichen in einer Versammlung von Delegierten unter Vorsitz des Präses Dr. Bodinus verbindlich festgestellt, mit der vorgedruckten Anmerkung:
»Rassezeichen der deutschen Dogge (Berlin 1880)«.
Mit der allgemeinen Annahme dieses Namens waren die bisher üblichen, aber unberechtigten Bezeichnungen »Dänische Dogge« und »Ulmer Dogge« fortgefallen.
Damit hatte man sich entschlossen, die in Deutschland am häufigsten gezüchtete und schönste Doggenform anzunehmen, welche genau die Mitte hielt zwischen der schweren Form der Bullenbeißer und der leichten des Windhundes. In der allgemeinen Beschreibung heißt es: »Die deutsche Dogge vereinigt in ihrer Gesamterscheinung Größe, Kraft und Eleganz wie kaum eine andere Hunderasse. Sie hat nicht das Plumpe und Schwerfällige des Mastiffs, ebensowenig die zu schlanke und leichte, an den Windhund erinnernde Form, sondern hält die Mitte zwischen beiden Extremen.«

VI. Deutsche Dogge – Great Dane?

Über ein Jahrhundert ist mittlerweile seit der Berliner Entscheidung vergangen, in der mit der Namensgebung »Deutsche Dogge« der Grundstein zur Gestaltung einer einheitlichen Hunderasse gelegt wurde, deren Varietäten wegen ihrer unterschiedlichen und zum Teil fantasievollen Namen bis dahin zu einer Reihe von Irritationen geführt hatten. Doch obwohl dieser Name in Deutschland selbst und im Verständnis der weltweiten ›Féderation Cynologique Internationale‹ (FCI) mittlerweile zu einem festen Begriff geworden ist, Deutschland international als das Heimatland für diese Rasse anerkannt wird, dementsprechend auch für die Erstellung und Fortschreibung des Standards verantwortlich ist, hält sich in allen angelsächsischen Ländern und in den Ländern des englischen Sprachraumes hartnäckig der Begriff »Great Dane«.
Selbst die Italiener, die von jeher eine große Gemeinde von Doggenfreunden stellten, konnten sich bisher zu dem standardüblichen Namen nicht entschließen. Ihr heutiger Club für Deutsche Doggen, die ›Societa Italiana Alani‹, bedient sich begrifflich noch immer des »Alano«, einer Doggenform, die im Jahre 1342 in einem Jagdbuch des Königs Alfonso XI. in Spanien erwähnt und später (1644) in Verbindung mit den schweren Hatzhunden gebracht wurde, deren Form etwa zwischen dem alten deutschen Bullenbeißer und dem alten englischen Mastiff lag. Unterschiedliche Namensgebungen haben die Liebhaber dieser Rasse jedoch nie an einer engen Zusammenarbeit gehindert und die führenden Züchter, seien sie aus Italien, England oder Amerika, haben die Grundlage für ihre Doggenzucht stets mit Importen aus Deutschland oder mit den Nachkommen dieser Hunde geschaffen. Als im Jahre 1891 der ›Deutsche Doggen Club‹ anläßlich der allgemeinen Revision der Rassezeichen der Nichtjagdhunde einen präzisen Standard mit Beschreibung der ›Idealdogge‹ erstellte, waren alle Nationen bereit, die Autorität dieses Clubs in dieser Frage anzuerkennen. Ob amerikanischer, englischer, italienischer, indischer, holländischer oder skandinavischer Standard, im Grunde basierten sie alle bereits vor der Festschreibung durch die FCI auf einer wortgetreuen Übersetzung des deutschen Standards.
Andererseits hat der ›Deutsche Doggen Club‹ in seinen Überlegungen für die Rasse stets führende ausländische Richter und Züchter mit einbezogen. Als es zum Beispiel dem Club am 31.08.1903 darum ging, eine Bewertungsskala der Doggen nach Punkten aufzustellen, wurden in die Beratungskommission außer den deutschen Teilnehmern Dr. Hörmann, Gewerberat Krumbhorn, Kirschbaum, Fueß,

Rost, Scheuer, Wachholz, Aichele, Dornbach, Gohlke und Wand auch die Herren Gutbrod-Bradford (England), Pool-Zaltbommel (Holland) und Schönflug-Wien gewählt. Diese Zusammenarbeit setzte sich in den 30-er Jahren fort. So bekannte Namen wie Graf Brasavola di Massa, Italien, Bron Voss, Amsterdam, J. Leeder, den Haag und Gordon Steward, London wurden in der Richterliste des Deutschen Doggen Clubs geführt. Eine Tradition, die nach dem 2. Weltkrieg wieder aufgelebt ist und nunmehr Spezialrichter der Rasse aus nahezu allen europäischen Ländern umfaßt, die sich dem Club und der Rasse besonders verbunden fühlen.
In der ganzen Welt ist so eine einheitliche Vorstellung vom Idealbild der Deutschen Dogge entstanden, so daß man zurecht sagen kann: »Ist der Stand der Deutschen Dogge in Deutschland hoch, so ist er es auch in allen anderen Ländern.«
Derartige Schlußfolgerungen lassen sich gewiß nicht für alle anderen Hunderassen ziehen; denn dort haben vielfach lokale Vorlieben zu besonderen Typen innerhalb einer Rasse geführt, die sich von Land zu Land unterschiedlich präsentieren. Richter und Züchter sind dann nicht selten verwirrt, wenn ein Hund, der in einem Lande als ein »Überflieger« gilt, in einem anderen nicht anerkannt wird.
Dieses vorausgeschickt, möchte ich zu einem Exkurs in die Literatur eintreten, um herauszufinden, welchen Ursprung der Name »Great Dane« (großer Däne) hat, den sich, wie es im »I. Nederlandsch Duitsche Doggen-Stamboek« des Jahres 1901 geschrieben steht, »sieben Herren der Kynologen-Vereinigung Hector in Berlin unter dem Vorsitz von Dr. Bodinus angemaßt haben, mit einem Federstrich zu beseitigen zu Gunsten eines Namens, mit dem sie eine nationale Rasse gründen konnten«.
Urheber der Bezeichnung ›Grand Danois‹ ist vermutlich der französische Naturforscher Buffon (1707–1788), der die Theorie vertrat, die Windhunde seien in Dänemark des rauhen Klimas wegen immer schwerer, größer und massiger, eben zu dänischen Doggen geworden. Nach seiner Meinung gehören sie in die Familie der Molosser und er unterscheidet den »grand« von dem »petit« Danois.
Auf Buffon wird eine Illustration aus dem Jahre 1740 zurückgeführt, die den kleinen ›Le matin‹ in Verbindung mit einem in der Form ähnlichen, aber größeren Hund zeigt, der dort als ›Le grand Danois‹ bezeichnet wird. Eine ähnliche Abbildung des ›Dänischen Hundes‹ findet sich auch bei Ridinger (1738) in seinem »Entwurf einiger Thiere« (Abb. 21).

Etwa zur gleichen Zeit taucht dieser ›dänische Hund‹ zum ersten Male in England auf. So bringt ›The Gentleman Farrier‹ (1732) eine kleine, amüsante Abhandlung, in der es heißt: »Dem ›dänischen Hund‹, der im allgemeinen groß und kurzhaarig ist, kann man einige nützliche Dinge anerziehen: er ist fähig, Ihnen in dunkler Nacht die Laterne voranzutragen; auch ist schon oft erprobt worden, daß er Ihnen ein Paket, welches Sie absichtlich auf Ihrem Weg zurückgelassen haben, mit einer solchen Schnelligkeit heranholt, wie es Roß und Reiter nicht vermögen, selbst wenn Sie inzwischen bereits 5 bis 6 Meilen wegs zurückgelegt haben; und außerdem: sollten Sie einmal in der Fremde übernachten und der Hund ist in Ihrer Begleitung, so seien Sie unbesorgt, niemand darf sich an Sie heranwagen.«

Abb. 20: Kopfportrait Saufänger Ag. Schleich, ca. 1870. Sammlung Dr. Fleig.

Abb. 21: Dänischer Hund in früher Zeit. Zeichnungen: Ludwig Beckmann nach Originalen Götz (1834), Buffon (1740), Riedinger (1738).

DER GROSSE DAENISCHE HUND

Abb. 22: Kupferstich von Magnus Brasch. Nürnberger Raspische Buchhandlung 1789. Signum der Stadtbibliothek Nürnberg Med. 624/4°.

Abb. 23: »Great Danes used in Boarhunting.« Stich Richard Blome 1686. Gewidmet »His Royal Highness George Prince of Denmark«.

Auf der Suche nach näheren Bezügen des Begriffes ›Great Dane‹ zu dem Lande selbst, finden sich auch bei Johann Täntzer (1680), der in seinem in Kopenhagen herausgegebenen Buch die Englischen Hunde und andere Rassen beschreibt, keinerlei Hinweise, die diese Doggen als Rasse dänischen Ursprunges ausweisen. Dieses ist umso bemerkenswerter, da Täntzer selbst etwa zwanzig Jahre in Dänemark gelebt hat und mehrere Jahre in Jütland als Wolfsjäger tätig gewesen sein soll.

Wenden wir uns England zu, dem Land, wie ich meine, in dem unter Hintenanstellung der eigenen Verdienste um die Rasse der Buffon'sche Begriff »Grand Danois« in dem Augenblick bereitwillig aufgenommen wurde, als es darum ging, ein Gegengewicht gegen die (voreilige?) deutsche Namensgebung des Jahres 1878 zu schaffen.

Den ersten Hinweis auf die Dogge dänischen Ursprungs glaubt E.Ash (›Dogs – Their History & Development‹ 1927) in Blome's ›Gentleman's Recreation‹ (1686) gefunden zu haben. Er bezieht sich auf den Stich einer Jagdszene auf Wildschweine, dessen Legende lautet: »To his Royal Highness George Prince of Denmark – ergebenst gewidmet von Richard Blome.« (Abb. 23) Auch Virginia Keckler – USA ›The Great Dane‹ (1953) versucht dieses Bild zu interpretieren und kommt zu dem Schluß, daß die dort abgebildeten Hunde im Typ dem heutigen Great Dane entsprechen.

Tatsächlich handelt es sich hier lediglich um eines der üblichen Genrebilder einer Wildschweinjagd mit Hatzrüden, wie sie zur damaligen Zeit offenbar in Mode waren und uns u. a. von dem flämischen Maler F. Snyders (1579–1657) her bekannt sind. Eine Beziehung zu Dänemark ist damit jedenfalls nicht herzustellen.

Im Jahre 1800 erscheint Sydenham Edwards ›Cynographia Britannica‹. Er beschreibt den dänischen Hund im Gebäude etwa zwischen dem Greyhound und dem Mastiff stehend und ca. 28 inches (71 cm), vereinzelt auch 31 inches (78 cm) hoch. Über dessen Erscheinung schreibt er: »Kopf gerade, Schnauzenpartie betont, Ohren kurz, halb herabhängend und gewöhnlich kupiert, Augenfarbe bei manchen weiß, bei anderen halb weiß oder gelblich, tiefe Brustpartie, Läufe gerade, Farbe sandfarben-rot oder blasser, häufig mit einer weißen Blesse ausgestattet«. Besondere Aufmerksamkeit erregt bei ihm die Varietät der Harlekin-Dänen, »die ein sehr schön gezeichnetes Fell haben, mit großen oder kleinen schwarzen, grauen, leberfarbenen oder sandroten Flecken auf weißem Grund«.

Sehr aufschlußreich mag in diesem Zusammenhang das in Edward's ›Cynographia Britannica‹ veröffentlichte Bild des dänischen Hundes sein (Abb. 24), denn wenig später erscheint im ›Sporting Magazine‹ ein Bild über ›Boar-Hounds‹ (Saurüden, Saupacker), mit der Legende: ›Wild-Boar Hounds of the second class – sometimes called The Tiger-Dogs‹. Brought from Hesse-Cassel, presented to Her Royal Highness the Duchess of York (1807) (Abb. 25).

Für den Betrachter dieser Bilder lassen sich unschwer frappierende Ähnlichkeiten feststellen, wobei wir wissen, daß Hessen-Kassel zu einer der Hochburgen gehörte, in denen diese Hatzrüden oder Saupacker gehalten wurden.

Zu der Überzeugung, daß es sich bei dem dänischen Hund (Danish dog) und dem Saupacker (boar-hound) um ein und denselben Typ handelt, der in Deutschland

Abb. 24: »The Danish Dog« aus Edward's »Cynographia Britannica« (1800).

Abb. 25: H. B. Chalon »Boar Hounds«. Aus »Sporting Magazine« (1807).

für die Sauhatz und in Dänemark und Norwegen für die Elchjagd verwendet wurde, kommt auch Stonehenge (1859) in seinen Veröffentlichungen. Er bringt das Bild eines kraftvollen, untersetzten Saurüden und vermerkt dazu, daß es sich erübrigt, auf diese Hunde weiter einzugehen und sie in all' ihren Varietäten zu beschreiben, da sie ohnehin auf vielen Gemälden abgebildet seien.
Von der Farbe sagt er, sie sei wie die eines Mastiffs, gestromt und gelb, manchmal mit einem blauen Anflug und braunen Flecken. Der Kopf »lang und schmal, aber die Schnauzenpartie abgestumpft wie bei einem Mastiff; die Rute fein und leicht aufwärts gebogen.«
Verständnis für die deutschen Ansprüche bringt Vero Shaw auf. In seinem im Jahre 1881 erschienenen Buch (›Das illustrierte Buch vom Hunde‹, übersetzt und mit Anmerkungen versehen von R. von Schmiedeberg) beschreibt er, sehr zum Ärger einiger seiner englischen Zeitgenossen, unter ausländischen Hunderassen den ›German Mastiff‹. Dies ist eine freie Übersetzung des Namens »Deutsche Dogge«, die ihm aufgrund einer irrtümlichen Interpretation des von ihm sehr geschätzten Doggenzüchters und Zuchtschaurichters Gustav Lang – Stuttgart (Blaubeuren) brieflich vorgegeben worden ist. Vero Shaw hat diesen Brief wörtlich in sein Buch übernommen. Sein Inhalt lautet:
»Während ich als Preisrichter in Hannover fungierte, hatte ich das Vergnügen, Sie kennenzulernen; ich bin deshalb so frei, Ihnen einige Zeilen, den Streit über den irländischen Wolfshund betreffend, zuzustellen, der ein Pendant zu den Controversen betreffs der deutschen Dogge ist. In früheren Zeiten nannte man diese Hunde entweder Saupacker, dänische oder Ulmer Doggen, ohne daß jemand im Stande war, einen Grund für die Bezeichnung eines bestimmten Hundes anzugeben. Alle diese Hunde gehören einer Race an, die früher nicht stärker war, als sie heute ist. Die oft wohl angegebene Höhe bis zu 92 Zentimeter beruht nur auf falschen Messungen. Wir sind deshalb übereingekommen, die Race einfach »Deutsche Dogge« (d. i. »German Mastiff – als richtigste Übersetzung) zu nennen.
Der Name Saupacker bezeichnet in Deutschland keine Race, denn zur Sauhatz bediente man sich jedes beliebigen großen Köters, der, alten Bildern gemäß, meist rauhhaarig sein mußte.
Ich komme nun zu den Tiger-Doggen, welche von den übrigen lediglich durch die Farbe unterschieden sind. Wir verstehen darunter nicht das Bunt des Tigers, sondern ein Weiß mit dunklen Flecken, ähnlich wie es in England in Betreff der Tiger-Pferde geschieht. Bei den Tigerdoggen ist die Grundfarbe weiß oder silbergrau; darauf befinden sich in Betreff ihrer Größe ganz verschiedene, nicht wie bei den Dalmatinern regelmäßige dunkle Flecken. In der Regel hat die Tigerdogge, die gar nicht mit dem Dalmatiner verwandt ist, Glasaugen (oft nur eins, während das andere dunkel ist), was ein ganz eigenthümliches Ansehen verleiht.
Vor 50 Jahren war die Race sehr beliebt, sie verschwand aber nach und nach; es ist das um so mehr zu verwundern, da es einen herrlichen Anblick gewährt, mehrere Hunde zusammen zu sehen. Glücklicherweise legt man sich neuerdings wieder mehr auf die Züchtung, die jedoch ihre Schwierigkeiten hat. Paart man nämlich Tiger-Doggen unter sich, so nimmt das Weiß überhand, und es wird nöthig, stets wieder durch einen schwarzen oder blauen Hund für dunkle Flecken zu sorgen.

Der erste Wurf einer solchen Paarung hat aber noch nicht die richtige Zeichnung, und scheitert hieran mancher Züchter. Hält er aus, so macht sich seine Mühe reichlich bezahlt.«
In Bezug auf den von ihm übernommenen Begriff des ›German Mastiff‹ schreibt Shaw: »Wir können nur bestätigen, daß die Züchtung der Doggen in Deutschland stetig Fortschritte macht; leider haben unsere englischen Hundeliebhaber nicht gleichen Schritt gehalten oder sich eingehend mit der Sache beschäftigt. In Folge dessen herrscht bei uns noch viel Confusion. Fest steht einmal, daß in Deutschland eine Race Saupacker (boarhounds) nicht existiert, und wenn wir bei dieser Benennung beharren, so fühlen deutsche Züchter die Rücksichtslosigkeit und beschicken unsere Ausstellungen wenig. Uebrigens haben sie auch, wenn dies geschehen, nicht die nötige Berücksichtigung gefunden, denn im Alexandra-Palast 1879 wurde des Prinzen Albrecht zu Solms-Braunfels' Preisgewinner zu Hannover aus Unkenntnis des Richters durch ein schlechtes Exemplar geschlagen.
So weit uns ein Urteil zusteht, gelten gegenwärtig als beste Hunde in England »Lady Bismarck«, im Besitz des Herrn Goas zu Manchester, und »Imperium« und »Libertas« des Herrn James Davis zu London. Die letzteren beiden Hunde wurden durch Herrn Gustav Lang der jetzigen Eigentümerin, nämlich der Frau Davis, als Geschenk übersandt.«
Shaw zitiert sodann ein Schreiben von Schmiedeberg (Herausgeber »Der Hund«), das wir hier ebenfalls nicht vorenthalten wollen: »Als die Tiger-Doggen zu verschwinden anfingen, kam der Name Ulmer Dogge auf, worunter man häufig blaue Doggen versteht; beide Benennungen wurden aber ebensooft verwechselt wie Dänische und Ulmer Dogge. Im Norden nannte man Dänische Doggen den leichten Schlag, im Süden Deutschlands aber den schweren und umgekehrt, und es wurde Zeit, daß endlich einmal eine genaue Bezeichnung erfolgte, die so schwankende Unterscheidungszeichen aufhob.
Um dieser Confusion ein Ende zu machen, kam man überein, alle jene unter einander gekreuzten Varietäten mit einem Namen zu bezeichnen, aber auf Ausstellungen sie der Farbe nach in Klassen zu theilen.«
Zu den Pionieren, die zu der Anerkennung und Verbreitung der Doggen in England beigetragen haben, gehört ohne Zweifel Frank Adcock. Er war einer der ersten auf der Insel, der Doggen aus Deutschland importiert hatte. In die Doggenliteratur eingegangen ist sein Rüde »Satan«, ein schwerer, blaugrundiger Rüde mit dunklen Flecken. Rawdon B. Lee (›Modern Dogs of Great Britain and Ireland‹ 1897) beschreibt diesen Rüden später als zu mächtig im Kopf und daher für die Zeit nicht mehr gefragt. Auch habe er ein schlechtes Naturell gehabt. Er spielt dabei an auf eine Provinzschau in Lancashire, »wo ›Satan‹ mit einem Neufundländer aneinander geraten sei, . . . wobei letzterer geschüttelt wurde wie eine Ratte und sich sodann bald aus dem Leben verabschiedete. Nicht einmal drei starke Männer waren in der Lage, diese deutsche Dogge zurückzuhalten.«
Eine andere Dogge Adcock's war die ebenfalls aus Deutschland importierte Hündin ›Proserpina‹, allgemein auch ›Satan's Weib‹ genannt oder, wie man von beiden Hunden volkstümlich zu sagen pflegte, ›der Teufel und sein Weib‹. Ihr Gewicht wird mit 135 lb. (61 kg) angegeben, die Schulterhöhe soll 30 inches (76,2

cm) betragen haben und ihre Länge von der Nasenspitze bis zum Rutenansatz 51 inches (130 cm). (Im Jahre 1889 wurden bereits als Mindestmaße für Rüden 30 inches und 120 lb. und für Hündinnen 28 inches und 100 lb. angegeben).
Adcock, der sich einige Jahre vergeblich bemüht hatte, Doggen als Hunde britischen Ursprunges zu manifestieren, unternahm alles, um sie beim Kennel Club als selbständige Rasse anerkannt zu wissen. Auf sein Betreiben wurde im Jahre 1882 auf der Birmingham-Schau eine spezielle Klasse für ›Boarhounds‹ ausgeschrieben.
Es kann nicht geleugnet werden, daß die von den Gründern des Clubs getroffene Entscheidung, die in England neu zu etablierende Rasse als ›Great Dane‹ zu bezeichnen, auf dem Kontinent zu einigen Enttäuschungen geführt hat. Dies um so mehr als die bedeutendsten Züchter und Halter ihre Doggen aus Deutschland bezogen oder Nachkommen aus den Eltern dieser importierten Hunde hielten.
In Sorge, daß eine unterschiedliche Namensgebung – hier: ›Deutsche Dogge‹ – dort: ›Great Dane‹ – nicht mehr die einheitliche Entwicklung der Rasse gewährt, schreibt einer der profiliertesten Doggenenthusiasten jener Zeit, Prinz Albert Solms zu Braunfels in Preußen, im April 1883 einen offenen Brief an den Herausgeber von ›The Kennel Gazette‹, um mit seinem Appell das Ärgste zu verhüten. Ich will den Wortlaut dieses Schreibens, das zugleich ein beredtes Plädoyer über die lobenswerten Eigenschaften der ›Deutschen Dogge‹, wie einen geschichtlichen Abriß ihrer Entwicklung enthält, in ungekürzter Form hier wiedergeben:

> »Sir, –
> ich habe mit großem Interesse das Schreiben Mr. Adcock's in der Kennel Gazette bezüglich der Gründung eines ›Great Dane Club‹ gelesen, und da ich ein großer Bewunderer dieser edlen Rasse war, bin ich glücklich festzustellen, daß sie auf dem besten Wege ist, auch in England kultiviert zu werden.
> Ich hege keinen Zweifel daran, daß diese Rasse, die in so wundervoller Weise Kraft, Starkknochigkeit, Substanz mit Eleganz und auf der anderen Seite großen Mut mit Intelligenz in sich vereinigt, schon bald zu den Favoriten unter den englischen Hundeliebhabern zählen wird. Ihre Landsleute sind so vortreffliche Züchter, so voll Energie in ihren Unternehmungen, daß ich sicher bin, sie werden in kurzer Zeit auch diese Rasse zu höchster Perfektion entwickeln, und sie wird eine ähnliche Position in der Hundewelt einnehmen wie die großen, edlen St. Bernhards.
> Indem ich dies erwähne, setze ich voraus, daß die Gründer Ihres Clubs unter ›Great Dane‹ dieselbe Rasse verstehen, die wir in unserem Lande und auf den anerkannten Ausstellungen ›Deutsche Dogge‹ nennen, eine unserer ältesten und feinsten Rassen, die in England hauptsächlich bekannt ist als ›German Boarhound‹.
> Ich weiß sehr wohl, daß einer unserer deutschen Autoritäten dieser Rasse vor einiger Zeit hierüber im Live Stock Journal geschrieben hat, daß er ein Gegner des Namens ›German Boarhound‹ sei, da, wie er sagt, diese Hunde

in unserer Zeit nicht mehr für die Jagd auf Wildschweine verwendet würden, wohl aber alle Arten von fürchterlichen Bastarden. Das ist wahr, doch im Mittelalter wurden halt solche Hunde für diese Art von Sport benutzt und wurden ›Kammerhunde‹ oder auch ›Hatzrüden‹ genannt und waren die Lieblinge unserer Adeligen. Einige gute Vertreter dieser Hunde finden sich in den alten Bildern van Dyck's wieder.
Derselbe Herr (Anmerkung des Verfassers: gemeint ist Lang) hat übrigens dazu geraten, unsere ›Deutsche Dogge‹ in englisch ›German Mastiff‹ zu nennen. Damit bin ich absolut nicht einverstanden, denn ich befürchte, daraus ergibt sich ein falsches Bild für diese Rasse, was wiederum zu einem falschen Standard führt; denn der richtige Typ der Deutschen Dogge entspricht nicht dem des Mastiffs, im Gegenteil, er ist diesem nahezu konträr.

Die ›Deutsche Dogge‹ entspricht eher einem Hund, der zwischen Mastiff und Greyhound steht, sie ist gebaut wie ein Rennpferd. Sie ist groß, besitzt Substanz und starke Knochen, hat gut ausgebildete Muskeln, eine wunderschöne Lendenpartie und dennoch voller Eleganz – in der Tat, sie ist geschaffen, jeden Zaun und Graben zu überspringen, so wie ein gutes Jagdpferd es tun würde. Wenn sie für die Verteidigung abgerichtet wird, wir nennen es ›auf den Mann dressieren‹, gibt es keinen besseren Hund zum Schutze seines Herren gegen jedweden Überfall von Gesindel, wobei sie, auf Kommando, den Angreifer von hinten anspringt, ihn beim Genick faßt und ihn so schnell zu Boden wirft. Auf der anderen Seite sind diese Hunde wie die St. Bernhards-Hunde sehr gutmütig und liebevoll. Mir sind verschiedene Fälle von Menschen bekannt, deren Leben durch solch einen Hund gerettet wurden.
Vor einigen Jahren herrschte in Deutschland bezüglich dieser Rasse einige Verwirrung, da dieselben Hunde unter den Namen ›Dänische Dogge‹, ›Ulmer Dogge‹, ›Hatzrüden‹ und ›Saupacker‹ liefen, und aus diesen Gründen wurde auf einem allgemeinen Treffen unserer führenden Clubs und Züchter beschlossen, nur noch eine Rasse unter dem Namen ›Deutsche Dogge‹ anzuerkennen, und dabei wurden von den dort anwesenden Züchtern die Kennzeichen für diese edle und alte Hunderasse festgelegt.
Sehr gute Exemplare wurden 1880 in Berlin und 1882 in Hannover ausgestellt und eines der schönsten Exemplare, das ich kenne, ist gegenwärtig Dr. Caster's ›Leo‹, Gewinner erster Preise und Pokale in Hannover und Spa im Jahre 1882. Ich übersende Ihnen ein Portrait dieses Rüden, der nach meiner Meinung und der Ansicht unserer besten Richter ein Modelltyp jener Rasse ist, die wir als ›Deutsche Dogge‹ bezeichnen. Vielleicht interessiert es Ihre Leser, wenn Sie dieses Bild veröffentlicht sehen. (Abb. 27)
Im vergangenen Jahr hat Dr. Bodinus anläßlich eines Treffens vorgeschlagen, zwei unterschiedliche Klassen von Deutschen Doggen zu bilden. Eine, wie die jetzt anerkannte Art, deren typischer Vertreter ›Leo‹ ist, die andere mehr im Mastiff-Typ, breiter im Oberkopf, kürzer und massiver im Gesamt-

Abb. 26: Herrn Wuster's Tiger-Dogge »Flora«. 1874 von Herrn Oberst in Ulm gezüchtet, 1. Preis Ausstellung Kleve 1881.

Abb. 27: Herrn Dr. Caster's »Leo« aus Winkel, Rheingau. Enorme Höhe, vollendete Symmetrie, elegante, kräftige Gänge. 1880 geworfen.

kopf, kürzerer Nacken, kehliger usw. Er ist der Meinung, daß diese zweite Art ebenfalls existiert und ich darf sagen, er hat Recht, aber niemand hat ihn dabei unterstützt.
Die Schwierigkeit des neu zu bildenden Clubs wird es sein, unter dem richtigen Namen zu starten, und ob nur eine bestimmte Rasse betreut werden soll und wie deren Rassekennzeichen aussehen oder, ob der Name ›Great Dane‹ keine bestimmte Rasse ins Auge faßt, sondern lediglich ein Kollektivname sein soll für unterschiedliche Rassen oder Typen. Ich denke, der beste Name wäre ›The Great German Doggen Club‹ zu wählen (warum nicht diesen Namen gebrauchen, wo doch auch der Name ›Dachshund‹ für eine andere deutsche Rasse akzeptiert worden ist) oder den Namen so zu belassen, wie diese Rasse in England bekannt zu sein scheint, ›German Boarhound‹ und dann nur einen Typ zu fördern, wohl wegen der Farben in verschiedene Klassen unterteilt, und fort mit den irreführenden Namen ›Tiger-Mastiff‹, ›German Mastiff‹ und anderen.
Um in der Lage zu sein, unsere Bemühungen mit denen der englischen Züchter in Einklang zu bringen, wird es sehr wichtig sein, den gleichen Rassestandard zu haben, und ich denke, daß ein Standard, der einmütig von unseren Clubs und Züchtern für unsere ›Deutsche Dogge‹ anerkannt wird, ein guter Start ist.
Ende Mai findet die Berliner Ausstellung statt und dort erwarten wir eine große Anzahl dieser Hunde, auch alle Züchter und deutschen Richter werden dort gegenwärtig sein. Ich denke, daß dies die beste Gelegenheit für alle Herren ist, die sich mit der Clubgründung für diese Rasse in England befassen, herüber zu kommen und die Dinge im Anblick einer Vielzahl auserlesener Vertreter der Rasse auszudiskutieren. Ich zweifle nicht daran, daß wir, sollte der englische Club zu gemeinsamen Anstrengungen mit den deutschen Züchtern bereit sein, in Kürze zu Ergebnissen wie wünschenswerter Typ und Rassezeichen kommen. Gewiß wird auch eine große Anzahl unserer Züchter Ihrem Club beitreten. Im übrigen wird die Ausstellungsleitung, wenn gewünscht, gerne ein besonderes Treffen von Züchtern und Liebhabern der ›Deutschen Dogge‹ arrangieren.

Ihr Prince Albert Solms«

Eine persönliche Antwort hierauf hat Prince Albert nicht erhalten. Wie dem ›I. Nederlandsch Duitse Doggen-Stamboek‹ von 1901 zu entnehmen ist, erschien lediglich im Jahr 1883 eine lapidare Mitteilung des Sekretärs des ›Great Dane Clubs‹, Richard Groom, in ›The Life Stock Journal‹, in der sich dieser veranlaßt sieht, auf die vielen Anfragen im Zusammenhang mit der Namensgebung einzugehen.

»Wir hatten hier zu beschließen«, so Groom, »welches der beste Name ist. Der eine geht zurück auf einen Stammbaum von 200 Jahren, der andere ist eine

Abb. 28: Deutsche Tiger-Dogge »Fritz«, von Mr. Robert Leadbetter als »Ch. Count Fritz« nach England importiert.

Abb. 29: »Hannibal«, genannt »Hannibal the Great« von U. Doos nach England exportiert.

Erfindung von gestern. Wir haben den ersteren gewählt, denn es sind vornehmlich keine deutschen, sondern dänische Doggen, die es zu veredeln gilt.«
Wir wollen diese Erklärung des Mr. Groom zunächst einmal so im Raume stehen lassen. Es wäre müßig, nunmehr nach den Hintergründen forschen zu wollen, warum ein gemeinsames Gespräch nicht zustandegekommen ist.
Im Jahre 1884 findet in Birmingham die erste Ausstellung mit Doggen unter dem neuen Namen statt. ›Lady Bismarck‹, ›Imperium‹ und ›Libertas‹ sind dort u. a. Doggen, die als deutsche Importe – importiert durch Mr. C. Cavis von Gustav Lang – Stuttgart – gezeigt werden.
Ein Jahr später (1885), die Popularität dieser Rasse hat in England mittlerweile ihren Höhepunkt erreicht, werden über 60 Doggen in Barnes, in der Nähe von London, auf dem Gelände des Ranelagh Clubs ausgestellt. Richter ist der bekannte Züchter (und Mitbegründer des Great Dane-Club) Mr. Gambier Bolten. Sowohl Rawdon Lee, als auch Sidney Turner (›The Kennel Encyclopaedia‹ 1908), Chairman of the Committee of the Kennel Club, berichten übereinstimmend, daß die dortigen Siegerhunde alle deutscher Abstammung gewesen seien.
Zu den bekanntesten Ausstellern jener Zeit gehören Mrs. Reginald Herbert, die eine von Bamberger (1884) importierte große gestromte Hündin ›Vendetta‹ besaß; Mr. Robert Leadbetter, ein begeisterter Doggenfreund, der sehr viele gute Doggen aus Deutschland herüberholte, u. a. Champion Count Fritz, Champ. Santa Valeria und Blue Violet; Mr. Wilbey, Besitzer des Rüden ›Hannibal the Great‹, zur damaligen Zeit wohl eine der besten Doggen, so heißt es, die in Deutschland gezüchtet wurden.
Von Hannibal wird eine kuriose Geschichte erzählt: Niemand war in der Lage, seine Abstammung zu bestimmen. Er wurde eines Tages auf dem Doggenmarkt angeboten und dort zu einem niedrigen Preis von einem Mr. Herbruck aufgekauft, um umgehend an Ulrich Doos, diesmal allerdings für 150 Pfund, weiter verkauft zu werden. In England, wo er schließlich landete, wurde er kein besonders erfolgreicher Deckrüde und nahm dort eigentlich schon nach kurzer Zeit ein unrühmliches Ende, als er sich in seinem Zwinger strangulierte.
Dalziel (1889) veranlaßte dieses u. a. zu der Bemerkung, daß keine der Great Danes in England, von denen die meisten aus Deutschland importiert worden sind, auf einen langen Stammbaum zurückblicken könne und er fügt hinzu: ». . . unsere teutonischen Vettern scheinen an einen Abstammungsnachweis keine so große Aufmerksamkeit zu verschwenden, wie wir es zu tun pflegen.«
Eine hervorragende Züchterin, die in England Doggengeschichte gestaltet hat, war Mrs. Violett Horsfall; von Freunden als ›Königin der Doggen‹ tituliert. Ihr berühmter Zwinger ›Redgrave‹ bestand in den Jahren 1895 bis 1905. Er geht zurück auf die Nachkommen von ›Nero the First‹ (Abb. 30) und auf die direkt aus Deutschland importierten Champion-Doggen ›Hannibal und Emma of Redgrave‹. Vor allem von diesen beiden letzteren stammen die bekanntesten englischen Doggen jener Zeit ab.
Ch. Hannibal war nach seinen Beschreibungen ein nicht besonders großer Rüde, aber ausnehmend schön im Gebäude und vereinigte in sich Kraft und Eleganz in jeder Weise. Mit Spannung, so wird berichtet, wurde s. Zt. sein Zusammentreffen

Abb. 30: Nero the First, (1876), Züchter Messter, Berlin. Urahn des »Redgrave-Zwingers«.

Abb. 31: Champion Hannibal of Redgrave. Von Mrs. Violett Horsfall aus Deutschland importiert. Original R. H. Moore, 1907.

mit dem deutschen Champion ›Bosco Colonia‹ im Jahre 1897 in der Agricultural Hall in London erwartet. ›Bosco‹, ein gelber Rüde, der schon mehrfach Preise unter seinem belgischen Besitzer Dobbelmann in England gewonnen hatte, wurde dort von Ch. Hannibal geschlagen. (Abb. 31)

Die zu Anfang gestellte Frage »Deutsche Dogge oder Great Dane?« dürfte nach den hier gesammelten Erkenntnissen eindeutig zugunsten der deutschen Namensgebung zu entscheiden sein.

Abschließend soll der allseits anerkannte Doggenkenner, der englische Kynologe Dr. M. Mackenzie (›Great Danes – Past and Present‹, 1912) zu Wort kommen, auf den sich viele der jüngeren englischen und amerikanischen Autoren immer wieder berufen und dessen Aussagen mir so neutral erscheinen, daß sie den letzten Skeptiker überzeugen müßten:

»Nach den Schilderungen der älteren Schriftsteller kann wohl kaum ein Zweifel daran bestehen, daß diese Rasse unter dem Namen ›Great Dane‹ bereits seit den letzten 150 Jahren bekann ist, und es ist nicht so, wie uns einige glauben machen wollen, daß hier eine neue Rasse nach dem Ende des deutsch-französischen Krieges in England eingeführt wurde. Aber ich möchte auch sagen, daß es völlig unbekannt ist, warum es gerade zu diesem Namen ›Great Dane‹ gekommen ist. Sollte Dänemark das Land sein, von dem aus sich diese Rasse über den Kontinent verbreitete, so hat sie sich in ihrem Ursprungsland gewiß im höchsten Maße verschlechtert; denn die dänischen Hunde der Gegenwart sind nur ärmliche Vertreter im Vergleich mit den ›Great Danes‹.«

». . . den hohen Standard, den unsere gegenwärtigen Doggen in England einnehmen, verdanken wir im hohen Maße den Importen kontinentaler, deutscher Hunde, und die große Sorgfalt und Aufmerksamkeit, die man dort auf die Zucht zur Erzielung eines bestimmten Standards und zur Erreichung klar definierter Punkte verwendet, kann nie hoch genug eingeschätzt werden. Alle Landesteile Deutschlands haben ihren Anteil dazu beigetragen und deren höchste Genugtuung liegt in der Erkenntnis, aus den ungeschliffenen, kraftvollen und manchmal ziemlich plumpen Hunden eine prachtvolle Dogge gezüchtet zu haben, die wir als den ›Apollo Belvedere der Hundewelt‹ bezeichnen.«

Und in ›The Complete Dog Book‹, der offiziellen Ausgabe des ›American Kennel Club‹ des Jahres 1977 ist zu lesen:
»Der Name dieser Rasse (in der englischen Fassung) ist eine Übersetzung der alten französischen Fassung ›grand Danois‹ und bedeutet ›großer Dänenhund‹. Dieser war einer von den halbdutzend Namen, die seit Jahrhunderten in Frankreich gebräuchlich waren. Weshalb die Engländer den Namen ›Great Dane‹ von den Franzosen angenommen haben, bleibt ein Rätsel. Zur gleichen Zeit gebrauchten die Franzosen nämlich auch die Bezeichnungen ›dogue allemand‹ oder ›German Mastiff‹.

›Mastiff‹ in englisch, ›dogge‹ in der germanischen Sprache, ›dogue oder dogo‹ im Lateinischen, alle bezeichnen sie dieselbe Sache: einen gigantischen Hund mit schwerem Kopf, gebraucht als Kampfhund oder zum Zwecke der Jagd. Es war eine von den dutzend Varietäten von Hunden, die als selbständige Art erkannt und daher einen eigenen Namen beanspruchen konnte.
Es sind keine Gründe bekannt, die Dänemark, weder mit dem Ursprung, noch mit der Entwicklung dieser Rasse in Verbindung bringen könnten. ›It was made in Germany‹ und es waren deutsche Züchter, von denen die Welt geführt wurde bei der Zucht der meisten dieser vortrefflichen Exemplare.«

VII. Die Verbreitung und Zucht der Dogge in den Gründerjahren

Etwa ab den 70-er Jahren des 19. Jahrhunderts nimmt die Zucht der Deutschen Dogge einen solch enormen Aufschwung, daß Aichele (›Annalen des Deutschen Doggen Clubs‹) bei seiner Schlußbetrachtung der Stuttgarter Ausstellung des Jahres 1887 zu der Feststellung kommt:

> ». . . Die Vertretung aller übrigen Rassen war derartig gering, daß von den Nichtgebrauchshunden sich kaum eine andere Hundeart der Dogge gegenüber nennenswert behaupten konnte. Sozusagen jeder zweite Hundefreund war ein Doggenbesitzer.«

Warum die Doggen zu jener Zeit so hoch in der Gunst des Publikums standen, wird sich heute schwerlich nachvollziehen lassen. Gewiß dürften erwachender Nationalstolz im deutschen Kaiserreich und die populäre Figur des Reichskanzlers Fürst Otto v. Bismarck, der ein Leben lang die Doggen favorisierte, dazu beigetragen haben, hier einen ›Nationalhund‹ zu schaffen und sich innerhalb breiter Bevölkerungskreise damit zu identifizieren. Noch heute zehrt diese Rasse von dem Image, einst die ›Bismarck-Dogge‹ oder die ›Reichsdogge‹ gewesen zu sein.

»Dieser respectabelste und muthvollste Beschützer und Begleiter des Menschen unter den Hunden ist der bis jetzt bekannte größte, eleganteste, kurzhaarige Hund der Erde und schon seit längerer Zeit ein beliebter Luxushund«, so schreibt Zorn um die Jahrhundertwende in seinem ›Handbuch für Jäger, Hundeliebhaber und Züchter‹ und weiter: ». . . Gut erzogen ist sie ein überaus gutmüthiges, treues Thier voller Edelmuth; nur unsaubere Elemente haben ihre imponierende Größe und Stärke zu fürchten, denn ein solcher kapitaler Hund ist der empfehlenswertheste Schutz für seinen Herrn.

Muß nun dieser Rasse, schon wegen ihrer eleganten, kraftvollen Bewegungen und ihrer ganzen vornehmen äußeren Erscheinung, sowie ihres Muthes, ihrer Wachsamkeit und Treue wegen, der erste Platz eingeräumt werden, so ist ihre außerordentlich leichte Acclimatisationsfähigkeit noch einer ihrer Hauptvorzüge.
Es sind Hunde dieser Rasse von uns nach Italien, Spanien, Ost- und Westindien, Brasilien, dem nördlichsten Rußland und Sibirien geschickt worden und von allerwärts erhielten wir die gewiß für uns freudige Mittheilung, daß ihnen weder

die Hitze des Südens, noch die Kälte des Nordens schade, und daß sie sich mit Leichtigkeit den örtlichen und klimatischen Verhältnissen angepaßt haben.«
Wenden wir uns nun der Zucht und den Züchtern der Deutschen Dogge zu, so scheint nach den übereinstimmenden Berichten vieler Autoren bis zu Anfang der achtziger Jahre die Zucht dieser Hunde fast ausschließlich in Händen der Württemberger gelegen zu haben. »Der Schwabe«, so schreibt Diffine (1902), »ist ein Hundefreund und Hundekenner von Kind auf, und so wurde in Württemberg daher auch mit Verständnis gezüchtet und immer die richtige Auswahl der Deckhunde getroffen. Dieser Umstand bewirkte größtenteils die ungeheuren Erfolge der württembergischen Hundezucht; unsere sämtlichen heutigen guten Doggen führen in ihrem Stammbaum auf Württemberger Blut zurück. Ein Rüde von ganz eminenter Vererbungskraft, der unendlich viel für die Hebung der Doggenzucht gethan, war Blankenhorns ›Moreau‹ (Abb. 33); fast alle Abkömmlinge dieses Hundes waren erste Preisgewinner.
Weil Württemberg aber den großen Fehler beging, fast alles Zuchtmaterial nach dem Auslande abzugeben, findet man heut' dort fast gar keine gute Dogge mehr, und will Württemberg wieder Erfolg in der Doggenzucht haben, so muß es wieder gute Stämme aus guten Zuchten erwerben.«
Und Carl Zorn (1901) weiß von Ulm zu berichten, daß der Name ›Ulmer Dogge‹ im allgemeinen nicht mehr zutreffend ist und durch den Namen ›Deutsche Dogge‹ verdrängt wurde; »denn in Ulm selbst wird diese Rasse schon seit langer Zeit nicht mehr gezüchtet. Es ist seinerzeit ein württembergischer Hofthierarzt nach Ulm verzogen und ist im Besitz einiger ausgezeichneter Hunde dieser Rasse gewesen. Hier in Ulm hat er sich der Züchtung dieser Rasse mit großem Verständnis befleißigt und ihr mit der Zeit den ihr gewiß gebührenden guten Ruf verschafft. Seit dem Tode dieses Herrn wird in Ulm diese Rasse nicht mehr gezüchtet.«
Aufschlußreich mag der Reisebericht eines unbekannt gebliebenen Verfassers sein, der im ›Hundesport‹ vom 05.09.1887 erschienen ist:
»Unsere Fahrt nach Stuttgart gestattete uns einen Aufenthalt von einigen Stunden in Ulm, die wir natürlich dazu verwendeten, uns die Hunde Ulms anzusehen. Liebhaber und Kennels besitzt Ulm jedoch nicht.
Der Absatz der daselbst gezüchteten Hunde muß fast ausschließlich nach auswärts stattfinden, da das Publikum dort den Wert schöner Hunde viel zu wenig kennt. Einen Preis von 20 Mark für eine junge blaue Dogge bester Abstammung anzulegen, vermag sich der Ulmer kaum zu entschließen. Geströmte und Tigerdoggen sahen wir nur sehr wenige und diese waren von auswärts bezogen, dafür aber ist die Zahl der blauen Doggen eine sehr große. Die besten blauen Doggen des Herrn Max Hartenstein dürften mit Ausnahme ›Faust's‹ aus Ulm stammen.
Der erste Hund, den wir aufsuchten und sahen, war Herrn Ehrlich's ›Caesar-Ulm‹, ein Tier, dessen Anblick geradezu verblüffend wirkt. Man denke sich einen Hund von 84 cm Winkelmaß, rein weiß mit tiefen schwarzen Flecken, sehr gutem Kopf, tadelloser Figur und Ruthe und enormen Knochen, dabei vollendeten Bewegungen . . . Zur Zeit, wo wir diese Zeilen schreiben, dürfte er sich bereits in Herrn Schubert's Zwinger in Obersiemau befinden, in dessen Besitz der Hund laut Telegramm für den Preis von 1000 Mark überging.

*Abb. 32: »Champion Bosco-Colonia«, gezüchtet im deutschen Zwinger »Colonia«.
Besitzer: Louis R. H. Dobbelmann, Rotterdam.*

Abb. 33: Blankenhorn's Moreau, Eigentümer K. Blankenhorn, Stuttgart.

Herr Ehrlich führte uns zunächst zu Herrn Braun zur Alpenrose, wo wir eine große Anzahl von Hunden vorfanden. Bemerkenswert war eine silbergraue und eine geströmte Hündin, sowie eine Anzahl junger blauer Doggen. Qualitativ mehr fanden wir bei Herrn Victualienhändler Benz. Derselbe besitzt einen großen blauen Rüden Namens ›Pascha‹, der bis auf etwas Ansatz zur Wamme recht gut genannt werden muß. Um aber in Stuttgart, wohin er gemeldet worden ist, Erfolge zu haben, muß er noch recht gut gepflegt werden, sowohl besser gefüttert, als auch fleißig gebürstet.
Besseres wiederum als hier fanden wir endlich bei Herrn Heimsch im Restaurant zur Wilhelmshöhe. Auch Herr Heimsch wird in Stuttgart vertreten sein und zwar mit einer 10 Monate alten geströmten Dogge von 80 cm Schulterhöhe. Dieselbe stammt von Blankenhorn's ›Morreau‹ aus einer bekannten Hündin des Gastwirt Weber in Wangen. Die hellen Augen und blauen Streifen verraten, daß die Mutter blau war.
Leider mangelte uns die Zeit noch, wie beabsichtigt, Herrn Blum, Züchter von Tigerdoggen, Herrn Metzger Noll, den Züchter von Hartenstein's ›Perle‹ u. a. aufzusuchen.«
Einen noch tieferen Einblick aus der Metropole der Doggenzucht vermittelt uns ein unbekannter Verfasser im ›Hundesport‹ vom 12. 12. 1886:
»Ich komme öfter nach Stuttgart und kam auch vor kurzem dorthin, diesmal in der Absicht, in der Metropolis der Hundezucht mir einen Hund zu kaufen. Ich muß allerdings gestehen, daß ich mir einen ganz anderen Begriff von der Sache gemacht hatte. Ich hatte geglaubt, dort eine Anzahl hervorragender Züchter zu finden, mit musterhaft eingerichteten Zwingern. Wie gesagt, ich hatte mich getäuscht. Kennels und Amateurs sind eben im Lande der Hundezucht par excellence zwei kaum dem Namen nach bekannte Dinge. Der Hund wächst hier auf dem Hofe, im Stall oder irgend einem Winkel des Hauses auf; die Zucht ist hier, um den Ausdruck zu gebrauchen, verteufelt einfach.
Zuerst lenkte ich meine Schritte nach Leonberg, wo ich vor Jahren einmal recht niedlich ›eingeseift‹ worden war; aber diesmal ging es mir besser. Herr Burger hat den größten Zwinger neu erbaut, aber leider nicht nach englischem Muster. Es ist mir unbegreiflich, daß Herr Burger auf seinen vielen Reisen kein besseres Vorbild gewählt hat.
Über die bei Herrn Burger vorrätigen Hunde kann ich nur viel lobendes sagen; er hat gute deutsche Doggen – seine Tigerdoggen ›Roland‹ und ›Diana‹ gefielen mir sehr – gute Bernhardiner, Dachshunde, Pudel, Spitzer, Rattenfänger, Möpse usw.
Vom Herrn Burger begaben wir uns zu Herrn Essig und fanden zwar dort nicht eine so große Anzahl, aber dafür einige recht gute Hunde. Wie Herr Burger, so besitzt auch Herrn Essig's Zwinger seinen Riesen, der sogar den Burger'schen noch um einige Zentimeter übertrifft. Er war nicht so gut bei Fleisch wie Burger's ›Terror‹, wog aber immerhin noch fast 160 Pfund.
Der Württemberger Züchter sucht immer einen möglichst großen Vaterhund, ja man kann sagen, er zieht Größe und Gewicht dem Adel und Typus vor und deshalb ist jetzt ›Terror‹ und Blankenhorn's ›Moreau‹ als Vaterhund stark begehrt. Im Interesse der Zucht der deutschen Doggen können wir uns freuen, daß

Blankenhorn's ›Moreau‹ an einigen fehlenden Gliedern der Ruthe und ›Terror‹ wegen seines schlecht kupierten Ohres Schönheitsfehler besitzen. Wer weiß, ob sie sonst noch in Württemberg stünden.«

Derselbe Verfasser ergänzt seinen Bericht im ›Hundesport‹ vom 05.09.1887: »Nach Stuttgart zurückgekehrt, frug ich nun im Hotel nach dem ersten Hundezüchter der Residenz, ich selbst allein konnte darüber keine Auskunft erhalten. ›Gehen Sie nur in den Schwarzen Bären‹, so hieß es, ›dort werden Sie schon finden, was Sie suchen.‹ In der Tat wurde ich dort von der schönen Wirtin in der liebenswürdigsten Weise aufgenommen und nach einiger Zeit einem Cicerone überliefert, auffallend durch Größe und langen Schritt. Ihm trug ich mein Anliegen vor und sagte ihm noch, daß ich am liebsten eine Dogge von vollendeter Schönheit erstehen möchte. Auf meine Frage nach den ersten Züchtern erhielt ich stets nur die Antwort: ›Kommen Sie nur mit!‹ Ich folgte geduldig wie ein Lamm seinen großen Schritten und nun ging es – nicht etwa in große Zwinger – nein, durch Gassen und Gäßchen zu zahllosen Metzgern, Bäckern und Wirten, welche gewöhnlich aus dem Hintergrund ihres Laboratoriums jüngere und erwachsene Hunde hervorholten. Mir war es unbegreiflich, wie so gute Exemplare so großer Rassen so gezüchtet werden können, und vollends in solcher Anzahl wie in Stuttgart und Umgebung. Es gibt dort Familien, die, ohne eigene Stallungen dafür zu besitzen, sechs Hunde und mehr in ihren Räumlichkeiten beherbergen. Mit Adressen kann ich nicht erst anfangen. Das Adreßbuch für Hundeangelegenheiten ist der ›Schwarze Bär‹, wo praktische Hundesucher auch logieren sollten.

Eine ausgewachsene Dogge für mäßigen Preis zu finden, gelang mir nicht; dagegen kaufte ich ein Paar Junge von Blankenhorn's Riesendogge, welche bis jetzt gut gedeihen und viel versprechen.«

Ganz anders mutet uns ein zeitgenössischer Bericht (Hundesport vom 10. 10. 1886) über den Hartenstein'schen Zwinger »Plavia« in Plauen im Vogtland an: ». . . in seiner Reichhaltigkeit und Schönheit der Tiere, Einrichtung und Eleganz dürfte diese Anlage kaum durch einen Zwinger Englands übertroffen werden.«

Mit Max Hartenstein, der seine Zucht im Jahre 1874 begründete und bis zum Jahre 1895 in großem Maßstab betrieb, beginnt eine neue Ära in der Doggenzucht. Aufgrund seiner zielstrebigen Zucht sind eine große Anzahl erstklassiger Hunde auf seinen Zwinger zurückzuführen, und da er in der Lage war, jederzeit das beste Material aus kleineren Zwingern aufzukaufen, hat er die Zucht hervorragend unterstützt. Solange er an der Spitze marschierte, hat er die Preise für Doggen bestimmt und Tausende sind durch ihn oder aufgrund seiner Veranlassung nach Württemberg geflossen.

Von Bedeutung für die Zucht wurden zum Beispiel sein Fauststamm mit dem Rüden ›Faust I‹ und dessen Töchtern ›Goldperle‹, ›Otter‹ und ›Schwalbe‹ (Abb. 34). Neben blauen Doggen züchtete Hartenstein auch gestromte, gelbe, schwarze und gefleckte (Abb. 35).

Mit dem gelben Rüden ›Sandor D.D.C.‹ (Abb. 37), auch als ›Sandor-Pforzheim‹ bekannt geworden, verbindet sich eine nette Geschichte im Zusammenhang mit dem Deutschen Doggen Club. Sie wird von Aichele, dem 1. Schriftführer erzählt (›Deutsche Doggen-Zeitung‹ 1924):

Abb. 34: »Faust I« und »Perle I«, Besitzer: Max Hartenstein, Plauen.

Abb. 35: »Stella« und »Victor«, Besitzer Max Hartenstein, Plauen.

Abb. 36: Gelbe Hündin »Elektra«, Besitzer Max Hartenstein, Plauen.

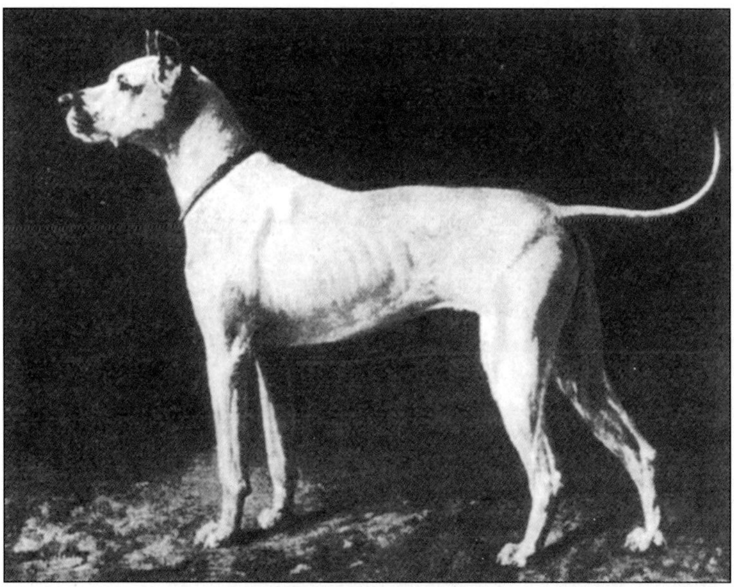

Abb. 37: »Sandor Pforzheim D.D.C.«, gelber Rüde.
Besitzer: Deutscher Doggen-Club Berlin.

»Ich war, als ›Sandor-Pforzheim‹ Ende 1890 den Zwinger ›Plavia‹ verließ und Eigentum des D.D.C. wurde, dessen erster Schriftführer. Ich kann authentisch über den Rüden nachstehendes berichten: Hartenstein bekam bald nach der Charlottenburger Mai-Ausstellung 1890 die Seuche in seinen mit reichlich 100 Klassehunden besetzten Zwinger und mußte ihn schleunigst auflösen. ›Sandor‹ wurde auf kurze Entschließung des damaligen 1. Vorsitzenden Gustav Schulze gekauft. Er stand in Hartenstein's Verkaufsliste mit 1800 Mark. Um dem D.D.C. entgegenzukommen, Hartenstein war dessen 2. Vorsitzender, reduzierte er seine Forderung auf 1200 Mark und das Geschäft war perfekt.
›Sandor‹ kam in die nächste Clubsitzung. Seine Schulterhöhe wurde offiziell auf 88 cm Stockmaß bestimmt, und alles war begeistert. Des Rüden Pflegestätte befand sich beim 1. Vorsitzenden, der ihn für eigene Rechnung von Richard Strebel, München, in Lebensgröße malen ließ.
Jetzt begann der Anlauf der Mitglieder-Hündinnen auf ›Sandor‹, der inzwischen den Namen ›Sandor D.D.C.-Imperator‹ erhalten hatte und immer in den Monatssitzungen anwesend war. Jedem lachte der Stolz aus dem Gesicht, wenn er diesen in seiner hellgelben, mit Verbrämung noch verschönten vornehmen Farbe im Clubsaal die Tische mit dem Rücken hochheben sah.

Aber bald verdüsterte sich der Doggenhimmel. Trotz aller Vorsichtsmaßregeln, die in Form sauber ausgearbeiteter, gedruckter Deckregeln aller etwaiger Streitigkeiten von vornherein die Spitze abbrechen sollten, waren Unzufriedenheit bei Mitgliedern und solchen Besitzern, deren Hündinnen auf den Besuch ›Sandors‹ wegen ihrer vorzeitigen Hitze nicht mehr solange warten konnten wie vorgeschrieben, doch nicht hintanzuhalten. Es gab monatelang nicht nur recht heiße, sondern recht gefahrvolle Sitzungen insofern, als an diesem Riesenrüden die Existenz des Clubs ernstlich zu scheitern begann. Da kam uns das Glück zu Hilfe.
Durch seinen in Berlin ansässigen Sohn ließ uns Mr. Reichelt aus Chicago ein Kaufangebot auf 3000 Mark unterbreiten. Noch stand uns der Kamm hoch; wir lehnten mit der Begründung ab, daß uns ›Sandor‹ für die genannte Summe noch nicht feil sei. Vier Wochen später hatten wir durch den Verkauf des Rüden 4000 Mark mehr in der Kasse, den Doggen-Club vor dem Auseinanderfallen bewahrt und die alte Einmütigkeit wieder hergestellt.
Herr Fueß sagt richtig, der Rüde hatte Karpfenrücken; das war sein beinahe einzigster Fehler. Auch die Rute saß etwas zu tief; aber sehe man sich erst mal einen derartig edlen, kraftstrotzenden Riesen von 88 cm mit so vielen Korrektheiten an!«

In Norddeutschland beginnt im Jahre 1878 E. Messter in Berlin mit der Doggenzucht (Abb. 38). Ein Blick in das deutsche Doggenstammbuch offenbart uns den großen Einfluß, den dieser Züchter auf das Doggengeschehen gehabt haben muß. Aus den Glanzzeiten seines Zwingers, die etwa zwischen den Jahren 1880 bis 1890 liegen, ist überliefert, daß er im Jahre 1880 in Berlin allein 32 Doggen ausgestellt hat, die Londoner Ausstellungen in den Jahren 1881, 83 und 85 beschickte er mit je 20 Doggen und im Jahre 1887 war er in Petersburg mit 22 Hunden vertreten.

Abb. 38: Zwinger Westend, Züchter J. Messter, Berlin.

Wir können heute im Zeitalter der Motorisierung und des Luftverkehrs wohl kaum die Mühseligkeiten und den Aufwand ermessen, mit denen die Besuche derartiger Ausstellungen verbunden waren. Außer einer großen Portion Idealismus gehörte gewiß auch ein nicht unbeträchtliches Kapital dazu, diesen Aufwand betreiben zu können.

Abb. 39: »Bruno«, gestromt, Besitzer E. Messter, Berlin.

In Süddeutschland war es B. Ulrich in Doos bei Nürnberg, der die Doggenzucht im großen Maße betrieb. Die Glanzzeiten seines Zwingers ›Noris‹ liegen in den Jahren 1882 bis 1887. Die Spitzentiere seines Zwingers haben maßgeblich die Doggenzucht beeinflußt. (Abb. 40)

Der vierte große Zwinger, im Jahre 1886 gegründet, war der des Herrn Aichele – Berlin. Unter seinem Zwingernamen ›vom Schwalbennest‹ favorisierte er insbe-

Abb. 40: Doggenzucht B. Ulrich in Doos bei Nürnberg.

sondere den blauen Farbschlag, und die meisten unserer blauen Doggen lassen sich auf seine Zuchtprodukte ›Falkner‹, ›Talismann‹, ›Blaue Donau‹, ›Iris‹, ›Vesta‹, ›Holle‹, um einige zu nennen, zurückverfolgen (Abb. 41, 42). Eine der wohl besten blauen Doggen zur damaligen Zeit, die blaue ›Grille‹, wurde von ihm selbst im Jahre 1895 aus Wien importiert und 1½ Jahre später nach England exportiert.

Keiner dieser vier großen Zwinger hat die Jahrhundertwende überlebt. Bei dem einen ist es die Seuche, bei dem anderen sind es wirtschaftliche Schwierigkeiten oder die Konkurrenz durch die wachsende Beliebtheit der Bernhardiner, die etwa ab dem Jahre 1890 einsetzte. Dazu kamen die strengen Polizeivorschriften in manchen Städten, die es verboten, ein Tier, das so viel Bewegung verlangt wie die Dogge, zu halten.

Über das Problem der Staupe, von der wir bereits bei der Zwingerauflösung Hartenstein's erfahren haben, schreibt beispielsweise Messter – Berlin: »Diese Rasse ist infolge ihrer feinen Behaarung viel empfindlicher, als man allgemein annimmt. Ihre Zucht ist äußerst schwierig, da man mit großen Verlusten durch Staupe usw. zu rechnen hat. So gingen mir im Jahre 1881 innerhalb vierzehn Tagen vierzig junge Doggen an Staupe ein, im folgenden Jahre nach der Ausstellung in Hannover verlor ich vierzehn ausgewachsene Doggen infolge von Lungenentzündung. Hunderte von Junghunden habe ich im Laufe der Jahre verloren, bis ich erkannte, daß die Dogge eine Treibhauspflanze ist, welche bis zum Alter eines Jahres vor Erkältungen streng behütet werden muß. Die Ursache der Staupe ist meines Erachtens in erster Reihe Erkältung, jede Abhärtungsversuche haben sich bei mir durch große Verluste gerächt.«

Abb. 41: Falkner I vom Schwalbennest, Besitzer E. Aichele, Zehlendorf.

Abb. 42: Otter II vom Schwalbennest, Besitzer E. Aichele, Zehlendorf bei Berlin.

Abb. 43: »Euphrat«, Besitzer Carl Donner, Zwickau, Jahrgang 1887.

Abb. 44: »Liane«, Besitzer J. Ziebert, St. Ilgen bei Heidelberg, Jahrgang 1886.

Etwa fünfzehn Jahre später beschreibt der Tierarzt Diffine, dessen Zwinger ›Gloria‹ seit dem Jahre 1886 besteht und der nach eigenen Bekundungen ständig einen Doggenbestand von 40 bis 50 Tieren unterhielt, die Situation so:

». . . Es gab eine Zeit, wo man nur vom Rückgang der deutschen Doggenzucht las, wo Ausstellungen, die früher 100 bis 150 deutsche Doggen sahen, nur deren noch 10 bis 25 zeigten und meist in schlechterer Qualität wie früher.

Es wäre wohl schlecht um die deutsche Dogge bestellt gewesen, hätten sich nicht allenthalben in Deutschland die Liebhaber dieses edlen Hundes zusammengeschart und mit aller Macht daraufhingearbeitet, aus dem noch bestehenden Material wieder einen Stamm guter Doggen heranzuziehen. Gegenwärtig können wir sagen, steht die deutsche Dogge wieder auf der Höhe der Zucht; nur hat sich gegenüber früher die Sache dadurch verschoben, daß jetzt die Züchter der deutschen Dogge über ganz Deutschland und darüber hinaus auch im Ausland verbreitet sind.

Die Dogge ist heute international geworden, und sie vereinigt gewiß auch alle Eigenschaften in sich, die zu solcher allgemeinen Beliebtheit berechtigen: Eleganz und Schönheit, Kraft und Schnelligkeit, Intelligenz und Treue.«

VIII. Bismarck und seine Doggen

Fürst Otto von Bismarck gilt als der bedeutendste deutsche Staatsmann des 19. Jahrhunderts. Er ist der Gründer des ersten Deutschen Reiches, dessen Reichskanzler er nach der Proklamation des preußischen Königs Wilhelm I. zum Deutschen Kaiser im Jahre 1871 im Schloß zu Versailles war.
Das Leben dieses großen Staatsmannes ist ohne seine ihn stets begleitenden Doggen nicht denkbar. Schon als Schüler im heimatlichen Schönhausen waren Hunde seine unzertrennlichen Begleiter und allzu bekannt sind die Streiche, die der »tolle« Bismarck als Göttinger Student verübte – fast immer spielt dabei sein »Coleurhund« eine Rolle.
»Als er einst«, so heißt es in einem Bericht aus jener Zeit, »wegen eines Verstoßes – er hatte eine Flasche Tinte zum Fenster hinaus auf die Straße geworfen, um damit das Tinten-Philistertum zu verhöhnen – auf das akademische Konzilienhaus zitiert worden war, zog er sich seinen bunten Schlafrock an, dazu die langen Kanonenstiefel, setzte einen Zylinderhut auf, ergriff die lange Pfeife und ging, begleitet von seiner Dogge, zum Universitätsrichter. Der seltsame Besuch hatte eine Verschärfung der Stimmung des Richters zur Folge. Es war dem Herrn peinlich, daß er sich vor dem Hund unter dem Gelächter Bismarcks hinter einem Stuhl verkrochen hatte, und der Student erhielt eine Strafe von fünf Talern.«
In einer Biographie über Bismarck schreibt E. Ludwig: »Aus allen Gesprächen und Tagebüchern, zwischen Plänen, Entschlüssen und Befehlen, in der Wilhelmstraße und in den Wäldern, zu dunklen Zeiten und in den stolzesten Tagen: immer blicken die Köpfe dieser eisengrauen oder schwarzen Doggen hervor, die ihrem Herrn glichen, denn auch sie waren riesig und nervös, kühn und gefährlich. In langer Reihe liegen sie im Park von Varzin begraben, an einer Aussicht, neben den Lieblingspferden, neun Hunde. Sie sind die einzigen Wesen, mit denen Bismarck nicht bloß Geduld hat wie mit Kindern, die er auch besänftigt, statt sie aufzuregen. ›Ich liebe die Hunde, sie lassen es einem nie vergelten, daß man ihnen Übles getan hat‹, in diesen Worten offenbart er im Alter auch das Innere seines Wesens.
Wenn er die junge Rebekka ungehorsam findet, so behandelt er sie wie ein verzogenes Mädchen, lacht über ihre Schlauheit und Koketterie; wenn Flora wie verrückt durch die großen Zimmer jagt, Sultan jede Unterhaltung stört, so lassen sie Herr und Haus gewähren. Wenn ihn eine dienstliche Unterredung nervös macht, so streichelt er noch häufiger den seidenen Hals an seinen Knien; wenn sie in Friedrichsruh unter seinem Tisch geduldig gewartet haben, die großen Köpfe auf

Abb. 45: Fürst Otto von Bismark (1815–1898) in Begleitung seiner Doggen.

die Vordertatzen gedrückt, aber den Blick immer wieder zum Herrn heraufdrehend, und nun steht er auf und greift zum Eichenstock, dann umwedeln sie ihn, denn nun geht es endlich zum Wald. Wenn Johanna den Tapezier anklagt, er hätte die Vorhänge zu lang gemacht, so lobt ihn der Fürst, denn dann könnten die Hunde wieder weicher liegen. Schwankt er, ob er im Sommer nach Gastein gehen oder zu Hause bleiben soll, so entscheidet schließlich Sultan, der nicht wohl und für den die Reise zu beschwerlich sei. Ästhetische Grafen entsetzen sich bei Tische, wenn der Herr große Stücke Fleisch kommen läßt, um sie seinen Hunden quer durchs Zimmer zuzuwerfen.«

»Wenn ich nach dem Reichstag ging«, so erzählt Bismarck von einem dieser prächtigen Hunde, von Tyras, »nahm ich den Weg meist durch den Garten hinter dem Reichskanzlerpalais, öffnete hier die Pforte nach der Königgrätzer Straße, drehte mich gegen Tyras um, der mich bis dahin vergnügt begleitet hatte und sagte bloß: ›Reichstag!‹ Sofort ließ der Hund Kopf und Schwanz hängen und verzog sich niedergeschlagen. Einst hatte ich meinen Stock, den ich auf der Straße nicht mitnehmen konnte, da ich in Uniform ging, an die Innenmauer des Gartens gestellt, ehe ich durch die Pforte schritt. Nach vier Stunden kam ich aus dem Reichstag zurück. Tyras begrüßte mich nicht beim Eintritt ins Haus wie sonst stets, und ich fragte daher den Schutzmann, wo der Hund sei. ›Der steht seit vielen Stunden hinten an der Gartenmauer und läßt niemand zu Euer Durchlaucht Stock!‹ erwiderte der Wachtposten.«

Jeder Besucher des Kanzlers erlebte die zärtliche Anhänglichkeit dieses Tieres an seinen Herrn, denn jeder mußte sich eine Prüfung durch die aufmerksamen Doggen gefallen lassen, die als stumme Wächter stundenlang zu Füßen ihres Herrn lagen. Keiner hätte es wagen dürfen, sich in Tyras Gegenwart an dem Kanzler zu vergreifen. »Oft habe ich beobachtet, wenn jemand hinter Otto mit einer Aktenrolle stand, wie die Doggen gleich Luchsen aufpaßten, um nach ihrer Meinung im entscheidenden Augenblick zuzupacken«, weiß Frau Johanna mit großer Beruhigung zu berichten, »in der Hut dieser Hunde ist mein Mann sicherer behütet als von Menschen.«

Bekannt geworden ist eine Begebenheit, die fast zu einem internationalen Zwischenfall geführt hätte. Zwischen dem Kanzler und seinem russischen Gast, dem Premierminister Gortschakoff entspann sich eine lebhafte Unterhaltung, die letzterer mit heftig gestikulierenden Händen und Armen unterstrich. Die Dogge Tyras, die auf einer Decke im Arbeitszimmer lag, vermutete darin offenbar einen Angriff auf ihren Herrn. Sie sprang den stolzen Russen an und warf ihn zu Boden. Viele Entschuldigungen wurden vorgebracht und auch angenommen. Gortschakoff war nicht gebissen, sondern nur erschreckt worden; so blieb der Friede in Europa gewahrt.

So unmittelbar war des Kanzlers Verhältnis zu seinen vierbeinigen Freunden, daß er in der Beurteilung von Fremden ganz ihrem Instinkt traute. Er hielt sie entschieden für klüger als die Pferde.

»Der Reichshund Sultan«, so berichtet Pauline Hahn über ihre Besuche in Varzin, »verhalf mir zum besonderen Interesse des Fürsten. Der verwöhnte Riesenhund war sehr wählerisch in seinen Zuneigungen und eher deutlich in seinen Abneigungen. War es doch vor kurzem möglich gewesen, wie die Fürstin erzählte, eine ihnen befreundete Engländerin nicht länger in Varzin zu behalten, weil Sultan ihr auf Schritt und Tritt aufgelauert und sie unausgesetzt schlecht behandelt hatte. Auch mich unterwarf der Reichshund einer eingehenden Beschnüffelung, die nicht gerade angenehm zu ertragen war. Danach aber setzte er sich neben mich und legte zum größten Erstaunen des Fürsten seinen Kopf und seine Pfote auf mein Knie.« Fürst Bismarck: »Er ist schneller und gründlicher als ich; ein so großes Kompliment wie Ihnen hat er aber kaum jemals jemand gemacht; ich gratuliere.«

Es ist merkwürdig genug – und blieb nicht ohne Folgen auf die hohe Politik – daß dieser selbe Maßstab kritischer Menschenbewertung auf der Grundlage tierischer Witterung bei Gelegenheit auch auf den Kanzler selber Anwendung fand und kennzeichnet, daß Bismarck selber dieses Urteil durchaus gelten ließ. »Vor Ausbruch des deutsch-französischen Krieges 1870«, so berichtet der Geheimrat Aegidy, »befand sich Zar Alexander II. von Rußland bei unserem König in Ems. Die beiden Monarchen mit großem Gefolge waren eines Abends zusammen. Am entgegengesetzten Ende des Saales stand Fürst Bismarck und betrachtete den Zaren in sorgenvoller Erwägung, wie schwer es ins Gewicht falle, welche mehr oder minder freundliche Haltung Rußland gegenüber unserer Politik einnehme. Da erhob sich der große Hund des Zaren, der unter dem Stuhl gelegen, und durchwanderte den Saal. Der Hund blieb vor Bismarck stehen, schaute zu ihm empor, wedelte zutraulich und leckte die vorgestreckte Hand des Fürsten. In diesem Augenblick ertönte durch den Saal die Stimme des russischen Zaren, der den Bewegungen seines Hundes offenbar gefolgt war, zu Bismarck herüber: »Da sehen Sie, daß der Hund die Freunde seines Herren kennt.« Aegidy schloß seine Mitteilung mit den Worten: »Wir fühlten uns erleichtert. Das war ein geschichtlicher Moment für unsere Politik.«

Seinem Kaiser hat Bismarck dessen Haltung gegen seine Dogge nie verziehen. Als nämlich der Zar, großer Hundefreund, seinem Onkel Wilhelm den Tyras rühmte, den er eben kennengelernt hatte, äußerte der Kaiser den höflichen Wunsch, ihn auch einmal zu sehen. Tyras wurde gerufen, benahm sich ganz wunderlich, behandelte den Kaiser wie Luft, worauf dieser sagte: »Ein schöner Hund, hat leider geschnittene Ohren, wie alle Möpse!« Es war eine Katastrophe!

Von allen Hunden, die einen Platz in der Geschichte haben, ist Tyras – die berühmte Ulmer Dogge des Kanzlers – der einzige, dessen Tod für so wichtig gehalten wurde, daß er als Ereignis nicht nur von europäischem, sondern von kosmopolitischem Interesse durch die ganze Welt gekabelt wurde. Tatsächlich endete der Ruf von Tyras nicht einmal mit seinem Leben; denn das Kabel berichtete der Welt, daß der erste Besucher danach am Geburtstag des Fürsten der jugendliche Kronprinz war, der als Geschenk einen neuen Hund vom Typ des betrauerten Tyras mitbrachte.

Sultan, Geschenk eines marokkanischen Fürsten, war wohl der schönste von allen, nur durfte ihn niemand anders als Sultl rufen, denn sonst, sagte der Herr, könnte es Verwicklungen mit der Türkei geben. Im übrigen war Sultan kein Orientale; als er eines Abends vom Wildern nach Varzin zurückkehrte, war Bismarck darüber erbost und ließ ihn an die Kette legen. Der Hund nahm dies so übel, daß er seine

Abb. 46: Reichsgründer Bismarck nach seiner Entlassung auf seinem Ruhesitz Friedrichsruh im Sachsenwald (Herzogtum Lauenburg), neben ihm seine Dogge »Sultan«.

Kette zerbiß, sich durch zwei Zoll dickes Holz durchfraß, so daß sein Blut an den Splittern klebte, und das Weite suchte. Seitdem machte er die Wälder unsicher. Bismarck schrieb hierzu: »In der Gegend ist er noch, und ich hoffe, wir finden ihn wieder. Bill und Philipp sind . . . abgeritten, um Sultan zu suchen, werden naß geworden sein. Nachschrift: Jungens naß zurück. Sultl Wolf geworden, lebt von Rehkälbern, wird Jagdobjekt werden müssen.«

Sultan kehrte zurück, blieb noch fünf Jahre der Freund seines Herren, wilderte zuweilen, manchmal bestraft, meistens verwöhnt. Im Jahre 1873 schrieb Bismarck aus Rußland an seine Frau: »Ich habe schreckliches Heimweh nach euch, ich bin der langen Trennungen zu sehr entwöhnt. Vielleicht verlangt der Reichstag stürmisch nach mir, bis jetzt geht aber alles ohne mich besser, nur mit Sultl nicht. Sage ihm nur, ich käme bald und grüße auch die Kinder herzlich.«

Da trug sich nach einem Bericht von Bismarcks Sekretär Tiedemann folgende tragische Geschichte zu: ». . . gestern wurde beim Kaffee plötzlich entdeckt, daß Sultan verschwunden war. Da er in einem nahen Dorf ein Liebesverhältnis unterhielt, so nahm der Fürst an, er sei wieder einmal dorthin gelaufen, er war ärgerlich und erklärte, er werde den Hund einmal kräftig durchprügeln. Wir gingen auf unsere Zimmer, um noch bis zum Postschluß zu arbeiten, als es gegen 11 unten lebendig wurde. Dann hieß es, Sultan, der vor kurzem nach Hause gekommen sei, liege in den letzten Zügen.

Unten bot sich ein wirklich erschütternder Anblick. Auf dem Fußboden saß der Fürst, den Kopf des sterbenden Hundes in seinem Schoß haltend, er flüsterte ihm liebkosende Worte zu und suchte, seine Tränen vor uns zu verbergen . . . Trotz Herberts Bitten blieb er immer bei ihm sitzen, stand auf, kehrte aber wieder zurück. Als der Hund tot war, sagte der Fürst: ›Die alten Germanen hatten eine freundliche Religion; sie glaubten, sie würden nach dem Tode in den himmlischen Jagdgründen alle die guten Hunde treffen, die ihre Gefährten gewesen waren. Ich wünschte, ich könnte das glauben.‹

Heute morgen war es, als ob wir uns in einem Trauerhaus befänden, es wurde nur mit verhaltener Stimme gesprochen. Der Fürst hatte nicht geschlafen, ihn quälte unaufhörlich der Gedanke, daß er den Hund noch kurz vor seinem Tode gezüchtigt hatte. Obgleich die heute morgen vorgenommene Obduktion ergeben hatte, daß Sultan an einem Herzschlag gestorben sei, machte er sich immer wieder selbstquälerische Vorwürfe. Nach dem Frühstück stiegen wir zu Pferde, der Fürst war einsilbig, er suchte die Wege auf, wo sein lieber alter Hund ihn zuletzt begleitet. So trabten wir lange im strömenden Regen vorwärts. Als ich einmal neben ihm ritt, sagte er, es sei sündlich, so wie er getan, sein Herz an ein Tier zu hängen, er habe aber nichts Lieberes auf der Welt gehabt und müsse mit Heinrich dem Fünften sagen: ›Ich hätte einen Beßren besser missen können!‹ Und dann setzte er zu einem langen Galopp an, daß Reiter und Pferde dampfend vor dem Schloß anlangten.«

Bismarck hat im Laufe seines langen Lebens viele Hunde – Odin und Cyrus, Sire und Rebekka (genannt Beckchen), Tyras und Flora, dazu Sultan, besessen und geliebt. Tyras der Zweite starb an Altersschwäche, und der 80jährige fühlt sich

Abb. 47: Der Reichskanzler mit »Tyras«.

Abb. 48: Spaziergang im Park zu Varzim (Hinterpommern).

noch stark genug zu der Erwägung, er wolle keinen Hund mehr halten, weil er keinen mehr begraben möge.

Von all' diesen Hunden aber brachte er keinem soviel hingebende Liebe entgegen wie seinem Sultan. Noch auf dem Sterbebett – das war volle einundzwanzig Jahre nach Sultans Tod – galten Bismarcks Gedanken dem prächtigen Tier. Als sein Sohn Herbert sich über ihn beugte, fragte er mit schwacher Stimme: »Ist es schon lange her, daß Sultan tot ist?« Und Johanna von Bismarck berichtet, wie der große Mann einst geäußert habe: »Ich hoffe zuversichtlich, im Himmel meinen Hunden und meinen Pferden zu begegnen.«

IX. Die Entstehung des Rasse-standards

Die Bezeichnung ›Rasse‹ oder ›race‹, wie uns dieses, in England etwa um 1600 auftretende Wort noch häufig in den älteren kynologischen Schriften begegnet, leitet sich ab aus dem arabischen Begriff ›ras‹ und bedeutet dort soviel wie ›Geschlecht‹ oder ›Ursprung‹.
Für die Kynologen hat Kronacher eine klassische Formulierung geliefert, sie lautet: »Rasse ist eine Gruppe von Einzeltieren innerhalb einer Art, die sich durch den gemeinsamen Besitz bestimmter Eigenschaften von den anderen Artgenossen unterscheiden und diese Eigenschaften im allgemeinen auf ihre unter gleichen Bedingungen aufwachsenden Nachkommen vererben.«
In diesem Sinne ist der Rassehund zu betrachten, der innerhalb seiner genetischen Möglichkeiten seit Urzeiten nach den Vorstellungen des Menschen geformt worden ist und seine ihn auszeichnenden Merkmale, wie einheitliche Körperform, Farbe und Psyche, erbsicher weiter zu geben vermag.
Nach dem ›Dynamischen Rassebegriff‹ von Karl Salter sind »Rassen nie etwas Absolutes, sondern nur Gleichgewichtszustände zwischen den Auswirkungen der Erbanlagen und Umwelt.«
Eine Hunderrasse ist demnach nicht als eine starre, sondern als eine dynamische Einheit zu verstehen, die den wandelbaren Vorstellungen von Menschen unterliegt. So können sich beispielsweise markante Veränderungen des Schädels oder andere Eingriffe in das Erscheinungsbild bereits innerhalb weniger Generationen einstellen, solange züchterischer Intuition und Experimentierfreudigkeit keine Fesseln auferlegt sind.
Als sich in der zweiten Hälfte des 19. Jahrhunderts Doggenfreunde auf den Ausstellungen zusammenfanden und sich darüber einig wurden, aus den örtlich favorisierten Schlägen eine selbständige Rasse, die »Deutsche Dogge« zu formen, galt es, sich auf einen gemeinsamen ›Zuchttypus‹, darunter versteht man das Idealtier einer Rasse, festzulegen. Dieser sollte den allgemeinen Vorstellungen eines leistungsfähigen, edlen, formschönen Hundes – eben denen eines ›Nationalhundes‹ – entsprechen und gleichzeitig eine einwandfreie Vererbungskraft verbürgen.
In einer vollständigen Beschreibung, die alle Einzelheiten der äußeren Gestalt und des Charakters umfaßt, sind diese typischen Rassenmerkmale – von den Kynologen kurzweg Standard genannt – von dem im Jahre 1878 gegründeten ›Verein zur Veredelung der Hunderassen in Deutschland‹ niedergelegt und im Jahre 1880 in

einer Versammlung von Züchtern und Richtern unter dem Vorsitz von Dr. Bodinus anläßlich der Berliner Hector-Ausstellung für alle Züchter und Richter als verbindlich erklärt worden.
Gelegentlich seiner ersten Generalversammlung am 29.03.1888 beschloß der Deutsche Doggen-Club, diese von der Delegierten-Commission (DC) sanktionierten Normativbestimmungen für die Rassekennzeichen der Deutschen Dogge vorläufig zu übernehmen. Nach dem Zusammenschluß der Zuchtvereine im Jahre 1906 zum ›Kartell der stammbuchführenden Spezial-Clubs‹, aus dem sich im Jahre 1925 das ›Deutsche Kartell für das Hundewesen‹ (DKH), der Vorläufer des heutigen ›Verband für das Deutsche Hundewesen e. V.‹ (VDH) entwickelte, erhielt der Deutsche Doggen-Club 1888 e. V. (DDC) als der ursprüngliche Zuchtverein das ausschließliche Recht, den Standard festzulegen und eventuell zu ändern. Dieses überkommene Recht besteht bis zum heutigen Tage, auch nachdem sich die Spitzenverbände der meisten europäischen und vieler außereuropäischen Länder in der Féderation Cynologique Internationale (F.C.I.), Sitz Brüssel, zusammengeschlossen haben. Die F.C.I. hat Deutschland als das Ursprungsland der Rasse ›Deutsche Dogge‹ anerkannt und eine offizielle Anerkennung des Standards ausgesprochen.
Die Rassebeschreibung des ersten Standards wird eingeleitet: »Die deutsche Dogge vereinigt in ihrer Gesamt-Erscheinung Größe, Kraft und Eleganz wie kaum eine andere Hunderasse. Sie hat nicht das Plumpe und Schwerfällige des Mastiffs, ebensowenig die zu schlanke und leichte, an den Windhund erinnernde Form, sondern hält die Mitte zwischen beiden Extremen.«
Der Wortlaut dieser Beschreibung läßt darauf schließen, daß man zur damaligen Zeit auf einen vorhandenen ›Modellhund‹, das heißt auf einen von allen anzustrebenden ›Idealhund‹ noch nicht zurückgreifen konnte. Man versuchte vielmehr aus dem Bestand wertvoller Hunde, deren Vertreter im einzelnen noch ein recht buntes Bild boten, nicht einheitlich und wenig durchgezüchtet waren, Mittelwerte zu bilden und im Rassestandard den zulässigen Schwankungsbereich dieser Werte festzulegen, um so das Zukunftsbild der Rasse festzulegen.
Als fehlerhaft wurden dabei alle typischen Merkmale jener zwei sehr konträren Hundetypen aufgelistet, von denen man annahm, daß sie als Ausgangsformen an der Entwicklung der Deutschen Dogge maßgeblich beteiligt waren. Außer den Vorzügen, die das positive Bild der Dogge in den Augen ihrer Liebhaber verstärken, sind natürlich von diesen Einkreuzungen auch unerwünschte Merkmale eingebracht worden, die sich störend auf das Gesamtbild auswirken. So weisen, um nur einige Fehler, die im Standard aufgeführt sind, herauszugreifen, »eine auffällig breitgedrückte oder im Profil zu hoch gewölbte Stirn, zu tief angesetzte, breite Ohren, ein kurzer, plumper Hals mit ausgesprochener Kehlwamme« auf das uralte Mastifferbe hin, während ein extrem schmaler Kopf mit wenig Stirnabsatz, ein leicht aufgezogener Rücken oder eine abfallende Kruppe auf den alten Windhundtyp schließen lassen, zu dem letztlich auch die Curländer-Windhunde und die Pommerschen Rüden zu zählen sind, die als rauhhaarige Hunde u. a. die zu schwere, geringelt getragene Bürstenrute (Rute, bei der die Haare an der Unterseite zu lang sind) in die Rasse eingebracht haben. In dem Bestreben, der im

Standard verkörperten Idealdogge mit seinen Zuchtprodukten möglichst nahezukommen, wird der Züchter immer wieder gefordert, derartigen »Rückfällen in die alten Wuchsformen« (Klatt) mit seinen züchterischen Maßnahmen zu begegnen.
Die für Erhaltung und Fortentwicklung der Rasse so maßgeblich beteiligten Körmeister und Zuchtschaurichter finden in dem im Standard verkörperten Idealhund einen Vergleichsmaßstab, an dem sie in vergleichend-wertenden Betrachtungen die ihnen vorgeführten Doggen beurteilen und ihre Zuchtempfehlungen aussprechen. Aus ihren Berichten, an denen sich alle, die an der Zucht interessiert sind, zu orientieren pflegen, müssen die Vorzüge, aber auch die Art der festgestellten Mängel hervorgehen.
Hier liegen die wesentlichen Gründe, die gegen eine formmäßige Beurteilung der Doggen nach einem Punktsystem (points) sprechen. Ein Vorschlag übrigens, der von manchen Ausstellern immer wieder gerne ins Gespräch gebracht wird, weil sie hiermit die Vorstellungen einer ›gerechteren‹ Bewertung verknüpfen.

Der Deutsche Doggen-Club hatte diese Methode bereits zu Anfang des Jahrhunderts praktiziert und unter Mitwirkung eines internationalen Richterkollegiums im Jahre 1904 eine Punktebewertungstabelle herausgegeben. Dieses Schema, das nachfolgend wiedergegeben ist, sah den Hund mit der höchsten Punktzahl als den Gewinner:

Gesamterscheinung und Adel	12 Punkte
Kopf	18 Punkte
Hals	8 Punkte
Brust- und Rippenkorb	5 Punkte
Rücken und Weichen	7 Punkte
Läufe und Pfoten	9 Punkte
Knochenbau und Muskeln	6 Punkte
Kruppe	4 Punkte
Rute	7 Punkte
Gangwerk	8 Punkte
Größe	6 Punkte
Farbe und Abzeichen	6 Punkte
Körperpflege und Haar	4 Punkte
Gesamtpunktezahl	100 Punkte

Selbst bei einer anderen Gewichtung der Punkte oder bei mehr Spezialisierungen und Erweiterungen, wie sie beispielsweise dem amerikanischen Standard beigefügt sind, hat sich diese Art des Richtens als untauglich erwiesen. Sie basiert auf einem

›Fehlerrichten‹, was E. S. Montgomery (›The Bull Terrier‹ 1946) so umschreibt: »Wenn man nach dem Fehlen von Fehlern urteilt, dann wird zum besten Hund eine herausragende Mittelmäßigkeit gekürt.«

Diese Art des Richtens wäre für die ganze Doggenzucht katastrophal und widerspräche dem Grundsatz, eine Dogge nach ihrem Gesamteindruck und ihren Vorzügen für die Zucht zu beurteilen. Immer sollte man einen Hund »mit herausragenden Qualitätsmerkmalen trotz kleinerer Fehler vor der ›herausragenden Mittelmäßigkeit‹ plazieren (Fleig).«

Wie sehr man schon Ende des letzten Jahrhunderts darauf bedacht war, die Doggen ›auf Höhe‹ zu treiben, zeigt uns eine Punktetabelle zur Bewertung der Größe (Scale of Points for Height), aufgeführt von Rawdon B. Lee in ›Modern Dogs of Great Britain and Ireland‹ 1897:

Dog of	30 in.	or Bitch of	28 in	Points	0
"	31 in.	"	29 in	"	2
"	32 in.	"	30 in	"	4
"	33 in.	"	31 in	"	6
"	34 in.	"	32 in	"	9
"	35 in.	"	33 in.	"	13

X. Veränderungen des Rassebildes im Verlaufe eines Jahrhunderts

Der mutige Schritt zu einer einheitlichen Namensgebung und die damit zwangsläufig gekoppelte Erstellung eines Standdards in den 80er Jahren des 19. Jahrhunderts, erlaubten eine zielbewußtere Zucht der Deutschen Dogge. Nachdem im weiteren Verlauf die Anforderungen zur Verbesserung des Typs immer höher geschraubt wurden, mußte man bald erkennen, daß Größe und Schwere dieser Hunde noch sehr unterschiedlich waren, und eine auch nur einigermaßen annehmbare Ausgeglichenheit in diesen Punkten fehlte. So wurde ernstlich überlegt, die Doggen in zwei Klassen zu teilen, in einen leichten und einen schweren Schlag.
Jean Bungartz, Ehrenpräsident des Hamburger Vereins zur Förderung reiner Hunderassen, schreibt hierzu (›Der Luxushund‹ 1888): »Ein Hund letzterer Klasse war derzeit der kolossale, gestromte ›Mars‹ des Herrn J. Classen in Köln, welcher daselbst im Jahre 1876 mit erstem Preis prämiert wurde und allgemeines Aufsehen erregte. Heute dürfte dieser Hund kaum Beachtung finden und namentlich als Zuchthund gänzlich verworfen werden. Soweit wir uns erinnern, war ›Mars‹ ein plumper, starkknochiger Hund, dem jegliche Eleganz mangelt, die heute eine der Hauptvorzüge der Deutschen Doggen bildet. Auch war der Hund nach den heutigen Anschauungen durch eine mächtige Kehlwamme verunziert.« Die Gegenüberstellung der Abbildungen von ›Mars‹ und ›Helios‹ lassen die Unterschiede der Zuchtrichtungen erkennen. (Abb. 49a+b)
Weitere Einzelheiten erfahren wir von Beckmann (1895). Einer von ihm angefertigten Skelettdarstellung eines Doggenschädels fügt er erklärend hinzu, daß diese Dogge aus der Meßter'schen Zucht stamme und: ». . . während die ersten Hunde dieses Zwingers noch den schweren Schlag verkörperten, zeigen die jetzigen Doggen nicht mehr den starken Absatz vor der Stirn. Dr. Bodinus bemühte sich seiner Zeit vergebens, außer der noch jetzt zu Recht bestehenden mittleren Form der Deutschen Dogge auch eine möglichst schwere Rasse zu züchten, umso mehr, als bereits verschiedene Prachtexemplare derselben existierten. Der wiederholt gestellte Antrag des Dr. Bodinus fand jedoch niemals Unterstützung und es dürfte schwer halten, jetzt noch eine zweite, schwere Rasse der deutschen Dogge ins Leben zu rufen und noch schwerer, diese neben der ersten aufrechtzuerhalten.
Die deutsche Dogge in ihrer jetzigen Form ist vielleicht die vollendetste und schönste Hunderasse, welche bis jetzt existiert. Es gehörte aber auch ein so langer Zeitraum beständiger jagdlicher Tätigkeit dazu, um diese Größe, Kraft und Gewandtheit in ein und derselben Rasse zu vereinigen und erblich zu machen.«

Die Einteilung in einen leichten und einen schweren Schlag erwies sich schon deshalb als undurchführbar, weil eine Bestimmung der Grenze, wo die Schwere anfangen und das Leichte aufhören sollte, kaum festzulegen war. Zudem können selbst leichter und zierlicher gebaute Hündinnen Nachwuchs bringen, der größer und robuster im Körperbau wird, als von ihnen erwartet.

Auch die offizielle englische Ausgabe von ›The Kennel Encyclopaedie‹ aus dem Jahre 1908 beschäftigt sich mit diesem Thema und veröffentlicht hierzu ein Schreiben des uns bereits bekannten deutschen Doggenzüchters und Richters Gustav Lang.

»Vor dreißig Jahren wurde vorgeschlagen, die Doggen in zwei Klassen zu führen, einen leichten und einen schweren Typ. Aber das war ein Fehler; denn der wahre Typ ist weder zu schwer, noch zu leicht! Man kann das zwar nicht beschreiben; aber ein Richter muß so etwas mit dem ersten Blick erfassen können.

Wir haben hier Richter, die kein richtiges Empfinden dafür haben. Sie schauen und messen den ganzen Tag, ohne zu einem Ende zu kommen. Ein guter Richter und Kenner der Rasse fällt dagegen sein Urteil in kurzer Zeit. Gewiß übersieht er dabei vielleicht einmal einen kleinen Fehler; doch das ist nicht ausschlaggebend. Wichtig ist, daß die Dogge als Ganzes, in ihrer Gesamterscheinung beurteilt wird!«

Abb. 49a: »Mars«, Deutsche Dogge schweren Schlages in den 70er Jahren (Bungartz)

Abb. 49b: »Helios«, Deutsche Dogge der 70er Jahre, sie verkörpert das s. Zt. angestrebte Zuchtziel (Bungartz).

In dem züchterischen Bestreben, einen edlen, formschönen Hund zu erschaffen, der den allgemeinen Vorstellungen eines ›Nationalhundes‹ entsprach, wurde schon bald der 1. Rassestandard einer kritischen Betrachtung unterzogen. Sie endete mit dem Ergebnis, daß bei der allgemeinen Revision der Rassezeichen für Nichtjagdhunde im Jahre 1891 auch der Standard für die Deutsche Dogge den modernen Vorstellungen angepaßt wurde. Zwischen der 1. Rassebeschreibung des Jahres 1880 und der des Jahres 1891 liegen lediglich elf Jahre, in denen man sich, wie ein Vergleich dieser beiden Standards zeigt, von einer Überbetonung des Doggenhaften löste, zugunsten gestreckterer, ebenmäßiger Formen.
Während in der ersten Fassung »der Kopf mäßig langgestreckt, die Stirn im Profil nur wenig höher als der Nasenrücken und nach hinten schwach ansteigend, die Backenmuskeln stark ausgebildet und die Augen klein« sein sollten, verlangt man nunmehr: »Die Stirn, von der Seite gesehen, merklich vom Nasenrücken abgesetzt erscheinend, die Backenmuskeln nicht zu stark hervortretend, mittelgroße Augen.«
Während man zuerst »die Brust breit, vorn tief herabgesenkt« und einen »langen Rücken« haben wollte, sollte nunmehr »die Brust mäßig breit, möglichst bis zu den Ellenbogen hinabreichend« und der »Rücken mäßig lang« sein.

Die Hinterläufe werden in der ersten Fassung »im windhundartigen Winkel zu der kurzen Fußwurzel stehend« verlangt, sie sollen nunmehr »nicht in einem zu stumpfen Winkel zur Fußwurzel stehen.«

Auch in den Farben treten merkliche Unterschiede hervor. Die Gestromten, damals auch geflammt genannt und in den Grundfarben goldbraun, gelb, schiefergrau, eisen- oder hellaschgrau mit schwarzen oder doch dunklen unregelmäßigen Querstreifen gezüchtet, hatten jetzt eine Grundfarbe vom hellsten Gelb bis zum dunklen Rotgelb mit schwarzen Querstreifen aufzuweisen. Die Einfarbigen, die bis dahin gelb, schiefergrau, aschgrau, hellsilbergrau, entweder ganz einfarbig oder mit leichtem schwärzlichen Anflug an Schnauze, Augen und dem Rückenstrang sein durften, wobei das einfarbige »Rothgelb am wenigsten erwünscht« war (Anmerkung: Diese Farbe wurde auf die Einkreuzung des Mastiffs zurückgeführt), durften von nun an nur noch »gelb oder grau (d. i. blau) in den verschiedensten Tönen« sein.

Bei den gefleckten Doggen (Tigerdoggen) stand nach der Änderung des Standards die Reinfarbigkeit der Grundfarbe mit schwarzer Fleckenverteilung im Vordergrund der Zucht und das einstmals »erwünschte Glasauge« wurde nunmehr lediglich als unvermeidliche Begleiterscheinung dieses Farbschlages geduldet.

Die bekanntesten deutschen Tiermaler und kynologischen Schriftsteller jener Zeit waren Ludwig Beckmann und Richard Strebel. In ihren Illustrationen und Abbildungen spiegeln sich die Wandlungen der Deutschen Doggen wider, die in ihren damaligen Formen unseren heutigen bereits recht nahekommen.

Die Exterieurzeichnungen von Strebel umfassen eine Gruppe von Deutschen Doggen, die den Vorstellungen des Standards entsprechen. Wörtlich heißt es hierzu:

Der Kopf »soll langgestreckt und eher hoch und seitlich zusammengedrückt sein«, die Stirn »merklich vom Nasenrücken abgesetzt und mit diesem gleich nach hinten verlaufend oder nur schwach ansteigend« (Anm.: der heutige Standard spricht nur von einem parallelen Verlauf von Stirn und Nasenrücken), von vorn gesehen soll der »Oberkopf nicht auffällig stärker entwickelt als der Schnauzenteil« sein, »Backenmuskel nicht zu stark hervortretend«, Lippen »vorn möglichst senkrecht abgestumpft und nicht zu stark an den Seiten überhängend, jedoch mit gut ausgebildeter Falte am Lippenwinkel«, Hals »lang, kräftig, leicht gebogen, mit gut ausgebildeter Genicklinie«, Brust »mäßig breit, Rippenkorb gut gewölbt, vorn tief, bis zu den Ellenbogen hinabreichend«, Rücken »mäßig lang«.

Die Abbildungen 50 und 51 sind von Strebel gefertigte naturgetreue Nachbildungen von Doggen zu Ende der 80-er Jahre. Beide Hunde entsprechen im Körperbau bereits dem heutigen Format. Ihre Köpfe sind hingegen nach unseren Vorstellungen zu wenig profiliert. Insbesondere der hochläufige und nahezu quadratisch wirkende Rüde ›Nero Hamburg‹ hat einen zu klein geratenen Kopf.

Abb. 50: »Dido«, WT 17. 7. 1887, Bes.: Postinspektor Schmidt, Stuttgart, Zeichnung: Richard Strebel.

Die Skelettillustration Strebels nimmt in verblüffender Weise bereits die weitere Entwicklungstendenz der Doggen vorweg, die sich im Skelett u. a. dadurch andeutet, daß der Oberarmknochen kürzer ist als das Schulterblatt.

Ellenberger, Baum u. a., deren Illustrationen der Dogge etwa zur gleichen Zeit entstehen, sehen dagegen den Oberarmknochen länger als das Schulterblatt. Ein Verhältnis, das sich, wie wir in dem späteren Kapitel über die Zusammenhänge der äußeren Gestalt und der Fortbewegungsart sehen werden, nur noch bei wenigen Doggen ergibt.

In Ergänzung zu der Skelettdarstellung ist die ebenfalls von Strebel stammende Zeichnung von Doggenköpfen zu sehen, in der die markantesten Fehler festgehalten worden sind (Illustration 2). Sie treten auch heute noch, wenn auch in abgeschwächter Form, auf.

Beim linken Kopf ist der Nasenrücken zu stark gebogen, der Oberkopf ist gewölbt und geht abrupt in den Hals über. Der zu kurze, kräftige Hals zeigt sehr viel lose

Kehlhaut (Wamme). Nasenrücken und Oberkopf verlaufen nicht parallel zueinander, der Oberkopf »steigt an«.

Dazu kommen die vom Züchter »verschandelten« Ohren. Sie werden über den Kopf gezogen und sind nach den heutigen Vorstellungen zu kurz kupiert.

Der mittlere Kopf hat einen zu schmalen Nasenrücken und verläuft durch die sehr stark entwickelten Backenpartien nach hinten zu keilförmig auseinander. Der Oberkopf ist zu breit, der Hals auch hier wiederum zu kurz und dick.

Der rechte Kopf erinnert an den eines Dobermanns. Er ist durch die geringe, abgerundete Belefzung zu spitz im Fang und fast ohne Stirnabsatz. Der Hals ist im Verhältnis zum Kopf zu dick. Er ist zwar in der Oberlinie leicht gebogen, doch es fehlt der geschwungene Übergang im Genick.

Abb. 51: »Nero-Hamburg«, WT 1. 5. 1988, Besitzer H. Lorentzen, Hamburg, Zeichnung: Richard Strebel.

Knochen und äußere Teile (Figur I)

A Kopf: 1. Oberkiefer, 2. Unterkiefer, 3. Jochbein, 4. Ohr, 5. Stirnbein, 6. Hinterhauptbein
B Hals
C Schulterblatt
D Oberarm
E Ellenbogenbein
F Speiche (E und F als Ganzes »Unterarmbein«)
G Vorderfußwurzel
H Vordermittelfuß
I Zehen
K 7 Halswirbel
L 13 Rückenwirbel mit ebensoviel Dornfortsätzen und Rippen daran (1–9 wahre, 10–13 falsche)
M 7 Lendenwirbel
N Kreuzwirbel
N 1 20–21 Rutenwirbel
O Becken
O 1 Sitzbeinhöcker
P Oberschenkel
Q Kniescheibe
R Unterschenkel
S Wadenbein
T Sprungbeinhöcker
U Hinterfußwurzel, Sprunggelenk
V Hintermittelfuß
W Zehen
X Widerrist
Y Kruppe
Z Kehlgang

a Brustknorpel, b Vorderbrust, c Ellenbogen, d Unterbrust, e Bauch, f Glied, g Schwellkörper, h Schlauch, i Hoden, k Waidloch (After), l Weiche, m Hakenbeinwarze, n Fußballen, o Fessel

Innere edlere Teile (Figur II)

I. Herz, II. Lunge, III. Zwerchfell, IV. Milz, V. Magen, VI. Niere, VII. Eierstock (bei der Hündin), VIII. Harnblase, IX. Leber.

Figur III. Steile Schulterlage im Gegensatz zu Figur I, wo lange, schön gewinkelte Schulter vorhanden.
Figur IV. Weiche Fesselung und lange Zehen, sogenannte Hasenpfote.
Figur V. Steile Fesselung und kurze Zehen, sogenannte Katzenpfote.
Figur VI. Hinterfuß mit doppelter Wolfsklaue.
Figur VII. Steile Hinterhand im Gegensatz zur gut gewinkelten in Figur I.

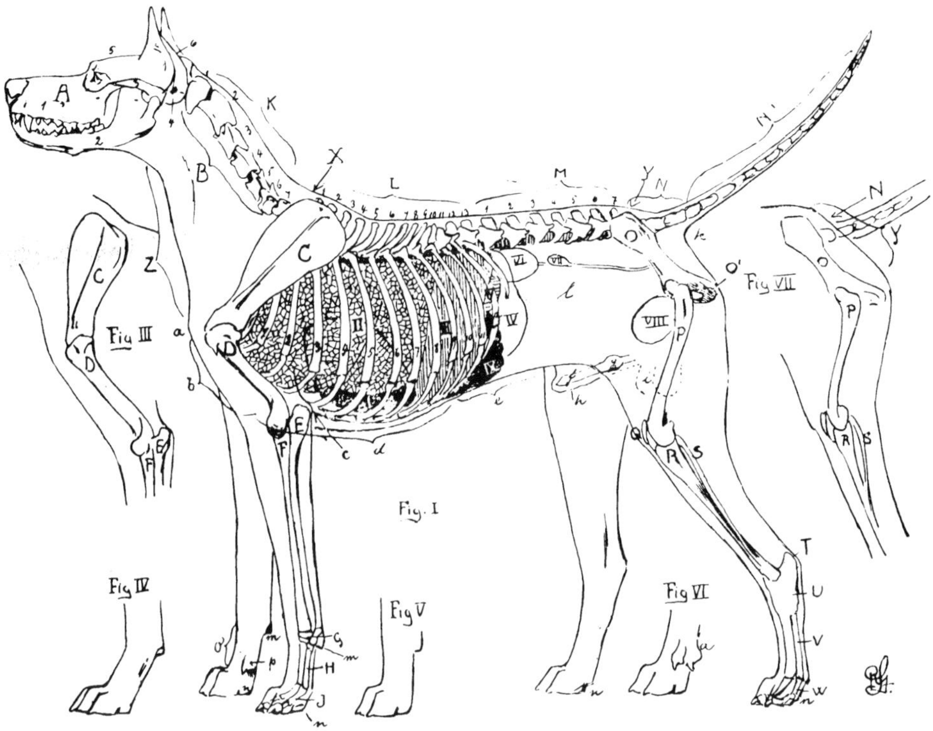

Illustration 1: Skelett Deutsche Idealdogge, nach Richard Strebel (1904)

Illustration 2: Doggenköpfe, nach Richard Strebel

Von der nun rasch fortschreitenden Entwicklung der Deutschen Dogge – Mitte der 80-er Jahre des 19. Jahrhunderts bis in das 1. Jahrzehnt des 20. Jahrhunderts – zeugen auch die nachfolgenden Bilder von Beckmann (Abb. 52–55).
›Hannibal I‹, geworfen 1887, galt zu seiner Zeit als die beste gelb-gestromte Dogge. Er erhielt 1889 auf der Cannstadter Ausstellung den von Sr. Majestät König Karl gestifteten Ehrenpreis. Im Jahre 1892 wurde er für einen hohen Preis nach England und von dort nach Moskau verkauft.
Seine Maße: Schulterhöhe 82 cm, Kopflänge 29 cm, Schnauze bis zum Augenwinkel 13 cm lang, Ellenbogen vom Boden hoch 46 cm, hinterer Mittelfuß 22 cm, Rumpflänge vom Bugbein bis zum hinteren Rande der Keule horizontal 87 cm, Umfang der Brust hinter den Schultern 100 cm.
Der ›getigerte‹ Alexander gehörte ebenfalls zu den Spitzentieren.
Der goldgestromte Rüde ›Harras II‹ wird angegeben mit den Maßen: Schulterhöhe 79 cm, Kopflänge 27 cm, Schnauze 12 cm, Ellenbogen vom Boden hoch 42 cm, Rumpf vom Buggelenk bis zum hinteren Rand der Keule 87,5 cm, Brustumfang 93 cm.
›Juno‹, eine weiße Hündin mit gelben und bräunlichen Flecken, soll eine auch für die damaligen Verhältnisse leicht und schlank gebaute Hündin gewesen sein.
Maße: Schulterhöhe 74 cm, Kopflänge 26 cm, Schnauze 13 cm, Ellenbogen vom Boden aus 43 cm, Rumpflänge 81 cm, Brustumfang 90 cm.
›Hannibal-Zaandam‹ und ›Perle-Euskirchen‹ in den Abb. 54 und 55 stellen bereits die hochläufigere Form dar, sind im Rücken kürzer und entsprechen damit im Gebäude bereits der heutigen Form.
Der geänderte Standard des Jahres 1891 erwies sich nach knapp vier Jahrzehnten wiederum als reformbedürftig. Auf der Generalversammlung des Deutschen Doggen-Vereins im Jahre 1932 in Marburg wurde eine neue Fassung diskutiert und verabschiedet. Die dort festgelegte Form hat bis auf einige unwesentliche Veränderungen bis zum heutigen Tage überdauert. Eine Ergänzung wurde lediglich unter dem Einfluß des vom Gesetzgeber erlassenen Kupierverbotes notwendig, von dem außer der Bundesrepublik Deutschland auch alle skandinavischen Länder sowie die Niederlande und die Schweiz betroffen sind.
Wenn wir rückblickend nach den Gründen fragen, die 1932 den Deutschen Doggen-Verein zu einer Anpassung des Standards veranlaßt haben, so ist zu erkennen, daß dieses zweifellos unter dem Einfluß der Saalburg-Hunde geschehen ist.
Jean Lanning, eine bekannte Doggenzüchterin (Kennel ›of Clausentum‹) und Autorin in England schreibt hierzu: »In Deutschland wurden bereits immer sehr schöne Great Danes gezüchtet. Der absolute Durchbruch kam jedoch in den frühen 20-er Jahren, als die fabelhaften ›Saalburg‹-Doggen auf den Plan traten. Sie waren das Größte, was den Great Danes je passieren konnte.«
Der Züchter dieser Deutschen Doggen ›von der Saalburg‹ war Karl Färber aus Bad Homburg. Sein berühmt gewordener gelber Champion ›Bosko von der Saalburg‹ ZB. Nr. 4584, geworfen am 08.08.1921, entstammt der Verbindung von ›Tantalus v. Sonnenberg‹ ZB. Nr. 3437 und ›Rosel v. d. Rheinschanze‹ ZB. Nr. 3384 (Abb. 56). Über ›Bosko‹ schreibt Berta (Der Hund, 1926): »Sein Vorzug liegt ebenso

Abb. 52: Deutsche Doggen 1887, Zeichnungen Ludwig Beckmann Alexander (lks.) Besitzer Fr. Pietschker, Friedenau Hannibal I, Besitzer Ulrich, Doos-Nürnberg.

Abb. 53: Deutsche Doggen nach Ludwig Beckmann. Harras II, goldgestromt (lks.), Bes.: Ulrich-Doos Juno v. Leonberg, gefleckt, Bes.. Ch. Essig, Leonberg.

Abb. 54: Hannibal-Zaandam, dunkel gestromt, Jahrgang 1891, Züchter M. Lücke, Berlin, Besitzer Zwaardenmaker, Zaandam.

Abb. 55: Blaugraue Deutsche Dogge »Perle-Euskirchen« WT 27. 2. 1890, Züchter M. Hartenstein, Plauen, Besitzer A. Latz, Euskirchen, 1. Preis Hannover 1893.

sehr in der äußeren Form, der wundervollen Harmonie und dem Adel der Erscheinung, wie im Charakter. Er ist groß, kräftig, aufgerichtet, voll Ebenmaß im Bilde, vornehm in der Haltung, fließend in der Linie und trägt auf dem herrlich geschwungenen Halse einen wundervoll gegliederten Kopf, ausdrucksvoll und voll Adel.« Im Zwinger Färbers stand auch die bezaubernde Hündin ›Fauna Moguntia‹ ZB. Nr. 3516 (Abb. 58), gezogen über den berühmten, einer Inzuchtlinie entstammenden Champion ›Famulus Hansa‹.
Aus der Verbindung dieser Hündin ›Fauna Moguntia‹ mit dem Rüden ›Bosko v. d. Saalburg‹ ging der gestromte Rüde ›Dolf von der Saalburg‹ ZB. Nr. 8281, geworfen am 02.07.1924, hervor (Abb. 57). Ein Rüde, der wegen seiner durchschlagenden Vererbungskraft noch größere Berühmtheit in der Doggenzucht erlangen sollte, als sein Vater ›Bosko‹ und später als »der bedeutendste Champion-Zuchtrüde der Welt« beschrieben wurde.

Von den tiefgreifenden Einflüssen dieser beiden ›Saalburg‹-Hunde auf die gesamte Doggenzucht erfahren wir wiederum von Berta (›Der Hund‹, 1930): »Unmittelbar und mittelbar sind auf diese überragenden Rüden nicht nur die meisten der Siegerhunde der letzten acht bis neun Jahre zurückzuführen, sie haben auch die Grundlage zur Bildung neuer Familien gelegt und nicht wenig dazu beigetragen, dem Doggensport neue Freunde zu gewinnen, die Freude an der Zucht zu fördern, die ihre starke und sichere Vererbungskraft vor Mißerfolgen und Enttäuschungen bewahrte. Sie waren nach Form und Charakter vorbildliche Vertreter ihrer Rasse, hoch und kraftvoll aufgerichtet, von Adel überleuchtet, Erscheinungen voll Maß und Gesetz, eindrucksvoll durch ihre stolze, vornehme Haltung und liebenswert durch ihre wundervollen Charaktereigenschaften.«
Die Zucht entwickelte sich in dieser Zeit zwischen den beiden Weltkriegen zu einer qualitativen »Hochzucht« und führte innerhalb des gelb-gestromten Farbschlages nach kurzer Zeit zu einer starken Inzucht.
Der erst kürzlich verstorbene Doggenrichter und bekannte Züchter Fritz Hirsch aus Haan, Zwinger ›vom Schloß Dellwig‹ berichtet: »Auf der Kartellausstellung am 25./26.04.1931 in Frankfurt/Main waren 21 gelbe und 23 gestromte Rüden gemeldet. 16 gelbe Rüden waren entweder Dolf-Söhne oder stammten in der 2. Generation von ›Dolf‹ oder ›Bosko‹ ab. Bei gestromt waren 19 Rüden Dolf-Söhne oder Enkel. Von den 20 gelben Hündinnen waren 18 Dolf-Abkömmlinge. Die 11 gestromten Hündinnen führten alle ›Saalburgblut‹.«
Berühmte Zwinger des gelb-gestromten Farbschlages, die auf ›Saalburg‹-Hunden ihre Zucht aufgebaut haben, waren ›von Hexengold‹, Züchter Carl Narbe, Hanau, ›von Birkenhof‹, Züchterin Anny Anschütz, Birkenhof, ›von der Rheinschanze‹, Züchter Joseph Rembold, Ludwigshafen und ›von Loheland‹, Züchterin Hedwig von Rohden, Loheland. Deutsche Doggen aus diesen Zwingern finden wir in den bekanntesten amerikanischen und englischen Linien wieder. So wurde u. a. die bekannt gewordene gelbe ›Dolf‹-Tochter Championesse ›Ferguni v. Loheland‹ ZB. Nr. 17582 auf ihren Vater zurückgezüchtet, um so in den Nachkommen ihren ohnehin ausgezeichneten Typ zu festigen. Das Ergebnis war der zu seiner Zeit berühmt gewordene ›N‹-Wurf mit der Siegerin der Kartell-Ausstellung 1933 in

Leipzig und Deutsche Championesse ›Nepa v. Loheland‹ ZB. Nr. 21698, von der Jean Lanning schreibt, daß diese Hündin auf ihre Weise die englische Doggenzucht bis zu der heutigen Zeit hin beeinflußt habe.
Über die »Hochzucht« der Deutschen Dogge innerhalb des gelbgestromten Farbschlages abschließend nochmals ein Wort von Carl Narbe, der in seinem Vorwort zum Zuchtbuch des Deutschen Doggen-Clubs aus dem Jahre 1940/41 schreibt: »Die Zucht auf Schönheit hat bei den gelben und gestromten Doggen einen hohen Stand erreicht, dank der Verwandschaftszucht, die durch die großen Vererber ›Bosko und Dolf von der Saalburg‹ mehr oder weniger gewollt oder ungewollt bei diesen beiden Farbschlägen eingetreten ist.«
Ihre deutlichen Spuren haben diese beiden Rüden aber auch innerhalb der Geflecktzucht hinterlassen. In einer Untersuchung über die »Blutlinien der Geflecktzucht« (Deutsche Doggen-Zeitung, 1950) heißt es hierzu: »Eine neue Linie auf den gestromten Champion »Dolf v. d. Saalburg« im Jahre 1927 durch seine Verbindung mit der gefleckten »Ute Orplid« 10788. »Dolf's« Abstammung ist bekannt, ebenso aber auch, daß dieser Rüde zu seiner Zeit die gelb-gestromte Zucht fast vollständig beherrschte. »Ute« ist eine Tochter von »Ador v. Amalienborg« 6629 aus der schwarzen Champ. »Christa Orplid« 4891, deren Mutter »Flora« v. d. Paulsburg« 3615 gefleckt war.
Am Anfang dieser Linie standen die beiden aus Dolf-Ute stammenden gefleckten Rüden »Jagla Moguntia« 15506 und »Ispha Moguntia« 15509. »Jagla« war wohl in bezug auf das schöne Rassenbild der bessere, machte auch eine sehr gute Ausstellungskarriere und wurde demzufolge sehr stark zur Geflecktzucht herangezogen, freilich ohne sich speziell in der Farbe durchzusetzen. Seine besten Söhne waren wohl der gefleckte Champion »Banquo Funken v. d. Heide« 24047 und Weltsieger »Heinz v. Urbachriesen« 21377, ebenfalls gefleckt (Abb. 64 bis 67).
Das Blut dieser beiden Rüden finden wir in den meisten Ahnentafeln unserer heutigen Gefleckten.«
Aus der großen Gruppe der Züchter, die sich der Reinfarbenzucht verschrieben haben, möchte ich den Geflecktenzüchter Josef Stehberger aus Neubiberg besonders erwähnen, der im Jahre 1921 den Zwinger »von Obertraubling« begründete. Unter Hinzufügung des von seiner Frau mit in die Ehe eingebrachten Zwingernamens »St. Magn« ist der Zwinger »von St. Magn-Obertraubling« in die Geschichte des Deutschen Doggen-Clubs eingegangen. In seinen nahezu 45 Züchterjahren

---

1. Farbblock

I. Die Große Dogge - Magnus Brasch, 1789; Signum der Stadtbibliothek Nürnberg, Med. 624/4°
II. Gespannte Aufmerksamkeit
III. Ein stolzer Rüde
IV. Nicole und ihre Freunde
V. Mein bester Freund
VI. Zwei Unzertrennliche

M. Brasch f. et exc. Nori

DIE GROSSE DOGGE

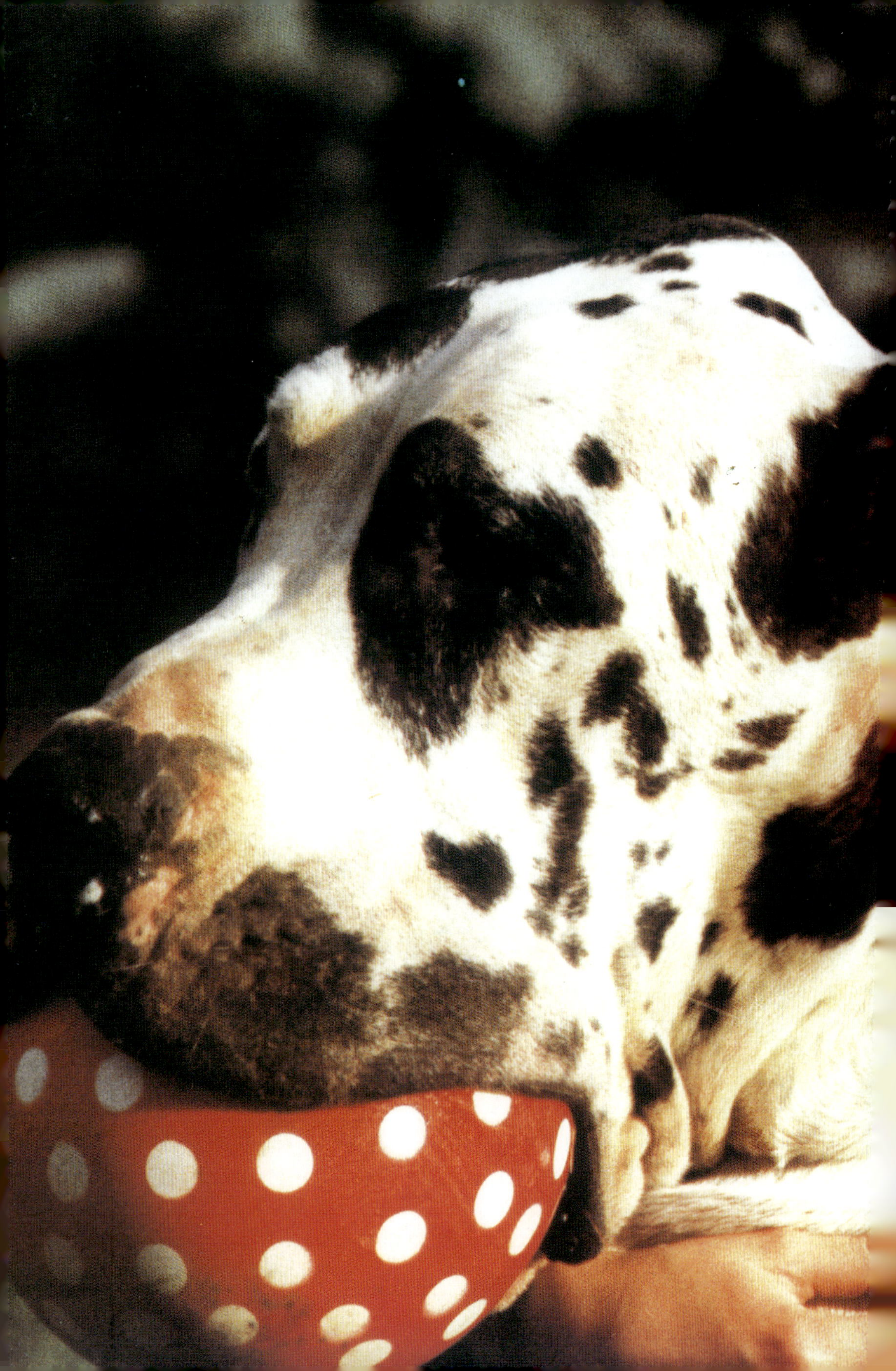

konnte Stehberger mit seinen gefleckten Doggen Erfolge in aller Welt erzielen (Abb. 68/69).
Wenn wir uns anhand des vorliegenden Bildmaterials die Entwicklung der Rasse nochmals vor Augen führen, so läßt sich leicht erkennen, daß sich im Laufe der Zeit insbesondere der Kopftyp gewandelt hat: Die Schnauzenpartie wird abgestumpfter bei »kantiger« Belefzung, der Nasenrücken im Verhältnis zum Oberkopf breiter und der Stirnabsatz betonter. »Der Kopf kann lieber kürzer und markant, als lang, seicht und ausdruckslos sein«, so lautet die Devise des Standards. Wo dieses nicht erreicht wird oder ein Farbschlag in den alten Kopftyp »abzudriften« droht, greifen die Züchter mit Genehmigung des die Entwicklung der Rasse steuernden Deutschen Doggen-Clubs auf gezielte Einkreuzungen von hervorragenden Vererbern des gelben Farbschlages zurück.
Insbesondere der über lange Jahre hinweg züchterisch stiefmütterlich behandelte blaue Farbschlag konnte so nach dem 2. Weltkrieg aus seiner Stagnation herausgeführt werden. Die Blauen waren bis dahin relativ leichte Doggen mit »Dobermannköpfen«, seicht und keilig, mit hellen, stechenden Augen und offenbar infolge der lange betriebenen Inzucht zunehmend mit Zahnverlusten behaftet. Und hatte noch im Vorwort des Zuchtbuches aus dem Jahre 1940/41 der damalige Zuchtbuchführer Narbe über »die blauen Doggen mit flachen Stirnen und spitzen Fängen« sinniert und darüber, daß ohne Zuhilfenahme anderer Farben dieser Farbschlag nicht weiterkomme, so wird gerade diese Farbvarietät in den 40- bis 50-er Jahren beflügelt durch die Hereinnahme des gestromten Rüden »Cäsar v. Nessal«, 31608, und, in Fortsetzung hierzu, des gelben Rüden »Ajax v. Langenhof«, 33460, sowie dessen gestromter Wurfschwester »Ajax v. Langenhof«, 33464.
Die Doggen aus dem Zwinger »vom Lürader Wald«, insbesondere auch die »von der Förde« – Züchterin Maria Winkel, Bad Salzuflen – und aufbauend auf deren Zuchtstamm, der Zwinger »aus dem Winkel« des Dr. Mittendorf aus Dillenburg, Hessen, bestimmen so das Bild der Blauzucht der folgenden Jahre. Auf der Weltsiegerausstellung 1956 in Dortmund erhält die blaue »Fama a. d. Winkel« als einzige Hündin den Titel einer Weltsiegerin.
Dem gefleckten Farbschlag fehlte es nach dem 2. Weltkrieg zwar nicht an der körperlichen Substanz, wohl aber zunehmend an den zum neuen Zuchtziel erkorenen ausgeprägten Köpfen mit breitem Nasenrücken und kantiger Belefzung.
In den 60-er Jahren wurden daher durch die Hereinnahme des gelben Rüden »Ares v. d. Karolingerburg«, 47230, sowie durch die seines hervorragenden gelben Sohnes »Cyrus a. d. Butz« 49321 in die Gefleckztzucht der Zwinger »vom Riedstern« (Dr. Klier, Stockstadt) und »v. d. Rotburg« (Schröder, Höperhöfen) bedeutende Akzente für diesen Farbschlag gesetzt.
Ebenso erfuhr die Blauzucht über den Zwinger »Royal« (W. u. H. Nouc, Roetgen) eine erneute Blutauffrischung durch den gelben »Cyrus a. d. Butz«, der als guter Vererber Masse und Typ dieses Farbschlages gefestigt hat.
Von dieser »Modernisierung«, insbesondere der Kopfformen, sind lange Zeit die hinter der Abgeschiedenheit des Eisernen Vorhanges gezüchteten Doggen nicht berührt worden. Wir finden dort häufig noch den Typ, wie er zu Beginn dieses Jahrhunderts üblich war.

Abb. 56: »Bosko von der Saalburg«, gelb, DDC 4584, Deutscher und Internationaler Champion 1925/1927.

Abb. 57: »Dolf v. d. Saalburg«, gestromt, DDC 8281 (Bosko v. d. Saalburg, gelb – Fauna Moguntia, gestromt) Deutscher- und Internationaler Champion 1927/1928.

Abb. 58: Gestromte Doggenhündin Fauna Moguntia DDC 3516.

Abb. 59: Fauna Moguntia 3516, Ch. Dolf v. d. Saalburg 8281, Ch. Bosko v. d. Saalburg, Besitzer Karl Färber, Bad Homburg.

Abb. 60: Dora Hexengold DDC 13760, gestromt, Züchter Carl Narbe, Hanau.

Abb. 61: Kitty v. Birkenhof DDC 12281, gelb, Züchter Frau A. Anschütz, Dirlos b. Fulda.

Abb. 62: Sieger Internationaler Zuchtgruppenwettstreit Weltausstellung Frankfurt/Main, April 1935. Reh 24910, Riese 24905 & Rungnir 24906 von Loheland.

Abb. 63: Weltsiegerin Paris 1938: Hera v. d. Meißenburg 24518, Gitta v. d. Meißenburg 22569 und Gaska v. d. Meißenburg 22570. Züchter Arno Mangler, Hamburg.

Abb. 64: Jagla Moguntia, gefl. ZB: DDC 15506 (Dolf v. d. Saalburg, gestr. – Ute Orplid, gefleckt), Intern. Champion 1932, bevorzugter Deckrüde im Zwinger »Funken v. d. Heide«, prägte eine ganze Doggengeneration.

Abb. 65: Intern. Champ. Hilde vom Urbachsriesen 21378, Intern. Champ. Heinz vom Urbachsriesen 21377. Freya vom Urbachsriesen 22376, Besitzer und Züchter: Heinrich Urbach, Köln am Rhein.

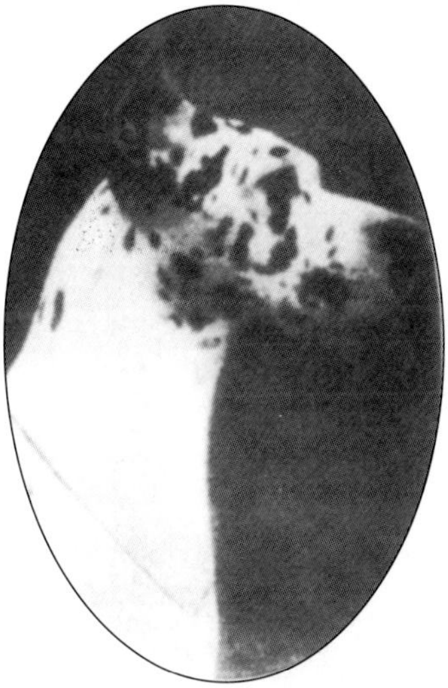

Abb. 66: Heinz v. Urbachriesen 21377
Weltsieger 35 und Int. Champion.

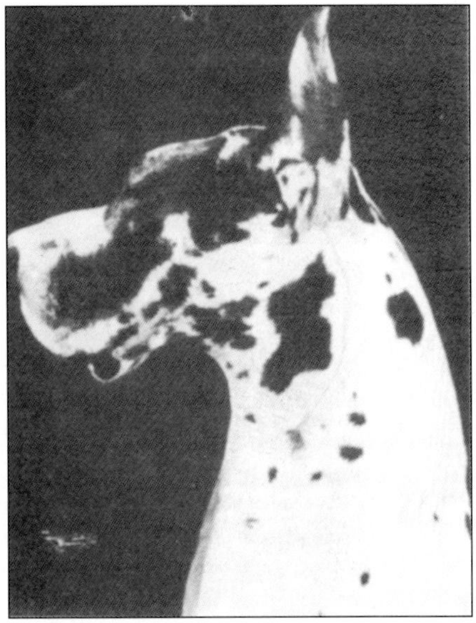

Abb. 67: Tantalus v. d. Kreuzschanze 33399
Enkel von Heinz v. Urbachriesen.

Abb. 68: Cäsar v. Obertraubling.

Abb. 69: Gefleckte Deutsche Doggen-Hündin Fauna v. Obertraubling 13678.
· Bes.: Jos. Stehberger, Regensburg-Stadtamhof.

Abb. 70: Atlas v. Rednitztal XIII 12527, Bes.: Prinzessin Marina Stirbey, Rumänien.

XI. Der Rassestandard

FCI-Standard Nr. 235 / 02.04.2001 / D

URSPRUNG: Deutschland
VERWENDUNG: Begleit-, Wach- und Schutzhund

KLASSIFIKATION FCI:	Gruppe 2	Pinscher und Schnauzer Molosser und Schweizer Sennenhunde
	Sektion 2.1	Molosser, doggenartige Hunde
	Ohne Arbeitsprüfung	

KURZER GESCHICHTLICHER ABRISS: Als Vorläufer der heutigen Deutschen Dogge sind der alte Bullenbeißer sowie die Hatz- und Saurüden anzusehen, die ein Mittelding zwischen dem starken Mastiff englischer Prägung und einem schnellen, wendigen Windhund waren. Unter Dogge verstand man zunächst einen großen, starken Hund, der keiner bestimmten Rasse angehören musste. Später bezeichneten Namen wie Ulmer Dogge, Englische Dogge, Dänische Dogge, Hatzrüde, Saupacker und Große Dogge verschiedene Typen dieser Hunde nach Farbe und Größe. Im Jahre 1878 wurde in Berlin von einem siebenköpfigen Komitee, bestehend aus engagierten Züchtern und Richtern, unter dem Vorsitz von Dr. Bodinus der Beschluss gefasst, alle oben genannten Varietäten unter dem Namen »Deutsche Dogge« zu erfassen. Damit wurde der züchterische Grundstein für eine eigenständige deutsche Hunderasse gelegt. Im Jahre 1880 wurde anlässlich einer Ausstellung in Berlin erstmals ein Standard für die Deutsche Dogge festgelegt, der seit dem Jahre 1888 vom »Deutschen Doggen-Club 1888 e.V.« betreut wird und im Laufe der Jahre wiederholt geändert wurde. Seine heutige Formatierung entspricht den Vorgaben der FCI.

ALLGEMEINE ERSCHEINUNG UND CHARAKTER: Die Deutsche Dogge vereinigt in ihrer edlen Gesamterscheinung bei einem großen, kräftigen und wohlgefügten Körperbau, Stolz, Kraft und Eleganz. Durch Substanz, gepaart mit Adel, Harmonie der Erscheinung, mit einer wohlproportionierten Linienführung sowie mit ihrem besonders ausdruckvollen Kopf wirkt sie auf den Betrachter wie eine edle Statue. Sie ist der Apoll unter den Hunderassen.

WICHTIGE PROPORTIONEN: Das Gebäude erscheint nahezu quadratisch; dies gilt besonders für Rüden. Die Rumpflänge (Brustbeinspitze bis Sitzbeinhöcker) soll die Widerristhöhe bei Rüden um nicht mehr als 5% und bei Hündinnen um nicht mehr als 10% überschreiten.

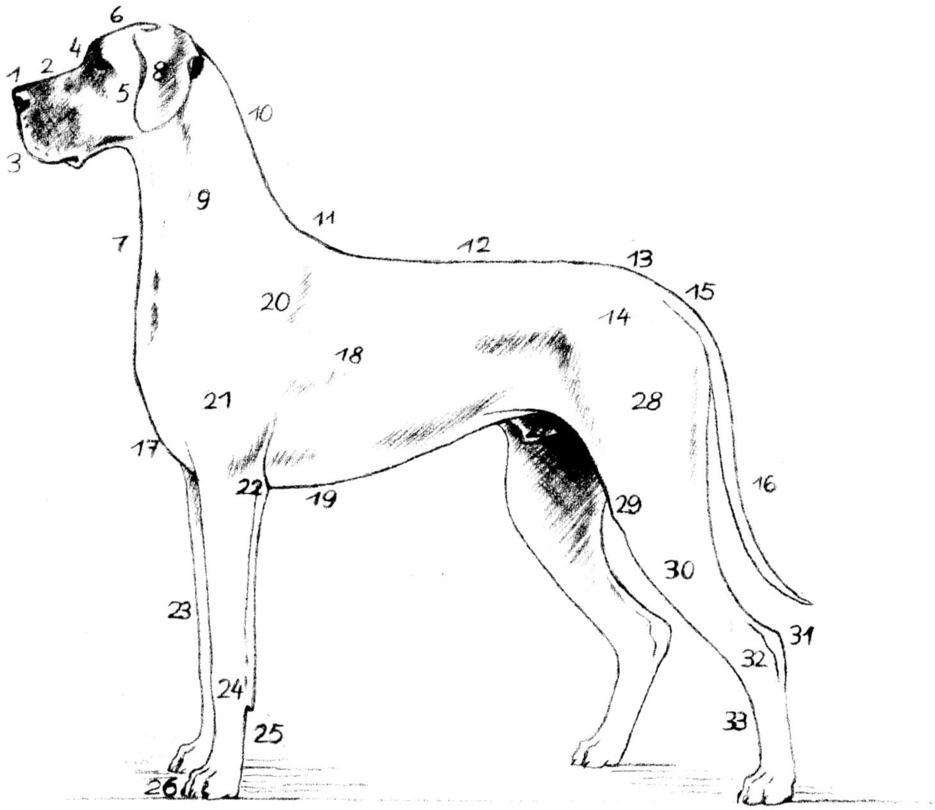

Illustration 3: Rassestandard Deutsche Dogge

1 Nase
2 Nasenrücken
3 Lefze (Oberlippe)
4 Stirnabsatz (Stop)
5 Backe
6 Oberkopf
7 Kehlgang
8 Ohren
9 Hals
10 Nacken
11 Widerrist
12 Rücken mit Lende
13 Kruppe
14 Becken
15 Rutenansatz
16 Rute
17 Vorderbrust
18 Seitenbrust (Rippenkorb)
19 Unterbrust
20 Schulterblatt
21 Oberarm
22 Ellenbogengelenk
23 Unterarm
24 Vorderfußwurzelgelenk
25 Vordermittelfuß
26 Zehen
27 Glied
28 Oberschenkel
29 Kniescheibe
30 Unterschenkel
31 Sprungbeinhöcker
32 Sprunggelenk
33 Hintermittelfuß

VERHALTEN/CHARAKTER (WESEN): Freundlich, liebevoll und anhänglich gegenüber ihren Besitzern, besonders gegenüber den Kindern; zurückhaltend gegenüber Fremden. Gefordert wird ein selbstsicherer, unerschrockener, leichtführiger, gelehriger Begleit- und Familienhund mit einer hohen Reizschwelle, ohne Aggressionsverhalten.

KOPF

OBERKOPF:
Schädel: In Harmonie zur Gesamterscheinung langgestreckt, schmal, markant, ausdrucksvoll, fein gemeißelt (besonders die Partie unter den Augen); die Augenbrauenbögen gut entwickelt, ohne jedoch hervorzutreten. Der Abstand von der Nasenspitze zum Stop und vom Stop zum schwach ausgeprägten Hinterhauptbein soll möglichst gleich sein. Die oberen Linien von Fang und Schädel sollen parallel verlaufen. Von vorne gesehen muss der Kopf schmal erscheinen, wobei der Nasenrücken möglichst breit und die Backenmuskeln nur leicht angedeutet sein sollen, keinesfalls stark hervortretend.
Stop: Deutlich betont.

GESICHTSSCHÄDEL:
Nasenschwamm: Gut ausgebildet, mehr breit als rund und mit großen Öffnungen. Er muss schwarz sein, mit Ausnahme bei schwarz-weiß gefleckten Doggen. Bei diesen ist eine schwarze Nase erwünscht und eine schwarz gefleckte oder fleischfarbene zu tolerieren.
Fang: Soll tief und möglichst rechteckig sein. Gut erkennbare Lefzenwinkel. Dunkel pigmentierte Lefzen. Bei schwarz-weiß gefleckten Doggen sind unvollständig pigmentierte oder fleischfarbene Lefzen zu tolerieren.
Kiefer/Zähne: Gut ausgebildete, breite Kiefer. Kräftiges, gesundes und vollständiges Scherengebiss (42 Zähne gemäß der Zahnformel).
Augen: Mittelgroß, mit lebhaftem, klugem, freundlichem Ausdruck, möglichst dunkel, mandelförmig mit gut anliegenden Lidern. Bei blauen Doggen sind etwas hellere Augen zulässig. Bei schwarz-weiß gefleckten Doggen sind helle oder Augen von unterschiedler Farbe zu tolerieren.
Ohren: Von Natur aus hängend, hoch angesetzt, von mittlerer Größe, vordere Ränder an den Backen anliegend.

HALS: Lang, trocken, muskulös. Gut ausgebildeter Ansatz, sich zum Kopf hin leicht verjüngend, mit geschwungener Nackenlinie. Aufgerichtet getragen, dabei etwas schräg nach vorne geneigt.

KÖRPER
Widerrist: Der höchste Punkt des kräftigen Körpers. Er wird gebildet durch die Schulterblattkämme, die die Dornfortsätze überragen.
Rücken: Kurz und straff, in annähernd gerader Linie geringfügig nach hinten abfallend.

Lenden: Leicht gewölbt, breit, kräftig bemuskelt.
Kruppe: Breit, stark bemuskelt, vom Kreuzbein zum Rutenansatz hin leicht abfallend und unmerklich mit dem Rutenansatz verlaufend.
Brust: Bis zu den Ellenbogengelenken reichend. Gut gewölbte, weit zurückreichende Rippen. Brust von guter Breite, mit ausgepräger Vorbrust.
Untere Profillinie und Bauch: Bauch nach hinten gut aufgezogen, mit der Unterseite des Brustkorbes eine schön geschwungene Linie bildend.

RUTE: Bis zum Sprunggelenk reichend. Hoch und breit angesetzt, sich zum Ende hin gleichmäßig verjüngend. In der Ruhe mit natürlichem Schwung herabhängend, in der Erregung oder in der Bewegung leicht säbelartig getragen, doch nicht wesentlich oberhalb der Rückenlinie. Bürstenrute nicht erwünscht.

GLIEDMASSEN

VORDERHAND:
Schultern: Kräftig bemuskelt. Das Schulterblatt, lang und schräg liegend, bildet mit dem Oberarm einen Winkel von etwa 100 bis 110 Grad.
Oberarm: Kräftig und muskulös, gut anliegend, sollte etwas länger als das Schulterblatt sein.
Ellenbogen: Weder aus- noch einwärts gedreht.
Unterarm: Kräftig, muskulös, von vorne und von der Seite gesehen völlig gerade.
Vorderfußwurzelgelenk: Kräftig, stabil, sich nur unwesentlich von der Struktur des Unterarms abhebend.
Vordermittelfuß: Kräftig, von vorne gesehen gerade, von der Seite gesehen nur gering nach vorne gerichtet.
Vorderpfoten: Rundlich, hoch gewölbt, mit eng aneinanderliegenden Zehen (Katzenpfoten). Krallen kurz, stark, möglichst dunkel.

HINTERHAND: Das gesamte Knochengerüst ist von starken Muskeln bedeckt, die die Kruppe, die Hüfte und die Oberschenkel breit und abgerundet erscheinen lassen. Die kräftigen, gut gewinkelten Hinterläufe stehen, von hinten gesehen, parallel zu den Vorderläufen.
Oberschenkel: Lang, breit, sehr muskulös.
Knie: Kräftig, nahezu senkrecht unter dem Hüftgelenk stehend.
Unterschenkel: Lang, von etwa gleicher Länge wie der Oberschenkel, gut bemuskelt.
Sprungelenk: Kräftig, stabil, weder nach innen noch nach außen gerichtet.
Hintermittelfuß: Kurz, kräftig, nahezu senkrecht zum Boden stehend.
Hinterpfoten: Rundlich, hoch gewölbt, mit eng aneinanderliegenden Zehen (Katzenpfoten). Krallen kurz, stark, möglichst dunkel.

GANGWERK: Harmonisch, geschmeidig, raumgreifend, leicht federnd, wobei sich die Läufe, von vorne und von hinten gesehen, parallel bewegen müssen.

HAUT: Straff anliegend. Bei Einfarbigen gut pigmentiert, bei schwarz-weiß gefleckten Doggen entspricht die Pigmentverteilung überwiegend der Fleckung.

HAARKLEID

HAAR: Sehr kurz und dicht, glatt anliegend, glänzend.

FARBE: Die Deutsche Dogge wird in drei selbstständigen Varietäten gezüchtet. Gelb und Gestromt, Gefleckt und Schwarz, Blau.

- **Gelb:** Hellgoldgelb bis zum satten Goldgelb, schwarze Maske erwünscht. Nicht erwünscht sind kleine weiße Abzeichen an Brust und Zehen.
- **Gestromt:** Grundfarbe Hellgoldgelb bis zum satten Goldgelb, mit schwarzen, möglichst gleichmäßigen und klar gezeichneten, in Richtung der Rippen verlaufenden Streifen; schwarze Maske erwünscht. Nicht erwünscht sind kleine weiße Abzeichen an Brust und Zehen.
- **Schwarz-Weiß gefleckt (sog. Tiggerdoggen):** Grundfarbe rein weiß, möglichst ohne jede Stichelung, mit über den ganzen Körper gut verteilten, ungleichförmigen, zerrissenen, lackschwarzen Flecken. Nicht erwünscht sind graue oder bräunliche Fleckenanteile.
- **Schwarz:** Lackschwarz, weiße Abzeichen sind zugelassen; hierzu zählen auch die Manteltiger, bei denen das Schwarz mantelartig den Körper bedeckt und Fang, Hals, Brust, Bauch, Läufe und Rutenspitze weiß sein können, sowie Doggen mit weißer Grundfarbe und großen schwarzen Platten (Plattenhunde).
- **Blau:** Rein stahlblau, weiße Abzeichen an Brust und Pfoten sind zugelassen.

GRÖSSE:

Widerristhöhe:	Bei Rüden	mindestens 80 cm
	bei Hündinnen	mindestens 72 cm

FEHLER: Jede Abweichung von den vorgenannten Punkten muss als Fehler angesehen werden, dessen Bewertung in genauem Verhältnis zum Grad der Abweichung stehen sollte.

- **Allgemeines Erscheinungsbild:** Mangelndes Geschlechtsgepräge, fehlende Harmonie, zu leicht, zu grob.
- **Wesen:** Mangelnde Selbstsicherheit, nervös, niedrige Reizschwelle.
- **Kopf:** Nicht parallel verlaufende Kopflinie, Apfelkopf, Keilkopf, zu wenig Stop, stark ausgeprägte Backenmuskulatur.
- **Fang:** Spitz, mangelnde Belefzung, zu weit überhängende Lefzen (Flatterlippen). Nasenrücken konkav (Sattelnase), konvex (Ramsnase) oder vorne abfallend (Adlernase).
- **Kiefer/Zähne:** Alle Abweichungen vom vollständigen Gebiss (zu tolerieren ist nur das Fehlen der PMI im Unterkiefer); unregelmäßige Stellung einzelner Schneidezähne, soweit der Gebissschluss überwiegend erhalten bleibt; zu kleine Zähne.
- **Augen:** Lose Lider, zu stark gerötete Bindehäute; helle, stechende, bernsteingelbe

Augen, wässrigblaue oder Augen von unterschiedlicher Farbe bei allen Einfarbigen. Zu weit auseinander stehende Augen oder »Schlitzaugen«, vorstehende oder tiefliegende Augen.

- **Ohren:** Zu hoch oder zu tief angesetzt, seitlich abstehend oder flach anliegend.
- **Hals:** Kurzer, dicker Hals, Hirschhals, zuviel lose Kehlhaut oder Wamme.
- **Rücken:** Senkrücken, Karpfenrücken, zu langer Rücken, nach hinten ansteigende Rückenlinie.
- **Kruppe:** Stark abfallend oder waagerecht gelagert.
- **Rute:** Zu starke, zu lange oder zu kurze, zu tief angesetzte, zu hoch über der Rückenlinie, hakenförmig oder geringelt getragene sowie seitlich abgedrehte Rute. Aufgeschlagene, am Ende verdickte oder kupierte Rute.
- **Brustkorb:** Flache oder tonnenförmige Rippen, fehlende Brustbreite oder -tiefe, zu stark hervortretendes Brustbein.
- **Untere Linie:** Zu wenig aufgezogene Bauchlinie; mangelhaft zurückgebildetes Gesäuge.
- **Vorderhand:** Nicht genügend gewinkelt. Leichte Knochen, schwach bemuskelt. Kein senkrechter Stand.
- **Schultern:** Lose, überladen. Steilliegendes Schulterblatt.
- **Ellenbogen:** Lose, nach innen oder nach außen gedreht:
- **Unterarm:** Gebogen. Auftreibungen oberhalb des Vorderfußwurzelgelenkes.
- **Vorderfußwurzelgelenk:** Aufgetrieben. Erheblich nachgebend oder überknickend.
- **Vordermittelfuß:** Zu schräg oder zu steil gestellt.
- **Hinterhand:** Zu offene oder zu geschlossene Winkelungen. Kuhhessiger, enghessiger oder fassbeiniger Stand.
- **Sprunggelenk:** Aufgetrieben, instabil.
- **Pfoten:** Flach, gespreizt, lang, Afterkrallen.
- **Gangwerk:** Zu wenig mangelnde Übereinstimmung zwischen Vorder- und Hinterhandaktionen.
- **Haar:** Stockhaar, stumpfes Haar.
- **Farbe:** Gelb: Gelbgraue, gelbblaue, isabell oder schmutziggelbe Farbe.
  Gestromt: Grundfarbe silberblau oder isabell; verwaschene Stromung.
  Schwarz-Weiß gefleckt: Blau-grau gestichelte Grundfarbe, größere gelbgraue Fleckenanteile.
  Schwarz: Gelb, braun- oder blauschwarze Farbe.
  Blau: Gelb- oder schwarzblaue Farbe.

SCHWERE FEHLER:

- **Wesen:** Scheue
- **Kiefer/Zähne:** Zangengebiss
- **Augen:** Ektropium, Entropium
- **Rute:** Knickrute

AUSSCHLIESSENDE FEHLER:

- **Wesen:** Aggressivität, Angstbeißen
- **Nase:** Leberfarbene Nase, Spaltnase
- **Kiefer/Zähne:** Vorbiss, Rückbiss, Kreuzbiss
- **Farbe:** Gelbe oder gestromte Doggen mit weißem Stirnstrich, weißem Halsring, weißen Pfoten oder »Strümpfen« und weißer Rutenspitze. Blaue Doggen mit weißer Rutenspitze. Bei schwarz-weiß gefleckten Doggen: Weiße ohne jedes Schwarz (Albinos) sowie taube Doggen, so genannte Porzellantiger (diese zeigen vorwiegend blaue, graue, gelbe oder auch gestromte Flecken); so genannte Grautiger (diese haben bei schwarzer Fleckung eine graue Grundfarbe).
- **Größe:** Unter Mindestgröße

N.B.: Rüden müssen zwei offensichtlich normal entwickelte Hoden aufweisen, die sich vollständig im Hodensack befinden.

XII. Erläuterungen zum Rassestandard

Allgemeine Erscheinung

Die Deutsche Dogge hinterläßt als Gestalt, als Rassetier einen eigenen Eindruck. Größe, Formen, Ebenmaß, Haltung und Bewegung, sowie ihr Verhalten gegenüber der Umwelt finden beim Betrachter zu einem Gesamtbild zusammen. Es sollte dem Wunschbild der Rasse entsprechen.
Unabhängig von der Größe muß das Geschlechtsgepräge, ob Rüde oder Hündin, auf den ersten Blick ersichtlich sein. Der Rüde zeichnet sich durch ein kraftvolleres Gebäude mit mächtigem Kopf und markanten Außenlinien aus. Er soll zwei normal entwickelte Hoden aufweisen, eindeutig im Hodensack liegend. Eine Hündin dagegen weist feinere Formen mit weicheren, eleganteren Außenlinien und leichterem Kopf auf.
Abbildung 71 zeigt diese Unterschiede der beiden Geschlechter deutlich. Dieses Foto eines Doggenpärchens beweist, daß es letztlich eine Sache des persönlichen Geschmacks ist, ob man sich beim Kauf einer Dogge für Hündin oder Rüden entscheidet. Beide verkörpern ausgeprägt Rassetyp und Harmonie. Sie sind groß, von starkem Körperbau, kraftvoll und zeichnen sich durch das Ebenmaß ihrer Formen aus. Ihr Adel wird unterstrichen durch schön geschwungene Genicklinie des langen, sich leicht verjüngenden Halses und die stolze Art, Kopf und Hals zu tragen. Beide haben gute Substanz und trockene Bemuskelung, wie wir an den wohlgeformten Schultern feststellen können.
Der Wunsch vieler Hundefreunde nach solchen riesenhaften, hervorstechenden Hunden mit überlangen, massigen Knochen und einer starken Bemuskelung hat den züchterischen Ehrgeiz immer wieder beflügelt. Wunschvorstellungen und Stolz, die auch heute noch einen Doggenbesitzer beseelen, lassen sich wohl kaum in überschwenglichere Worte fassen, als es Seyfarth (1891) in seiner Beschreibung »Deutsche Colossal-Dogge« vermochte:
». . . Im Laufe der Zeit hat die deutsche Dogge manche vorteilhafte Veredlung, bessere Ausprägung der Points und Größenverhältnisse erfahren und ist gegenwärtig, Dank rationeller Zuchtmethode, nach neuester ca. 25jähriger Kultur der Jetztzeit zu einer Größe und Vollkommenheit gediehen, daß sie unbestreitbar unter allen kurzhaarigen Renommier-Hunden als die größte und schönste Spezies der ganzen Erde gilt. Die Liebhaberei und Verehrung für diese hochedle, vornehme Hunderasse, hat die weitesten und vornehmsten Kreise erfaßt und erstreckt

sich nicht nur auf Deutschland, sondern auch auf alle übrigen hundeliebenden Nationen des Erdballes.
Die deutsche Dogge ist gegenwärtig der vielbegehrteste Mode-Hund aller Nationen geworden, der Hund der Zukunft, der Canis gratissima in Sportkreisen, der erklärte Liebling der Damen-Salons, der Stolz der deutschen Kynologen, der deutsche Nationalhund. Bekannt ist auch die besondere Liebhaberei des Reichskanzlers Fürsten von Bismarck für diese hochedle und ritterliche Hunderasse.
Wenn man den Löwen mit dem Namen eines Königs der Tiere zu bezeichnen pflegt, so könnte mit demselben Recht die deutsche Dogge Anspruch auf einen solchen Beinamen unter den Hunden erheben, rücksichtlich der Form und brillanten Deckenzeichnung könnte sie mehr noch mit dem Königstiger verglichen werden.
Alle einzelnen Partien meiner deutschen Colossal-Dogge sind von vollendeter Formschönheit und harmonischer Gesamtentwicklung.
Die enorme Größe, die herkulischen Glieder, der fein markierte Kopf mit den intelligenten feurigen Augen, die aufrechtstehenden Ohren, der schöngeformte Hals, die breite Brust, der schlanke Körper, die edle lange, feine Rute, das feine glänzende Haar, die bestechende Farben-Nuance, die majestätische Haltung, der leichte, flotte Gang, die äußerst kräftige, hervortretende Muskulatur, die große Elastik in den Bewegungen, das feurige, Mut und Energie verratende Temperament, der ganze königliche Adel in der Erscheinung, alles dies ist eine meisterhafte Vereinigung der vollendetsten Tier-Schönheit. Die elegante Körperform wird nicht wie bei dem Mastiff durch massige, plumpe Schwere beeinträchtigt, sondern durch ein wohlgefälliges Maß von Schwere und Schneidigkeit bedeutend gehoben.
Mit ihrer bewunderungswerten körperlichen Vervollkommenheit verbindet diese Spezialität ein hohes Maß Verständnis verratender Anlagen und daraus resultierender Bildungsfähigkeit. Unwandelbare Treue, Aufmerksamkeit und aufopfernde Liebe zu dem Herrn, sowie besondere Kombinationsgabe und Bravour in der Stunde der Gefahr, ohne die gefährliche stürmische Unbändigkeit des Mastiff oder der Bulldogge zu besitzen, zeichnen diese meine Original-Rasse besonders aus. Dieselbe hat einen verträglichen, frommen Charakter, ist ein gewissenhafter, zuverlässiger Freund der Kinder und Angehörigen des Hauses, ein eleganter Begleiter zu Fuß, Wagen und Pferd, ein kampfbereiter, todesmutiger Angreifer auf alle Raubtiere und ein unbestechlicher Beschützer der Person und des Eigentums.«
Abbildung 72 zeigt mit »Lord« eine der Seyfarth'schen Doggen, dargestellt von dem Tiermaler H. Rentzsch aus Dresden. Eine Zwingerreklame, die wegen ihrer Originalität auch heute noch ihresgleichen sucht.
Die Bewegungen der Deutschen Dogge sind lebhaft, elegant, der Gang flott und der Lauf ausdauernd; in freier Bewegung und ungehindertem Gebrauch der Glieder entwickelt sie eine Eleganz, die das Auge eines jeden Hundefreundes entzücken muß. Es dürfte kaum einen schöneren Anblick geben, als eine Koppel Deutscher Doggen im Freien dahinjagen zu sehen.
Der Charakter der Deutschen Dogge soll freundlich und liebevoll gegen die Angehörigen, zurückhaltend gegen Fremde sein. »In Augenblicken der Gefahr«,

Abb. 71: Rüde wie Hündin verkörpern ausgeprägten Rassetyp und Harmonie

Abb. 72: Deutsche Colossal-Dogge.

so schreibt Strebel, »mutig und unbekümmert um erhaltene Verletzungen, nur um die Verteidigung ihres Herrn und dessen Gut besorgt. Ein mürrischer oder gar bissiger Hund ist zu beanstanden, natürlich darf man nicht damit verwechseln, wenn er sich nicht von fremden Leuten anfassen läßt, denn dies zeugt nur von Charakter und Selbstbewußtsein.«

Der Tierarzt Diffene aus Rüsselsheim a. M., s. Zt. Vorsitzender des Nationalen Doggenklubs, schreibt hinsichtlich des Charakters unserer Hunde: »Der Charakter der deutschen Dogge ist friedlich und liebenswürdig, sie ist sowohl nobler Begleiter als auch guter Wächter, ihre Treue und Anhänglichkeit ist sehr groß, die Liebe des Herrn geht der Dogge über alles. Raufereien liebt dieser Hund nicht, er ist vielmehr zu einem gesetzten und würdevollen Benehmen veranlagt, obwohl er in der Jugend anhaltend und gern spielt, die Geselligkeit liebt und sich gern tummelt. Gegen Hunde kleinerer Rasse ist die deutsche Dogge großmütig, aber im Moment der Gefahr kennt sie keine Furcht, und es liegt bei solcher Situation etwas furchtbar Entschlossenes in ihrem Benehmen; bis der Gegner niedergeworfen und besiegt ist, packt die deutsche Dogge wütender wie vielleicht jede andere Rasse, sobald aber der Gegner wehrlos ist, beißt sie nicht mehr zu, denn die deutsche Dogge ist großmütig und edel und läßt sich deshalb auch nicht auf kleine Hunde hetzen.

Auch verträglich ist die Dogge, wenn sie mit anderen Hunden zusammengehalten wird; ich habe öfters acht bis zwölf Doggen und Schnauzer in einem Zwinger oder Tummelplatz beisammen und sah fast nie Streit oder Rauferei. Der deutschen Dogge wird von Nichtkennern öfters Bösartigkeit nachgeredet, dem ist jedoch nicht so, eine Dogge verlangt nur sehr viel Liebe und gute Behandlung, viel Bewegung und viel Umgang mit ihrem Herrn. Legt man ein solch edles Tier beständig an die Kette und behandelt es roh, so wird es natürlich vergrämt und mürrisch, und dressiert man eine deutsche Dogge sogar auf den Mann, und wird die Dressur roh ausgeführt, so können solche Tiere allerdings furchtbar werden. Bei verständiger Behandlung bleibt die Dogge aber stets gutmütig. Ich habe seit dem Jahre 1886 ständig Doggen gehalten und gezüchtet und manchmal einen Bestand von 40 bis 50 Stück gehalten, noch nie aber hatte ich unter den Hunderten von deutschen Doggen edelster Zucht eine bösartige«.

Dieser Schilderung aus dem Jahre 1902 wäre eigentlich nichts mehr hinzuzusetzen, wenn sich nicht über Jahrzehnte hinweg das Märchen von der Bösartigkeit der Deutschen Dogge gehalten hätte. Es sind m. E. törichte oder gehässige Menschen, die noch nie persönliche Erfahrungen mit diesen Tieren hatten, immer bestrebt, ihnen ein schlechtes Ansehen anzuhängen.

Ein Hamburger Sportsfreund nimmt zu solch einem jüngst erschienenen abwertenden Bericht eines großen Boulevardblattes Stellung und spricht damit gewiß vielen Doggenliebhabern aus dem Herzen: »Wie schrieb der Gänsefüßchen-Journalist? ›Doggen sind gefährlich, blutrünstig, eigentlich nicht existenzberechtigt!‹ Wir haben ihn eingeladen, sich unter den Bestien umzusehen. – Ohne Vorwarnung. Er wird folgende Feststellung machen, wenn er kommt: Unsere Tiere haben ein einnehmendes Wesen. Ausgehanzug ist nicht angesagt, allzu liebevoll ist die

Begrüßung. Die Umarmung ist innig und hinterläßt bleibende Abdrücke. Küßchen mit vollbelefztem Fang, herrlich feucht und fleckig. So lieben wir unsere sanften Riesen.«

Wie hartnäckig sich ein schlechtes Image über die Jahrzehnte hinweg in den Köpfen derer fortzupflanzen scheint, die dieser Rasse negativ gegenüberstehen, läßt sich an den Schilderungen Strebels ermessen. Dieser sah sich vor fast neunzig Jahren bereits zu der Bemerkung veranlaßt: ». . . man verbreitet mit ganz besonderem Behagen alle möglichen Räubergeschichten über die Dogge; zahllos sind die Erzählungen von zerrissenen Kindern, zerrissenen Schafen und andere, die auch dem abgehärtetsten Kynologen eine Gänsehaut hervorrufen. Leider ist der edelgezüchteten deutschen Dogge alles aufs Konto geschrieben worden, was Bastarde oder sonstige große Köter verbrachen.«

Wir dürfen heute zurecht behaupten, daß Körmeister und Züchter im Deutschen Doggen-Club ihr Augenmerk darauf richten, eine Zucht nicht mit scharfen Hunden zu betreiben. Das hat ihnen vielfach den unbegründeten Vorwurf eingebracht, den elemantaren Schneid »weggezüchtet« zu haben, den man allgemein von einem solch großen Hund, der in den meisten Fällen zum Schutze gehalten wird, erwartet. Gelegentliche Entgleisungen, denen wir auf den Grund gegangen sind, waren stets auf das Unvermögen einer einfühlsamen Erziehung oder auf die Unkenntnis desWesens von Hunden schlechthin zurückzuführen. Doch es wäre genauso töricht und dem Ansehen unserer Hunde in der Öffentlichkeit abträglich, hieraus nun die Forderungen nach der generellen Einführung eines »Führerscheines zum Halten großer Hunde« zu unterstützen, wie diese von den Schreibern einer bestimmten Journaille erhoben werden. Auch der Führerschein zum Führen von Kraftfahrzeugen gibt letztlich keine Gewähr über die charakterliche Eignung des jeweiligen Fahrzeughalters.

Ich möchte diesen Teil über den Charakter der Deutschen Dogge abschließen mit einem Gedicht von Bürger »Das Lied von Treue« (entstanden 1788). Es behandelt die Entführung der Geliebten des Marschalls von Holm durch den Junker vom Steine. Wie diese sich, nachdem sie samt ihrem Entführer eingeholt worden war, und der letztere sich im Zweikampf mit dem Marschall von Holm gemessen hatte, bei der ihr gelassenen Wahl für den Junker, ihren Entführer entschied, während die beiden Doggen, die mit dem fliehenden Paar entsprungen waren, dem Locken des Junkers widerstehen und die Treue ihrem alten Herrn bewahrten und bei diesem verblieben.

»Kaum sprengt er (der Marschall von Holm) den Rücken des Hügels hinan,
So springen ihn seine zwei Doggen schon an,
Mit freudigem Heulen und Wimmern.
. . . .
Er schnalzt und klopft sanft auf's Knie,
Lockt freundlich sie,
Durch alle gefälligen Töne.
Er weiset vergebens sein Zuckerbrot vor.
Sie weichen und springen am Marschall empor
Und weisen dem Junker die Zähne.«

Abb. 73: Der größte Hund der Welt, aus »London News«, 1857.

Nachdenkliches zur Größenentwicklung

»Der größte Hund der Welt«, unter dieser Überschrift wurde am 21. November 1857 in den »Illustrated London News« das Bild einer Dogge »Prince« veröffentlicht, das mit nachfolgendem Text versehen ist:

»Dieser außergewöhnliche Hund wurde vom Besitzer Mr. Francis Butler von New York am verflossenen Dienstag nach England gebracht, ihm wurde die Ehre zuteil, mit seinem vornehmen Begleithund in Windsor Castle empfangen zu werden. Ihre Majestät und Prince Consort (Prinzgemahl) sprachen Mr. Butler die größte Bewunderung zu diesem überragenden Vertreter der Hundewelt aus, zu den gigantischen Proportionen und der symmetrischen Schönheit, der mit außerordentlichem Mut vollendete Gelehrigkeit verbindet. Mehrere Photographien wurden in dem Palast von Mr. Bambridge, dem Photographen des Prince Consort gefertigt, und als Sensation wurde der Hund in den Royal Barracks von Eton College vorgeführt. Der ganze Bezirk Windsor war in Aufregung über das Erscheinen dieses Besuchers. »Prince«, so ist der Name, ist geboren in Pennsylvanien nach aus Deutschland importierten Eltern. Da der Hund knapp ein Jahr alt, ist er bei weitem noch nicht voll ausgewachsen. Seine Höhe beträgt 92½ cm, der Brustumfang 102½ cm, der Umfang des Vorderlaufs 32 cm, des Halses 62½ cm, er wiegt über 200 Pfund. Er ist so stark, daß sein Besitzer, der ebenfalls nahezu 200 Pfund wiegt, sich auf seinen Rücken stellen kann, ohne daß der Hund zusammenzuckt. Prince ist trainiert, einen Knaben auf seinem Rücken zu tragen, so daß es nur ein kleiner Schritt wäre, ihn zu einem erstklassigen Reithund (saddle dog) auszubilden.«

Nach dem Aufsehen zu urteilen, das diese Dogge aufgrund ihrer Größe erregte, ist anzunehmen, daß damals Hunde, auch anderer Rassen, von ähnlichen Ausmaßen noch nicht existierten. Doch als man begann, Hunde nach der äußeren Form und nicht mehr nach dem Gebrauch zu züchten, ist auch die Deutsche Dogge von der Tendenz, Riesenwuchs zu erzeugen, nicht verschont geblieben. Was seiner Zeit als ein Kuriosum galt, ist heute vielfache Realität geworden.
Wie sich im Laufe der Zeit die Erwartungen in bezug auf die Größe geändert haben, läßt sich leicht anhand des jeweilig angepaßten Standards nachweisen. Während man sich im ersten Standard (1880) noch mit der Formulierung: ». . . von bedeutender Größe« begnügt, wird bei der Revision dieses Standards im Jahre 1891 die Größe festgeschrieben. So soll »die Schulterhöhe eines Rüden nicht unter 76 cm, möglichst 80 cm, die einer Hündin nicht unter 70 cm, möglichst 75 cm betragen. Unser heutiger Standard, dessen Fassung auf das Jahr 1931 zurückgeht, fordert: »Die Schulterhöhe eines Rüden muß mindestens 80 cm, die einer Hündin 72 cm (Risthöhe) betragen; es ist erwünscht, daß diese Maße wesentlich überschritten werden«.
Innerhalb von 30 Jahren (1891–1931) wurden also die Mindestgrößen für die Rüden um über fünf Prozent hinaufgeschraubt. Doch damit ist diese Entwicklung durchaus nicht abgeschlossen. Rüden und Hündinnen, die »nur« diese Mindest-

größe aufbringen, erscheinen uns »klein« und an der unteren Grenze dessen, was wir erwarten. Doggen, die größenmäßig diese Norm um 10 bis 12 Prozent überschreiten, gehören zu den üblichen Erscheinungen.
Wir haben uns über die Gefahren eines übersteigerten Wuchses noch niemals ernstliche Gedanken gemacht, da das Gros der Doggen, so wie wir ihnen auf den zahlreichen Ausstellungen und Körveranstaltungen begegnen, durchaus zu den »wohlproportionierten Riesen« gehört, wie Stockard (1932) sie einmal innerhalb seiner Untersuchungen des Riesenwuchses von Hunden und dessen Auswirkungen auf den Gesamtorganismus eingestuft hat.
Doch wir wollen unsere Augen nicht verschließen vor jenen aufgeschossenen Riesen, die engbrüstig und steil in der Hinterhand sind. Auf einer Ausstellung in den Niederlanden hatte ich vor einigen Jahren drei Doggen zu richten, die wohl Geschwister eines Wurfes waren und deren Schulterhöhe ich auf 97 bis 99 cm geschätzt habe. Die Besitzerin war sehr enttäuscht, nachdem ich ihren Hunden das schlechteste Prädikat zuerkannt hatte. Hundeähnliche Kamele, vorn französisch, die Schultern lose, die Hinterstand steil und nachschleifend, drei Bilder des Jammers. Es hat in der Vergangenheit durchaus mahnende Hinweise auf die Folgen von Übergrößen gegeben. In seinem Vorwort zum Zuchtbuch, Band XX aus dem Jahre 1937, schreibt beispielsweise der damalige Zuchtbuchführer des Deutschen Doggen-Clubs, C. Narbe: „Neben der Sorge um den Rückgang der Zahl steht die Sorge um den Rückgang der Qualität . . . Es erscheint an der Zeit, daß die Richter durch strenge und einheitlich durchgeführte Herausstellung der vererblichen Gebäudefehler die Zuchtrichtung nachhaltig beeinflussen. Wir sollten weniger Wert legen auf Riesen mit unharmonischem Gebäude, als auf, wenn auch nur mittelgroße, aber korrekt gebaute, gut bemuskelte Hunde mit markantem Kopf«.
Wir können auch heute diese Forderung nur mit allem Nachdruck unterstützen und uns nicht durch die m. E. unglückliche Formulierung des Standards zu weiteren Übergrößen treiben lassen. Es ist sicher keine Utopie, zukünftig Höhen von über 90 cm zu erreichen. Aber zu welch einem Preis? Was nützen uns Doggen, die zwar groß sind, deren Körperproportionen aber nicht mehr in Harmonie zueinander stehen, sondern steil in Vor- und Nachhand, schmalbrüstig, leibarm und behindert im Bewegungsablauf sind und ihre Rolle als echte Begleithunde nicht mehr erfüllen? MeineWarnung daher an alle Neulinge, aber auch an Züchter und Richter: Machen Sie sich frei von der Vorstellung, daß eine besonders große Dogge auch die beste sein muß. Das Gegenteil ist häufig der Fall. Schon vor vielen Jahren hat bereits der Rittmeister von Stephanitz (1923) im Zusammenhang mit seinen Untersuchungen über den Körperbau des Schäferhundes auf die Gefahren aufmerksam gemacht, die mit Übergrößen verbunden sind.
Der Standard geht in seiner Schilderung der »allgemeinen Erscheinung« naturgemäß von dem äußeren Erscheinungsbild aus. Für die Erhaltung der Rasse in ihrer ursprünglichen Vitalität erscheint es mir im Augenblick dagegen sehr viel wichtiger, das Augenmerk auf das Erscheinungsbild im übertragenen Sinne zu richten, auf das, was wir als das Image einer Rasse bezeichnen. Hier treffen wir zunehmend auf enttäuschte Doggenliebhaber, die den frühen Tod ihres Hundes beklagen. Ein

Phänomen, das allerdings nicht erst in der Neuzeit aufgekommen zu sein scheint, denn bereits Beckmann (1895) bringt einen Hinweis auf das frühzeitige Altern der Doggen: ». . . Bemerkenswert ist unter anderem noch, daß von der in älteren Jagdbüchern stets beklagten geringen Fruchtbarkeit der Vorfahren unserer Doggen gegenwärtig nichts mehr zu merken ist, doch pflegen diese Hunde frühzeitig zu altern«.
Obwohl es zur Zeit noch keine genaueren Auswertungen über die Lebenserwartungen der Doggen gibt, muß ich diese als auf ein durchschnittliches Alter von 8 bis 9 Jahren begrenzt angeben. Lhasa Apsos und Tibet Terrier hingegen, mit denen ich ebenfalls eigene Erfahrungen habe, erfreuen sich bei einem nahezu doppelten Lebensalter noch bester Gesundheit. Kleinhundebesitzer werden das gerne bestätigen. Es bestehen also offensichtliche Zusammenhänge zwischen Größe und Lebenserwartung.
Stockmann (1985) hat sich, ausgehend von den Untersuchungsergebnissen von B. Klatt und H. Oboussier in den 50er Jahren eingehend mit den Problemen eines übersteigerten Größenwachstums beschäftigt. Seine Erkenntnisse sollten daher unbedingt in die züchterischen Überlegungen und Maßnahmen einfließen, die seit Jahren für die Gesunderhaltung und Verbesserung unserer Rasse angestellt werden. Zumindest dürfte nach Kenntnis dieser Untersuchungen einer weiteren Größenentwicklung nicht mehr das Wort geredet werden.
Ausgangspunkt ist die Feststellung, daß es extreme Typen, Zwerge oder Riesen, bei wildlebenden Caniden nicht gibt. Bei der züchterischen Selektion wird dagegen mit Formen weitergezüchtet, »in denen eine genetische Veränderung die Verhältnisse in den Drüsen innerer Sekretion abgeändert hat«. »Also genau genommen«, so schreibt Stockmann, »mit Hunden, die eine Aufbaustörung weitervererbten«.
Wachstum und Stoffwechselgeschwindigkeit werden vor allem durch die beiden Organe Schilddrüse und Hypophyse gesteuert, wobei eine Überproduktion des Hypophysenhormons Somatropin in Verbindung mit anderen Hormonen, u. a. mit dem des Thyroxins der Schilddrüse, Riesenwuchs erzeugt. Bereits Stockard (1932) konnte den Nachweis führen, daß eine Überfunktion der Schilddrüse die Stoffwechselvorgänge steigert, eine Unterfunktion verlangsamt, und daß Störungen im Knochenwachstum und in der Knochenbildung ursächlich bedingt sind von Veränderungen in der Hypophyse und den Nebenschilddrüsen. Die Entwicklungen zu einer vermehrten Größe innerhalb einer Rasse lassen sich so unter Ausnutzung bestimmter genetischer Konstellationen im Zusammenwirken mit veränderten äußeren Einflüssen in verhältnismäßig kurzer Zeit vollziehen. Dabei kann es, wie Stockard bereits vor rund 60 Jahren nachzuweisen vermochte, zu einem unproportionierten Riesenwuchs mit absolut unerwünschten Eigenschaften kommen. Kontrollmessungen haben ergeben, daß die inneren Organe in ihrer Größenentwicklung nicht im gleichen Maße dem forcierten Skelettwachstum folgen. Vergleicht man beispielsweise die Körperoberfläche von Hunden miteinander, so zeigt sich, daß die Körperoberfläche kleinerer Hunde im Verhältnis größer ist als bei größeren Rassen und damit ist im Vergleich auch ein höherer Stoffwechselumsatz verbunden. Deutlicher wird dieses noch an einem von Stockmann gewählten Zahlenbeispiel, in dem er die Körpergrößen und Hirngewichte zweier Hunde von

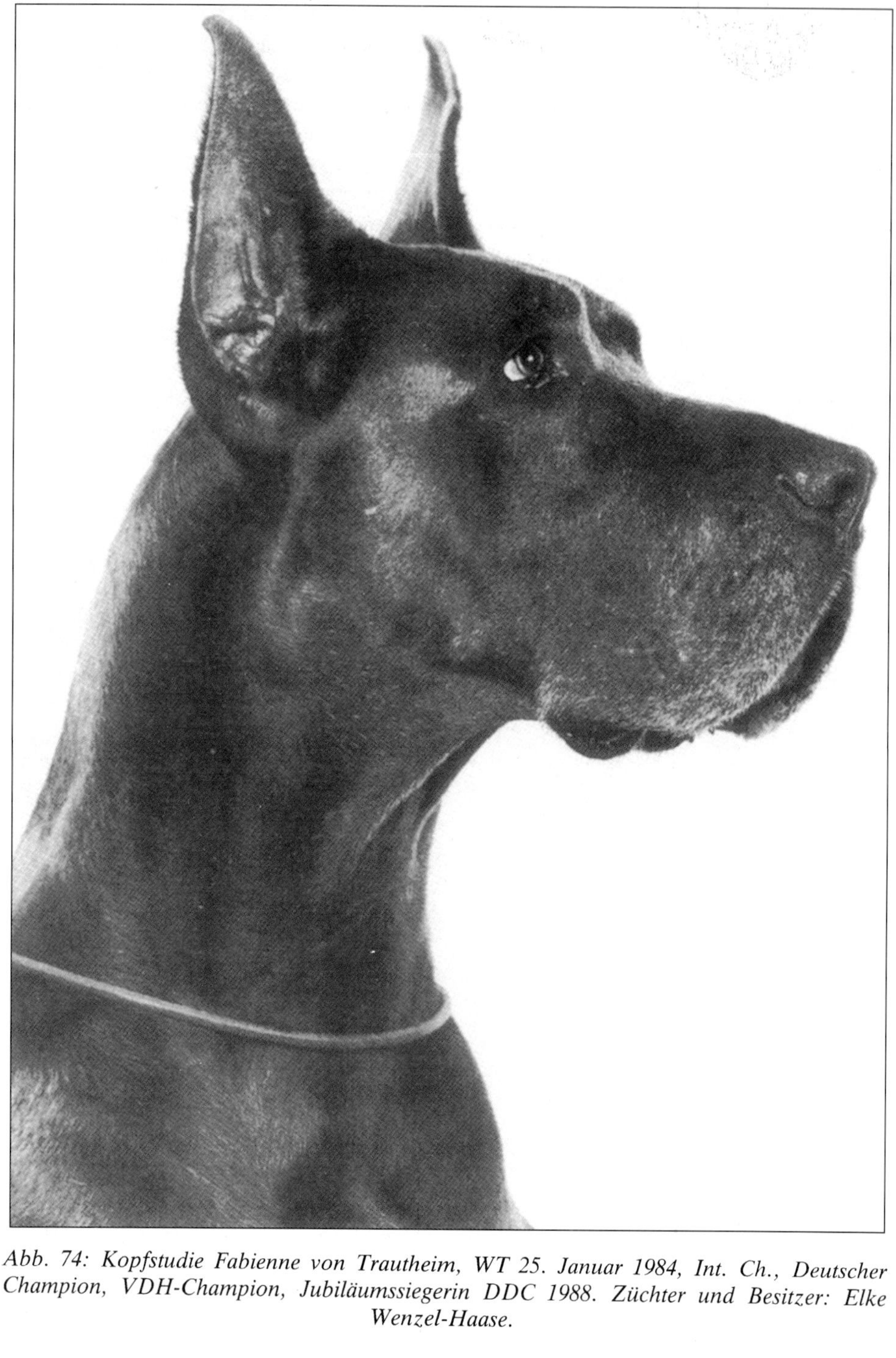

Abb. 74: Kopfstudie Fabienne von Trautheim, WT 25. Januar 1984, Int. Ch., Deutscher Champion, VDH-Champion, Jubiläumssiegerin DDC 1988. Züchter und Besitzer: Elke Wenzel-Haase.

extremen Größenunterschieden miteinander in Relation setzt: Die Körpergrößen – ausgedrückt in Masse – von 1,5 kg und 75 kg verhalten sich wie 1:50; die Vorhirngewichte (50 g und 150 g) verschieben sich dagegen mit dem Verhältnis 1:3, weit zugunsten des kleinen Hundes.
Weitere Messungen in bezug auf das Nervensystem haben zu dem Ergebnis geführt, daß bestimmte Nervenpunkte, die sich gemeinhin am hinteren Ende der Wirbelsäule befinden, bei Riesenrassen häufig fehlen, weil sie dem Wachstum der Wirbelsäule nicht gefolgt sind. Damit sind die von ihnen ausgehenden Impulse, ohne die Muskeln und Knochen nicht wirksam reagieren können, erheblich eingeschränkt. Schwere Bewegungsmängel (Hinterhandlähmung, Wobbler-Syndrom) sind somit nicht nur die Folge einer unzureichenden Skelett- und Muskelentwicklung, sondern vielfach nervösen Ursprungs. Die von Stockard beschriebenen Lähmungserscheinungen bei Jungtieren, festgestellt bei einer Kreuzung von Dogge und Bernhardiner, habe ich selbst innerhalb eines Wurfes erlebt. Einige bis dahin äußerst gesunde und muskulöse Jungtiere zeigten »über Nacht« eine Schwäche auf der Hinterhand und konnten sich mehr oder weniger nur über die Vorderhand vorwärts bewegen. Obwohl nach einigen Wochen dieser »Spuk« überstanden war, fanden die Oberschenkel auch später nicht zu einer starken Bemuskelung zurück. Eine Hündin dieses Wurfes bewegte sich danach überwiegend im Paßgang. Ich bin davon überzeugt, daß diese Erscheinungen, die nervösen Ursprungs sind, auch in anderen Zwingern aufgetreten sind. Weitere Gesundheitsstörungen wie die gehäuft auftretenden Herzklappeninsuffizienzen und die Magentorsionen werden in ursächlichem Zusammenhang gesehen mit dem bereits beschriebenen Ungleichgewicht zwischen der Entwicklung der inneren Organe und der Skelett- und Muskelentwicklung. Beide Krankheitsformen treten bereits in frühen Jahren auf und tragen dazu bei, die durchschnittliche Lebenserwartung unserer Doggen herabzusetzen.

Der Kopf

Eines der markantesten Merkmale der Deutschen Dogge ist ihr ausdrucksvoller Kopf, bei dessen Anblick auch ein Nichtfachmann leicht ins Schwärmen geraten kann. Es hat in der Zucht und auf den Ausstellungen immer wieder Zeitabschnitte gegeben, in denen der Kopf das A und O jedes Bewertungsmaßstabes gewesen ist, insbesondere Spezialrichter dieser Rasse dazu geneigt waren, bei einem ›guten Kopf‹ großzügig über Mängel des Gebäudes und des Bewegungsablaufes hinwegzusehen.
Der Kopf, so lesen wir im Standard, soll sich der Gesamterscheinung der Dogge in seinen Maßen anpassen. Ein Kopf beispielsweise, der eine Länge von 34 cm hat, mag in seinen Proportionen vollkommen standardgerecht sein, er wird auf dem Körper einer Dogge, die im Widerrist lediglich eine Höhe von 75 cm mißt, deplaziert wirken.
Wie in den Konturen des Körpers, so müssen sich auch am Kopf deutlich die Geschlechter unterscheiden. Das Maskuline des Rüdenkopfes wird betont durch

die Bestimmtheit seines Ausdrucks, die gröbere Knochenstruktur des massiven Schädels und den tiefen Fang; alles Merkmale, die wir auf den ersten Blick bei der Hündin als weicher und sanfter, nicht in dieser Grobheit empfinden müssen. Dabei sind wir geneigt, den rüdenhaften Kopf einer Zuchthündin eher zu tolerieren und als läßlichen Fehler anzusehen; der feminine Kopf eines Rüden hingegen ist stets als fehlerhaft zu betrachten.
Der in den Rassekennzeichen geforderte ›lange Kopf‹ hat nicht nur bei uns, sondern vor allem in Amerika und England zeitweise zu einigen Verwirrungen geführt. Diese Forderung hatte solange ihren Sinn, wie mit Hunden gezüchtet wurde, die im ganzen kürzere Köpfe hatten mit breit ausladenden Backen. Bei der Überforcierung der Länge ging jedoch sehr bald das Markante des Kopfes verloren und die Konturen verschwammen. Mangelnder Stirnabsatz und ein zu schmaler Nasenrücken in Verbindung mit einer Veränderung der Augenstellung zum Mongoloiden waren die Folgen. (Illustration 4, in deren Bildfolge No. 3 der zu schmale Nasenrücken in Verbindung mit den eng aneinander liegenden Augen dargestellt ist.)
In England war man jahrelang bestrebt, durch Züchtung auf längere Köpfe die Folgen des dort bereits in den 90-er Jahren des vorigen Jahrhunderts erlassenen Kupierverbotes abzumildern, da ›Hängeohren‹ bei den bis dahin üblichen Kopfformen eine gewisse Plumpheit (coarseness) bewirkten. Auch versuchte man, um die Eleganz des Kopfes zu erzielen, Backenmuskulatur ›wegzuzüchten‹. Die Köpfe wurden auf diese Weise zwar sehr bald schmaler, aber sie verloren dabei auch den Ausdruck der Stärke, des Doggenartigen.

Der von mir bereits mehrfach erwähnte Gustav Lang schreibt hierzu: »Eine Deutsche Dogge mit zu flachen Backen verliert den Charakter des Doggentyps.« Auch M. Mackenzie (›Great Danes-Past and Present‹) kommt zu dieser Feststellung und führt ergänzend hierzu aus: »Die Backen sollten nicht übertrieben flach sein, wie es noch bis vor kurzem gefordert wurde; denn eine absolute Flachheit zeugt von einer Unterentwicklung der Backenmuskulatur mit der Folge, daß den Doggen das Charakteristische ihres Kopfes, der Ausdruck der Stärke genommen wird.«
Mit ähnlichen Beobachtungen kann auch B. Meyer, »Die Deutschen Doggen in Amerika« in »The American Kennel Gazette« (1933) aufwarten: ». . . Die Vorliebe für lange Köpfe brachte es mit sich, daß mehr auf den langen Kopf als auf den Typ gesehen wurde. In dieser Zeit wurde auch besonderes Gewicht auf die lange Halslinie gelegt, womit häufig der lange Kopf in Verbindung stand . . . Eine fortgesetzte Züchtung auf lange Halslinie brachte auch, zunächst noch wenig bemerkbar, eine Veränderung des Brustkorbes, eine Verschmälerung mit sich und damit ein verkürztes, nicht schräg genug liegendes Schulterblatt mit dem Endergebnis der Steilstellung der Vorderhand.« Daß sich diese Feststellungen etwa zur gleichen Zeit auch auf die deutsche Zucht übertragen lassen und hier insbesondere der gefleckte und blaue Farbschlag betroffen war, läßt sich anhand des Bildes einer gefleckten Hündin demonstrieren, das aus einer Reihe ähnlicher Fotos stammt (Abb. 75).

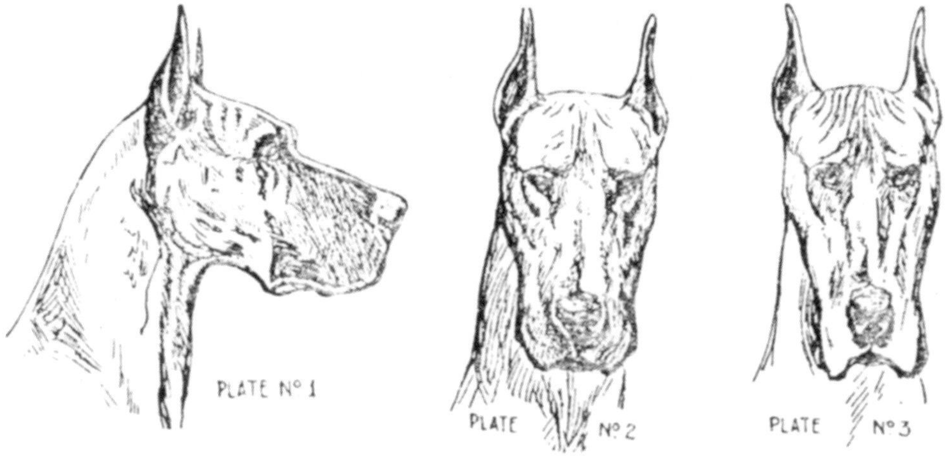

Illustration 4: Kopfstudien

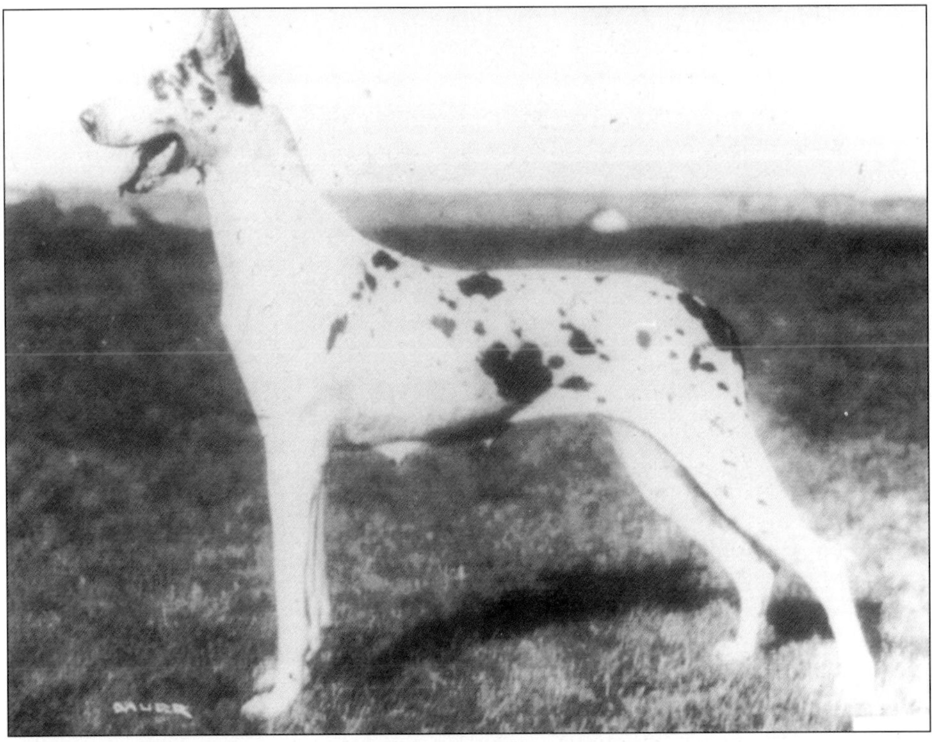

Abb. 75: Typische gefleckte Dogge Anfang der 30er Jahre.

Offensichtlich wurde dieser ›Irrtum‹ in der Zuchtrichtung sehr bald erkannt. Wir lesen einige Jahre später in einem Aufsatz von G. Horowitz Sydenham-London über die Zucht Deutscher Doggen in Amerika (abgedruckt in ›Der Hund‹, 1936): »Während der letzten Jahre haben sich Kopftypus und Nackenlänge sicherlich wunderbar verbessert, und das in Amerika angestrebte Ziel ist öfter eine vollendete Tatsache. Ein anderer Fehler ist jedoch in den letzten zehn Jahren aufgetaucht: eine ungesunde Hinterhand, insbesondere bei prachtvoller Front. Andererseits ist die ›unsoundness‹ vieler gegenwärtiger Doggen des neueren Typs auch eine umgekehrte: statt korrekter Hinterhandstellung, erscheint die Winkelung übertrieben, was die Kraft der Muskeln und Sehnen verringert und den Stützpunkt, der die vorwärtstreibende Macht bedingt.«

Auch hier lassen sich durchaus wieder Parallelen zur Deutschen Zucht, insbesondere der 60-er und 70-er Jahre ziehen. Nachdem wir über viele Jahre bestrebt waren, die moderne Zucht in Richtung eindrucksvoller, markanter Köpfe mit tiefer Belefzung zu betreiben, zeigten diese kolossalen Hunde mit ihren »Bombenköpfen« doch ganz erhebliche Schwächen in der Hinterhand.
Nun könnte man vermuten, daß die Züchter, derweil sie ihre Blickrichtung auf bestimmte Details richten, die übrigen Positionen, die jedoch die Gesamtheit der Dogge nicht unerheblich mitbestimmen, vernachlässigen. Ich neige aber mehr den auch von Stockmann bei anderen Hunderassen beobachteten Phänomenen zu, die sich durch die Theorien der sogenannten Wuchsformen von Klatt (1941/43) erklären lassen. Hiernach werden zwei typische Wuchsformen, die des linearen (leptosomen) oder auch Langschädeltyps und die des lateralen (eurysomen) Kurzschädeltyps unterschieden. Während der Langschädeltyp schmal im Kopf ist, wenig Stop zeigt, einen langen, schlanken Hals hat und eine deutliche Betonung des hinteren Körperendes zu Lasten des Vorderkörpers aufweist, ist der Kurzschädeltyp mehr bulldoggartig, kräftig und starkknochig, schwer im Kopf, mit kurzem, kräftigem Hals, loser Haut und stark belefzt. Seine Gewichtungen liegen in der Vorhand. Die Hinterhand ist weniger stark entwickelt.

Rassen, die sich aus einer Vermischung dieser beiden Typen – verkörpert in den windhundartigen und bulldoggenartigen Hunden – entwickelt haben, weisen je nach Vorherrschen der einen oder anderen Wuchsform unterschiedliche Proportionsgewichtungen auf. »Immer«, so folgert Stockmann, »kann man beobachten, daß sich bei Überbetonung der markanten, mächtigen Kopfvererbung eine Schwäche der Hinterhand einstellt. Im umgekehrten Falle ist eine stärker entwickelte Hinterhand häufig mit einer schwächeren Vorhand und weniger ausgeprägten Kopfpartien verbunden.«

Extreme Vorzüge scheinen nach diesen Beobachtungen also stets mit anderen, weniger erwünschten Eigenschaften verbunden zu sein, so daß die Theorien der Wuchsformen zumindest ein hilfreicher Hinweis für den Züchter sein mögen, in welcher Richtung sich der eine oder andere Typ bei vermehrter Zuchtverwendung zwangsläufig entwickeln wird.

1. Typischer Rüdenkopf – Nasenrücken und Oberkopf verlaufen parallel.

2. Typischer Kopf einer Hündin.

3. Zu wenig Stirnabsatz.

4. Nach hinten abfallender Oberkopf.

5. Zu wenig ausgeprägte Belefzung.

6. Stark gewölbter Oberkopf (Apfelkopf).

7. In der Stirnpartie aufgewölbter Oberkopf, täuscht einen guten Stirnabsatz vor.

8. Nach hinten ansteigender Oberkopf.

Illustration 5: Der Kopf und seine im Standard benannten Fehler

9. Ansteigender Nasenrücken, Stirnabsatz dadurch akzentuiert.

10. Korrekter Kopf in Vorderansicht.

11. Nach hinten keilförmig verlaufender Kopf.

12. Zu stark entwickelte Backenmuskulatur.

13. Korrekter Kopf in Seitenansicht.

14. Flatterlippen, die einen vollen Fang vortäuschen.

Illustration 5: Der Kopf und seine im Standard benannten Fehler

Generell können wir sagen, daß in dem züchterischen Bemühen, den im Standard beschriebenen »Idealkopf« zu manifestieren, zwar große Fortschritte erzielt worden sind, die nach den Erfahrungen der jüngeren Vergangenheit aber häufig auch mit einer ›Übertypisierung‹ und den damit geschilderten Gefahren verbunden waren.
Von dieser »Modernisierung« der Kopfformen sind lange Zeit die hinter der Abgeschiedenheit des Eisernen Vorhanges züchtenden Doggenfreunde der Ostblockstaaten nicht berührt worden. Die dort gehaltenen Doggen entsprachen kopfmäßig denen zu Beginn des Jahrhunderts mit einem im Verhältnis zum Oberkopf schmaleren Nasenrücken und einer weniger ausgeprägten Belefzung.
Daß eine als Sanierungszucht bezeichnete Einkreuzung eines anderen Farbschlages nicht nur eitel Sonnenschein mit sich bringen kann, konnte ich in meiner eigenen Blauzucht feststellen. Durch Einkreuzung der gelben ›Ares-Linie‹ wurden zwar bessere Köpfe erzielt, in den Würfen traten aber auch immer wieder Tiere mit Vorbiß auf, eine Erscheinung, die vorher in meiner Zucht nicht vorhanden war.

Die Augen

Was die farblichen Nuancierungen der Augen betrifft, erfahren diese bei den einzelnen Farbschlägen eine unterschiedliche Wertung, wie dies in der Standardbeschreibung der Farben nachzulesen ist.
Fehlerhaft sind auf jeden Fall veränderte Augenansätze, da sie mit einer Veränderung der Kopfform einhergehen. Bei Doggen mit vergröberter Knochenstruktur ist häufig Anlage zu faltiger, loser Haut in Verbindung mit sehr schweren Lefzen und stark entwickelten Lippwinkeln zu beobachten. Diese Tiere neigen zum sogenannten Ektropium, einem abnormen Klaffen der Lidspalte. Die freiliegende Lidbindehaut ist hierbei völlig schutzlos der Witterungsunbill (Luft, Kälte) und dem Staub ausgeliefert. Beikommen läßt sich diesem »Leiden« letztlich nur durch eine Veränderung der Zuchtrichtung.
Im Gegensatz hierzu führen zu tief liegende Augen häufig zum Entropium. Das ist eine Verengung der Lidspalte bei gleichzeitigem Einwärtsrollen des unteren Augenlidrandes. Die Haare der umgestülpten Haut reiben ständig am Augapfel mit den Folgen dauernden Tränenflusses und schließlich einer Zerstörung der Hornhaut. Durch eine einfache Operation können diese Tiere von ihren augenblicklichen Qualen befreit werden. Ein Züchter sollte aber ehrlich genug sein und nicht mit diesen Hunden weiterzüchten, da hier offenbar ein genetischer Defekt vorliegt, der in einzelnen Linien auftritt.

Die Ohren

Am 1. Januar 1987 ist das Erste Gesetz zur Änderung des Tierschutzgesetzes vom 12. August 1986 in Kraft getreten. Nach § 6 Abs. 1 ist das vollständige oder teilweise Amputieren von Körperteilen verboten.

Abb. 76: »Kontrastprogramm«.

Generell ist damit das bisher übliche Kupieren der Ohren in der Bundesrepublik Deutschland verboten. Diesbezügliche Verbote sind in allen skandinavischen Ländern, in den Niederlanden und in der Schweiz erlassen worden. Nachdem sich die Parlamentarische Versammlung des Europarates in einer Konvention zum Schutze der Haustiere ebenfalls gegen das Kupieren der Ohren ausgesprochen hat, ist damit zu rechnen, daß sich dieses Verbot zukünftig auch auf alle anderen, dem Europarat angehörigen Länder erstrecken wird, sobald die einzelnen Signatarstaaten diese Konvention verbindlich unterzeichnet haben.
In England besteht ein solches Kupierverbot praktisch bereits seit dem 27.02.1895. Es wurde von der größten englischen Hundeorganisation, dem Kennel Club, auf Anregung des damaligen Prinzen of Wales, dem späteren König Edward VII. erlassen. Damit waren alle aus dem Ausland kommenden gestutzten Hunde von den Ausstellungen verbannt.
Mit Ausnahme der Quarantänebestimmungen, die ebenfalls in diesen 90er Jahren erlassen wurden und den bisher regen Import Deutscher Doggen nach England erheblich reduzierten, gehörte das Kupierverbot wohl zu den einschneidendsten Maßnahmen. Es hatte zur Folge, daß die zur damaligen Zeit in voller Blüte stehende englische Doggenzucht nahezu zum Erliegen kam. Viele namhafte Züchter stellten ihre Zucht ein, es schien, als ob die englische Doggenzucht sich nie mehr von diesen Einbußen erholen würde. Doch den Sieg davon getragen hat schließlich die Einsicht, daß die Dogge nicht allein durch ihr Äußeres charakterisiert ist, sondern sich durch ihr außergewöhnliches Wesen auszeichnet. Heute gehören diese Hunde auch in England wieder zu den populären Rassen.

Die unkupierte Deutsche Dogge begegnet uns in England in zwei Ohrformen. Einmal mit einem kleinen, hochangesetzten kraftvoll getragenen Ohr, dessen Spitze nach vorn übergelegt wird, dem sogenannten Klappohr. Dieses Ohr entspricht den Zielvorstellungen des vom Kennel Club erstellten Standards. Die Mehrzahl der Züchter konnte sich aber damit nicht anfreunden. Sie bevorzugten das mittelgroße Ohr, hoch angesetzt und mit seinen vorderen Rändern an den Wangen anliegend.
Diese Ohrform entspricht dem Standard des Amerikanischen Kennel Clubs (AKC). Ihre Beschreibung ist nunmehr auf Vorschlag des Deutschen Doggen-Clubs auch in den Standard der FCI übernommen worden und damit verbindlich für deren Mitgliedsländer, in denen ein gesetzliches Kupierverbot besteht.
Für die Ausgestaltung des Exterieurs war es bisher sicherlich nicht unwesentlich, ob die Deutsche Dogge kupiert wurde oder nicht. Die starken Akzente der gestutzten Ohren waren mit richtunggebend für die Gestaltung ihres Typs. Die Zucht der Deutschen Dogge wäre wohl kaum den gleichen Weg gegangen, wenn man bei diesem Hunde die gestutzten Ohren nicht beibehalten hätte. Dieses Charakteristikum verhalf dazu, von den eher schweren Elementen der Doggenartigen weg zu dem Bild zu kommen, das die Dogge heute bietet: die Verbindung von Kraft und Masse mit Schneid und feiner Linie. Hängeohren hätten gewiß eher in die Richtung des Mastiffs gewiesen, der zwar kraftstrotzend, aber nicht elegant wirkt.

Strebel schreibt zu diesem Thema: »Vom ästhetischen Standpunkt aus ist die geschwungene Halslinie, wenn sie ohne Unterbrechung zum Kopf übergeht, deshalb unschön, weil alle aufwärts strebenden Linien, welche in ihrer Gesamtheit das Bild des Hochedlen, Stolzaufgerichteten bedingen, durch die plötzlich Abwärtsstrebende der hängenden Ohren unterbrochen werden; andererseits setzen die schön aufwärtsgetragenen, kupierten Ohren alle diese Linien in harmonischer Weise fort.« Und der Kynologe Klaucke meint: »Von der Dogge verlangen wir Eleganz, Schneid, Lebhaftigkeit. Das wird durch ein stehendes Ohr gekennzeichnet.« Unsere schönste deutsche Rasse, die Deutsche Dogge, so sagt Fröhner (1922), sähe in England, wo sie nicht kupiert werden dürfe, mit ihren großen herabhängenden Ohren schlafmützig aus und käme mit ihrer Schönheit nicht zur Geltung.

Nach den Erfahrungen, die ich als Zuchtschaurichter Deutscher Doggen in England und Skandinavien gemacht habe, kann ich mich dieser Meinung Fröhner's nicht anschließen. Die feine Modellierung der Köpfe bleibt trotz der Hängeohren gut erhalten. Allerdings werden sich unsere Züchter, nachdem sie aus Gewöhnung und ästhetischem Empfinden lange Zeit für die Beibehaltung des Ohrenkupierens gestritten haben, in ihrer züchterischen Gestaltung mehr den etwas leichteren Doggenköpfen in Verbindung mit einer längeren Halslinie zuwenden müssen, um die Eleganz ihrer Hunde nicht zu verlieren (s. Illustration 6 u. 7).
Wie mir scheint, wird es hierbei einige Schwierigkeiten in den Zuchtstämmen mit den untersetzten Doggentypen mit Neigung zu dickerer, loser Haut und den damit zwangsläufig verbundenen schwereren, fleischigen Ohren geben.
Züchter, die sich mit dieser neuen Situation noch nicht vertraut gemacht haben, betrachten vielfach mit Skepsis die übermäßig groß erscheinenden Ohren ihrer heranwachsenden Welpen, wobei sie Böses zu erahnen glauben. Doch ihnen sei gesagt, daß dieser Vorgang völlig normal ist. Das Längenwachstum der Ohren eilt den übrigen Kopfmaßen voraus, kommt dann aber etwa zwischen dem 3. und 4. Lebensmonat zum Stillstand. Die Erscheinung, nach der sich einzelne Körperteile unabhängig voneinander entwickeln, ist nicht ungewöhnlich. Wir beobachten dieses beispielsweise auch bei dem vorauseilenden Längenwachstum der Rute und bei der Entwicklung der Pfoten.

Die Ohren können im frühen Stadium auch noch nicht in der gewünschten Haltung getragen werden. Die Möglichkeit, daß die junge Dogge mit ihnen »spielen« kann, sie leicht anzuliften vermag, beginnt erst nach und nach. Sie ist abhängig von der Entwicklung der Knorpelleisten, die die Grundlage der mehr oder weniger vertikal stehenden Hautfalten innerhalb der konkaven Muschelfläche der Ohren bilden. Schließlich ist es auch Sache des Temperaments, wie die Ohren getragen werden. Welpen, deren Neugier mit wechselnden Eindrücken immer wieder auf's Neue entfacht wird, trainieren durch ihr aufmerksames Horchen die zahlreichen Muskeln, die an Haltung und Bewegung der Ohren beteiligt sind. Ist dagegen ihr Tageslauf eintönig oder dösen sie gar in einsamen Zwingern vor sich hin, werden sie auch in dieser Hinsicht stets benachteiligt sein.

Illustration 6: Idealproportionen Deutsche Dogge. Der Typ einer eleganten Dogge, bei der Kopf, Ohren und Hals aufeinander abgestimmt sind.

1

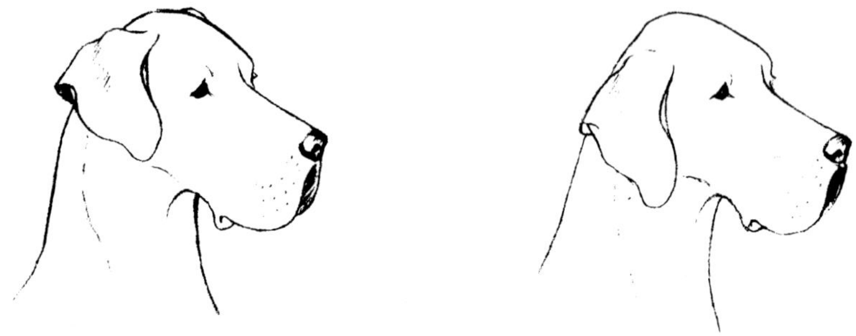

3

1 + 2: Hoch angesetzte Ohren mittlerer Größe, vorderer Rand anliegend. Die Falte befindet sich in Höhe des Schädeldachs.

3 + 4: Zu tief angesetzte Ohren.

2

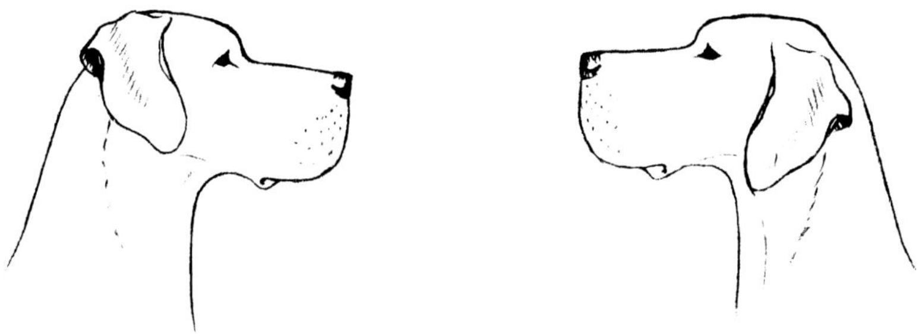

4

Illustration 7: Ohrenansatz und Ohrenhaltung

Abb. 77: Welpenohren wirken noch überdimensional.

Abb. 78: Korrekte Ohrhaltung. Int. Ch. Airways Wrangler of Impton.

Das Gebiß

Ein Welpe wird zahnlos geboren. Das sogenannte Milchgebiß, bestehend aus 28 Zähnen, entwickelt sich etwa bis zur 8. Lebenswoche. Die Milchzähne werden etwa vom vierten Monat an durch bleibende Zähne ersetzt. Mit sieben Monaten ist dieser Zahnwechsel abgeschlossen. Das nunmehr bleibende Hundegebiß besteht aus 42 Zähnen, die im Hinblick auf ihre Funktion als Schneidezähne, Fangzähne und Backenzähne bezeichnet werden.
Die Zahnstellungen des Hundes:
Beim Scherengebiß greifen die oberen Schneidezähne mit ihrer hinteren Fläche knapp über die Vorderfläche der unteren. Es wird als das Standardgebiß der Deutschen Dogge angesehen (Ill. 9). Als Abnormität gilt bei allen Hunderassen der Unterbiß. Hier stehen die oberen Schneidezähne beträchtlich vor denen des offensichtlich im Wachstum zurückgebliebenen Unterkiefers. Bei geschlossenem Fang bohren sich die unteren Schneidezähne in den Gaumen. Ein richtiger »Griff« ist bei dieser Zahnstellung nicht möglich. Beim Vorbiß stehen die unteren Schneidezähne vor den oberen. Nicht bei der Deutschen Dogge, aber bei einigen doggenartigen Hunden ist der Vorbiß rassetypisch (Bulldogerbe).
Eine Zwischenform ist der Zangenbiß oder Aufbiß, bei dem die oberen und unteren Schneidezähne genau aufeinandertreffen. Wildhunde und Wölfe haben häufig diese Gebißform, so daß sie sicher als eine natürliche anzusprechen ist. Von der »menschlichen Logik« her – vorzeitige Abnutzung der Zähne – wird sie als fehlerhaft eingestuft.

Jede Kieferhälfte enthält:

im Oberkiefer	im Unterkiefer	
3	3	Schneidezähne (Incisivi) 1 (Zange) 2 (Mittelzahn) 3 (Eckzahn)
1	1	Fangzahn F (Caninus)
4	4	Vordere Backenzähne P 1–4 (Praemolaren)
2	3	Hintere Backenzähne (Molaren) M 1, 2 bzw. M 1, 2, 3

Die Backenzähne P 4 im Oberkiefer sowie M 1 im Unterkiefer werden auch als Reißzähne bezeichnet, sie haben und üben in Verbindung mit den Praemolaren eine zerkleinernde Wirkung aus.
Da die drei kleineren vorderen Backenzähne (Praemolaren) des Ober- und Unterkiefers bei geschlossenem Gebiß nicht aufeinandertreffen, sondern gewissermaßen nebeneinander greifen, nennt man sie auch Lückenzähne.
Im Gegensatz hierzu treffen die Kauflächen der Molaren mit ihren jeweiligen Gegenspielern beim Kauen aufeinander und »zerquetschen« die Nahrung.
Die Fangzähne dienen zum Greifen und Festhalten der Beute. Die Schneidezähne sind hauptsächlich zum Benagen von Knochen und zur Fellpflege geeignet. Die

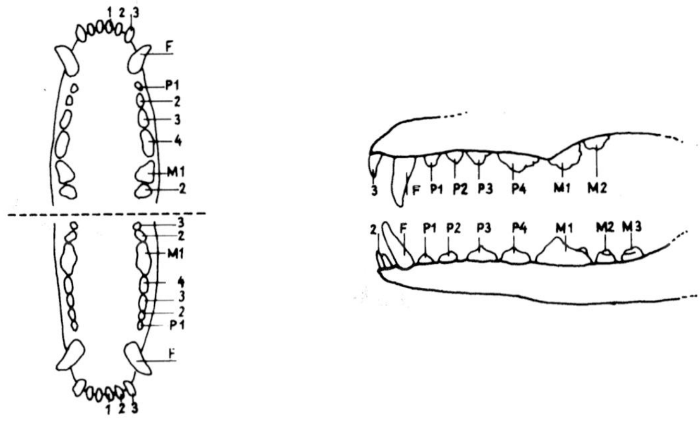

Links: Draufsicht nach Dorn. Rechts: Von der Seite gesehen nach Seiferle

Illustration 8: Das Gebiß des Hundes

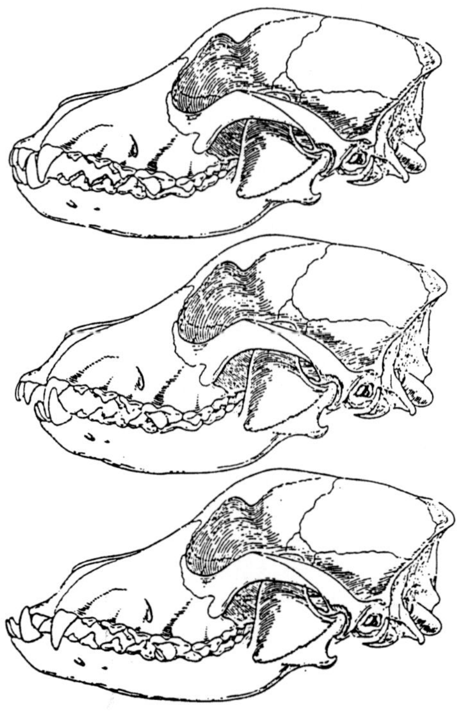

Scherengebiß

Unterbiß

Vorbiß

Illustration 9: Zahnstellungen des Hundes

oberen Schneidezähne sind etwas stärker als die unteren. Ihre Größe nimmt von dem der Mittelebene benachbarten nach außen zu. Die oberen Schneidezähne berühren sich gegenseitig in der Regel nicht, während die unteren dicht aneinanderschließen.

In einer Zahnformel können Gebißverhältnisse vereinfacht dargestellt werden:

Oberkiefer	3 (I)	1 (F)	4 (P)	2 (M)
Unterkiefer	3 (I)	1 (F)	4 (P)	3 (M)

Der FCI-Standard in seiner gegenwärtigen Fassung geht in der Bewertung der Gebißstellungen und Zahnmängel über die allgemeine Auflistung von Fehlern hinaus, indem er diese mit Formwertnoten von Schönheitskonkurrenzen in Zusammenhang setzt. Eine an sich unübliche Methode einer Standardaussage, die m. E. einer Überarbeitung des Standards nicht standhält.
Gebißabweichungen vom im Standard geforderten Scherengebiß sind je nach dem Grad ihrer Abweichungen zu gewichten, eine Deutsche Dogge mit einem katastrophalen Unterbiß ist zu disqualifizieren und nicht, wie nach dem Standard möglich, bei ansonsten vorzüglichen Positionen lediglich um eine Formwertnote zurückzustufen. Auch von der Zucht sind Hunde mit wesentlichen Gebißfehlern auszuschließen. Sie vererben sich vermutlich nach einem rezessiven Erbgang und können vorübergehend »verschwinden«, um dann in späteren Generationen wieder aufzutreten.
Nicht selten beobachten wir das leichte Vorstehen der zwei unteren mittleren Schneidezähne, die sich allgemein auch schneller abnutzen. Bei der Gebißbeurteilung ist es schwierig festzustellen, ob diese Zähne während oder nach dem Zahnwechsel durch gewisse äußerliche Umstände herausgerückt wurden. Als fehlerhaft ist solch eine Veränderung jedenfalls dann anzusehen, wenn sie auf einer zu knappen Ausbildung des Unterkieferbogens beruht. Im Extremfall entsteht dadurch eine »kulissenförmige« Versetzung der unteren Schneidezähne. Sie stehen nicht mehr aneinandergereiht wie die Perlen auf einer Schnur, sondern sind gegeneinander versetzt. Der amerikanische Standard spricht hier konsequenterweise von »incisors out of line« und stuft sie – wie fehlende Zähne (missing teeth) – als Fehler ein.
Insbesondere im Bereich der Praemolare kommt es immer wieder zu Zahnunterzahlen. Die Anlage hierzu unterliegt offenbar einem rezessiven Erbgang. Obwohl bekannt ist, daß im Bereich aller Säugetiere stammesgeschichtliche Zahnreduktionen nicht ungewöhnlich sind, haben sich die Züchter Deutscher Doggen diesem Problem gestellt. Durch züchterische Selektion sind Zahnverluste im hinteren Praemolarbereich heute relativ selten.
Um »das Kind nicht mit dem Bade auszuschütten« und alle ansonsten hochwertigen Doggen wegen fehlender Praemolaren von der Zucht zu eleminieren, toleriert der Deutsche Doggen-Club das Fehlen der Praemolaren 1, soweit sich dieser Verlust lediglich auf die zwei unteren oder oberen beschränkt. In den meisten

Fällen sind diese ohnehin kleinen und erst spät durchbrechenden 1. Praemolare durchaus im Kiefer angelegt, lassen sich röntgenologisch nachweisen. Ihnen fehlt es aber entweder an der Kraft durchzubrechen, oder sie werden durch die großen Wurzeln des unteren Fangzahnes blockiert.
Bei dieser Gelegenheit möchte ich auf zwei Erscheinungen hinweisen, deren Ursachen noch nicht geklärt sind. Die erste bezieht sich auf die Feststellung, daß in bestimmten Linien Hunde mit erschreckend kleinen Zähnen auftreten, die m. E. einer Dogge unwürdig sind. Möglicherweise mangelt es hier an der genetischen Information, die bei zunehmendem Größenwachstum und Verbreiterung des Kiefers eine »Anpassung« der Zähne an diese veränderten Relationen ermöglicht. Zuchtschaurichter machen in jüngster Zeit vermehrt auf eine Zahnüberzahl der Schneidezähne im Oberkiefer aufmerksam. Diese Polydentie, bei der sieben obere Schneidezähne gegenüber der Normalzahl von sechs auftreten, ist auch bei anderen doggenartigen Hunden festzustellen. Daher ist nicht erklärlich, ob diese Anlage evtl. mit der Zuchtrichtung auf „markantere" Köpfe in Verbindung zu bringen ist, die zu einem breiteren und flacheren Oberkiefer mit einer geraderen Zahnleiste führt, auf der nunmehr sieben Schneidezähne Platz finden.
Erfreulicherweise sind sich die kontinentalen Zuchtschaurichter einig, bei der Bewertung Deutscher Doggen eine notwendige Strenge bei der Ahndung von Gebißfehlern (Stellungsfehler und Zahnunterzahlen) walten zu lassen; denn das Gebiß ist nun einmal das einzige Greiforgan des Hundes. Zu einer vollwertigen Dogge gehört daher ein möglichst vollständiges und korrektes Gebiß.
Leider begegnet man in England diesem Problem mit einer gewissen Nonchalance. Jean Lanning, eine in England sehr bekannte Richterin und erfolgreiche Doggenzüchterin (of Clausentum), beklagt diesen Zustand, von dem sie schreibt, daß von den auf den gegenwärtigen Schauen vorgestellten Doggen etwa ein Drittel Zahnfehler haben. Nach ihren Erfahrungen scheint dort keine andere Hunderasse in so hohem Ausmaß von diesem Problem betroffen zu sein.
Wenn ich einleitend das Wort »leider« gebrauchte, so ist dieses im Hinblick darauf zu verstehen, daß bei allen festzustellenden Fortschritten in der englischen Doggenzucht, wo sich mittlerweile Substanz und profiliertere Köpfe durchzusetzen scheinen, ein Austausch zur Belebung der deutschen Doggenzucht kaum denkbar ist. Welcher Züchter handelt sich schon gerne fehlende Praemolaren ein, um dann über Generationen wieder auf die Vollständigkeit des Gebisses zu züchten?

Der Hals

Außer dem Kopf prägt wohl kaum ein anderes Merkmal das Erscheinungsbild einer Dogge so sehr wie der Hals, dem im Rahmen der gesamten Bewegungsmechanik als »Balancierstange« des Körpers eine große Bedeutung zukommt. Ohne einen in Form und Länge vollendeten Hals kommt selbst der beste Kopf nicht zur Geltung. »Auf daß unsere Doggen lange Hälse kriegen!«, so lautete nicht von ungefähr ein Trinkspruch, mit dem sich alte Doggenzüchter in den 40er Jahren zuprosteten.

1

1. Trockener, langer Hals mit gut ausgebildeter Genicklinie.

2

2. Kurzer, schwerer Hals.

3

3. Kurzer, schwerer Hals ohne ausgebildete Genicklinie; stark entwickelte Kehlhaut (Wamme).

4

4. Hirschhals.

Illustration 10: Der Hals in seinen verschiedenen Formen

Abb. 79: Klarissa v. d. Ofnethöhle DDC 82067, Deutscher Champion, Europasiegerin 85 & 86, Züchter und Besitzer: Familie Schleicher.

Der Hals soll an den Schultern deutlich abgegrenzt und gut »aufgesetzt« sein, dabei in einer eleganten oberen Linie ohne Knick harmonisch in die Schulterpartie übergehen. Unter Aufsatz bezeichnen wir die angeborene Richtung, in der der Hals von den Schultern aus gewachsen ist. Der Ansatz, das ist die Verbindung des Halses mit den Schultern, soll unbedingt breit sein. Der Hals, sich zum Kopf hin verjüngend, wird schräg nach vorn aufwärts getragen. Er ist an der Oberseite leicht geschwungen, die untere Linie verläuft nahezu gerade.
Vor allem die Halsoberseite soll sich durch eine kräftige Bemuskelung auszeichnen, wobei eine dünne Haut den gesamten Hals glatt umspannt. Wir verstehen das als »trockenen« Hals.
Eine stark entwickelte Kehlhaut oder gar lose Haut, die sich wie bei einer Kuh über die ganze Länge des Halses erstreckt und deshalb auch als Wamme bezeichnet wird, stören den Gesamteindruck und machen den Hund zu einer plumpen Erscheinung.

Abgerundet wird das Bild durch den Übergang vom Kopf in den Hals. Bei einem hoch angesetzten Kopf liegt das Hinterhauptbein höher als der Atlas. Der »Genickansatz« soll in einer möglichst sanft geschwungenen Linie erfolgen; ein wesentlicher Punkt, den wir gerne als Adel bezeichnen. Dort, wo Kopf und Hals abrupt ineinander übergehen, ist die Harmonie gestört.
Ein langer Hals ist meistens ein Zeichen von guter Beweglichkeit, da die Hals-Schultermuskeln hier großen Raum für ihre Entwicklung finden. Unvorteilhaft und schwerfällig wirkt dagegen ein kurzer, schwerer Hals, zumal wenn ihm eine gut ausgebildete Genicklinie fehlt. Doch bestehen offenbar zwischen Kopfgröße und Halslänge gewisse Abhängigkeiten. Doggen mit besonders schweren Köpfen haben in der Regel einen kürzeren, kompakteren Hals und umgekehrt.

Fehlerhaft ist auch der sogenannte Hirschhals, der in jüngerer Zeit allerdings weniger anzutreffen ist. Hier sind entweder obere und untere Seite des Halses oder auch nur dessen oberer Rand nach abwärts gebogen. In Verbindung mit einem kurzen, kaum biegsamen Genick bewegt sich solch eine Dogge fast wie ein Kamel mit horizontalem Kopf.
Sehr elegant hingegen wirkt der sogenannte Schwanenhals. Ein langer, schmaler Hals, bei dem beide Ränder aufwärts gewölbt sind. Da der Hals als ganzes hierbei zumeist über den Widerrist gezogen wird, ist bei aller Eleganz der Linienführung auch dieses als fehlerhaft zu betrachten.

Das Rumpfskelett und die Gliedmaßen

Über Aufbau und Funktionen dieser im Standard aufgeführten Körperteile wird ausführlich in dem Kapitel über die »Grundlagen zum Körperbau des Hundes« sowie in dem weiteren Kapitel über die »Zusammenhänge zwischen äußerer Gestalt und Fortbewegungsart« Stellung genommen. Wir wollen uns deshalb hier auf die beschriebenen Besonderheiten des Standards beschränken.

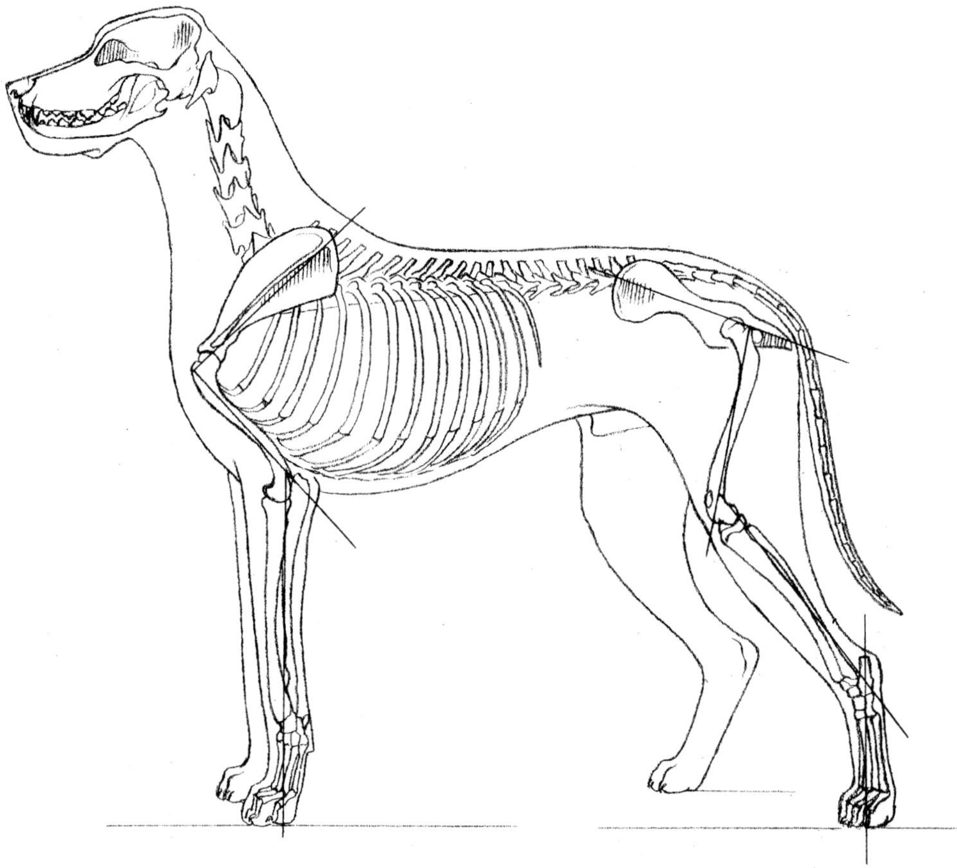

Illustration 11: Rumpfskelett und Gliedmaßen

Schultern

Mit diesem Körperteil hat sich bereits Strebel eingehend befaßt, der hierzu schreibt: »Ein sehr wichtiger Moment bei der Dogge ist die Schulterlage, die häufig nicht genügend berücksichtigt wird«. Strebel, den wir nicht nur als einen hervorragenden Kynologen und Doggenfreund kennen, war auch ein ausgezeichneter Tiermaler. Seine Beobachtungen und Messungen sollen dem Leser daher nicht vorenthalten werden:

»Die Illustration 12 ist das Porträt eines vollendet gebauten Hundes, dessen Schulter ich daneben gezeichnet habe. Der Winkel, den die Mittellinie des Schulterblattes mit der des Oberarmknochens bildet, beträgt 102°. Der Winkel zwischen Ober- und Unterarm ist 142°. Man würde eine solche Stellung mit langer, gutgestellter Schulter bezeichnen. Der Winkel, den das Sprunggelenk bildet, ist 145°.« In seiner Skelettdarstellung der deutschen »Ideal-Dogge« sind die verschiedenen Stellungen und Längen nochmals festgehalten, sowie die fehlerhaften Anlagen, die besonders herausgezogen worden sind (s. hierzu Illustration 1).
In Illustration 13 hat Strebel eine Schulter dargestellt, die zu weit nach vorne angesetzt ist. In seinen Bildbetrachtungen heißt es hierzu: »Bei der Winkelstellung von 112° des Schulterblattes zum Oberarm, steht dieser wiederum zum Unterarm in einem Winkel von 163°. Diese letztere ist ungemein steil, eine weitere Folge ist, daß der Hals sich nicht frei aus der Schulter heraus entwickeln kann. Die Stellung von »Pan II« hat den großen Nachteil, daß ein flottes Herausgehen der Vorderhand im Gange nicht möglich ist, er wird nie die Ausdauer von »Melac« besitzen. Bei den Vorderläufen ist eine Hasenpfote oder zu starkes Durchbrochensein zu tadeln, wir sehen, daß »Pan II« auch in dem Vordermittelfuß steiler als »Melac« steht. Die Hinterhand darf nie steil stehen, wie das in Figur VII der Illustration 1 abgebildet ist, sondern sie soll sich gut winkeln, wie in Figur VIII oder wie auf dem Porträt »Melac's«.

Weitere Illustrationen der Schulterlage befinden sich in dem Kapitel »Zusammenhänge zwischen äußerer Gestalt und Fortbewegungsart bei der Deutschen Dogge«.

Brust

Der Brustkorb verdient in bezug auf seine äußere Form besondere Beachtung, da er die Organe der Atmung und des Blutkreislaufes enthält, seine Form für das Anliegen der Schulterblätter wichtig ist. Die nach dem Standard entwickelte Idealform ist in den Illustrationen 11 und 12 festgehalten.
Wir sehen den weniger breiten, aber tief bis zu den Ellenbogengelenken hinabreichenden Rippenkorb, dessen Länge durch ein langes Brustbein und die weit auseinandergerückten, schräg nach hinten gerichteten Rippen bestimmt wird. Diese Form gestattet den Rippenwandungen eine große seitliche Ausdehnung, ein Vorteil, der dem gesamten Atmungsprozeß zugute kommt.

Im Gegensatz hierzu steht ein tonnenförmiger Brustkorb, der zwar stabil ist, aber keine wesentliche Veränderung seiner Form erlaubt. Während diese von der Norm abweichende Brustform innerhalb des FCI-Standards keine Erwähnung findet, ordnet sie der amerikanische Standard als »round rib-cage« unter den schwerwiegenden Fehlern ein. Mit gutem Grund, wie mir scheint; denn bei dieser Form können sich die leicht nach innen gewölbten Schulterblätter nur unzureichend dem Brustkorb anpassen. Die Ellenbogen werden nach auswärts gedreht, es entsteht das, was wir als »lose Schulter« bezeichnen. Die »Anpassungsschwierigkeiten« des Schulterblattes bewirken eine dauernde Überbeanspruchung der ohnehin kräftigen, radiär um das Schulterblatt angeordneten Muskeln. So entwickelt sich häufig eine stark mit Muskeln bepackte (beladene) Schulter.

Die oben beschriebene Form der losen Schulter kann durchaus auch bei einer »normalen« Brustform auftreten, nämlich dann, wenn das Schulterblatt nur unzureichend dem Rippenkorb angepaßt ist (Illustration 14).

Fehlerhaft ist außerdem eine zu schmale, seitlich zusammengedrückte Brust bei einer zu flachen Rippenwölbung. Sie geht zumeist mit einer geringen Brusttiefe einher und läßt auf eine schwächere Entwicklung der inneren Organe schließen. In der Vorderansicht erkennen wir eine schmale, »ausgehöhlte« Vorbrust, unter Pferdeleuten als »Ziegenbrust« bekannt. Weitere Folgen dieser Brustform sind Stellungsanomalien, wobei die Ellenbogen nach innen gezogen werden und der Körper nun nicht mehr zwischen den Schultern »aufgehängt« ist, sondern mehr oder weniger auf den stützenden Vorderläufen ruht. Die verminderte Standfestigkeit wird zwar durch die zwangsläufige Auswärtsdrehung der Unterarme ausgeglichen, insbesondere die des Vordermittelfußes, dessen Gelenke dadurch im Stand und vor allem in der Bewegung erheblichen Mehrbelastungen ausgesetzt sind. Wir bezeichnen diese Stellung, die in der Illustration 15, 3 dargestellt ist, als »Französische- oder Ballettmeisterstellung«.

Junge Doggen durchlaufen bei schnellem Wachstum häufig eine solche Phase. Sind sie dann infolge von Überernährung zu schwer und/oder wird die Vorhand zudem noch durch übermäßige Bewegung stark belastet, kommt es sehr leicht zu Knochenauftreibungen, welche die Vorderläufe verunstalten. Nur bei sehr feinem Fingerspitzengefühl des Besitzers, evtl. unter Mitwirkung des Tierarztes oder eines erfahrenen Züchters, können sich diese »Sünden« mit der Zeit wieder auswachsen. Bei der Beurteilung von Doggen wird des öfteren von einer »losen Schulter« gesprochen, um einen mangelhaften Ellenbogenschluß zu rügen. Dieser wohl aus der Pferdebeurteilung übernommene Begriff hat im übrigen nicht – wie dort – mit einer »Bänderweichheit« zu tun, sondern basiert in erster Linie auf einer ungenügenden Entwicklung und gewissen Schlaffheit der Schultergürtelmuskeln. Vor allem bei Welpen und Junghunden, die »überernährt« sind und bewegungsmäßig zu stark belastet werden, machen sich diese Erscheinungen bemerkbar. Solche früh erworbenen Fehler kennzeichnen zumeist auch noch das Bild der erwachsenen Dogge.

Illustration 12: Korrekte Schulter, Zeichnung R. Strebel

Illustration 13: Steile Schulter, Zeichnung Richard Strebel

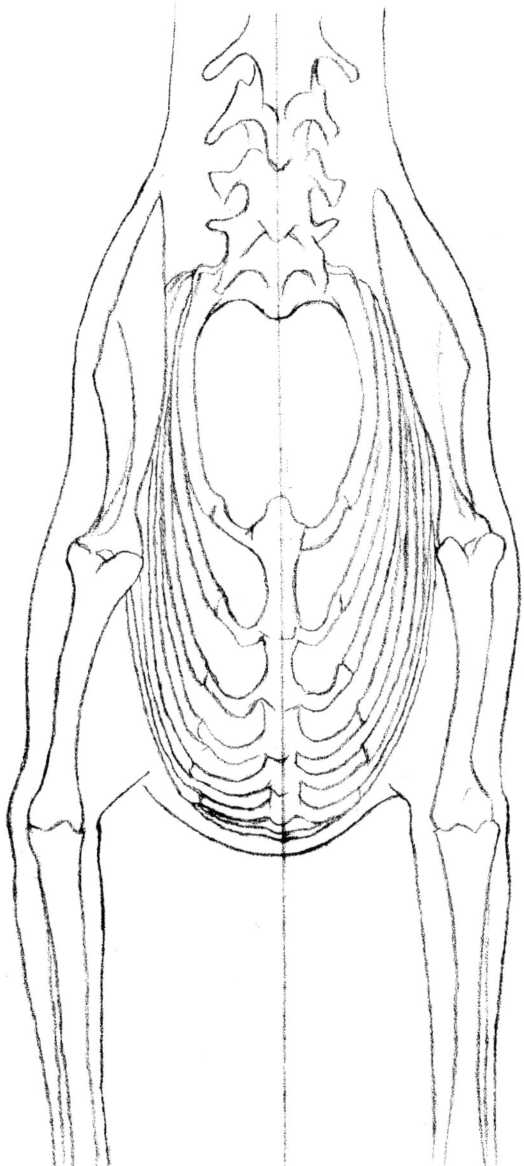

Illustration 14: Schulterlage

Links: Lose Schultern, Ellenbogen ausgedreht.
Rechts: Gut angepaßtes Schulterblatt, korrekte Stellung der Vorhand.

Für den aufmerksamen Betrachter sind die Folgen einer losen Schulter zumeist auszumachen in den Begleiterscheinungen: ausgedrehte Ellenbogen und damit verbunden das Einwärtsdrehen der Unterarme und Pfoten. Eine solche Dogge steht »boden- oder zeheneng«. Ihre Bewegungen in der Vorhand erleben wir als einen »paddelnden«, sich kreuzenden Gang.

Vorderläufe und Pfoten

Die korrekte Stellung der Vorderläufe ist stets in Verbindung mit einem gut geformten Brustkorb und den angelagerten lang und schräg gestellten Schulterblättern zu sehen, denen sich, wie aus den Illustrationen hervorgeht, das Oberarmbein nahezu im rechten Winkel anschließt.
Dadurch bedingt wird der senkrecht unter dem Oberarm stehende Unterarmknochen weiter nach hinten gestellt und vermag den hinter den Schultern liegenden Schwerpunkt des Rumpfes besser zu unterstützen. Der Ellenbogenfortsatz soll gut »niedergelassen« sein und nicht zu den Brustwandungen hinaufreichen. Er liegt etwa in Höhe des Brustbeines.

In der Vorderansicht stehen die Vorderläufe parallel zueinander. Abweichungen hiervon bedeuten immer eine vermehrte Beanspruchung und Abnutzung der Knochen, Sehnen und Gelenke, hervorgerufen durch eine schlechte Verteilung der Körperlast im Stand und in der Bewegung. Solche Abweichungen vom Normalen ergeben sich aus den nach innen oder nach außen gedrehten Ellenbogen. Erstere Stellung wird zumeist durch eine zu schmale oder seichte Brust verursacht. Sie bringt die Vorderläufe zu nahe aneinander (eingedrehte Ellenbogen), infolge dessen werden die unteren Teile der Läufe, abdrehend im Fußgelenk (Vorderfußwurzelgelenk) nach außen gestellt. Man spricht hier auch von einer »französischen« oder »Tanzmeisterstellung«. Demgegenüber steht das bereits besprochene Auswärtsdrehen der Ellenbogen in Verbindung mit dem einwärts gedrehten Fuß. Obwohl wir beide Stellungen als fehlerhaft erkannt haben, dürfte die letztere der Bewegung insofern nicht hinderlich sein, da keine Reibung des Ellenbogens an der Brustwandung erfolgen kann. Auch Sportler, die »über den großen Zeh laufen«, können kurzfristig hohe Laufgeschwindigkeiten erzielen.

Vom Profil her gesehen soll der untere Teil des Vorderlaufes (Unterarm) vom Ellenbogengelenk abwärts bis zum Vorderfuß eine möglichst gerade Linie bilden. Gelegentliche Auftreibungen oberhalb des Gelenkes der Vorderfußwurzel (Vorderknie) sind zumeist Folgen von Knochenerkrankungen.

Der sich nach unten anschließende Vordermittelfuß, dessen Aufgabe darin besteht, den Stoß der Vorhand federnd aufzufangen, erfüllt diese Aufgabe am vorteilhaftesten, wenn er die gerade Fortsetzung des Unterarmes bildet, stark, doch nicht zu lang ist und vom Profil her gesehen in einem leichten Winkel nach vorn steht.

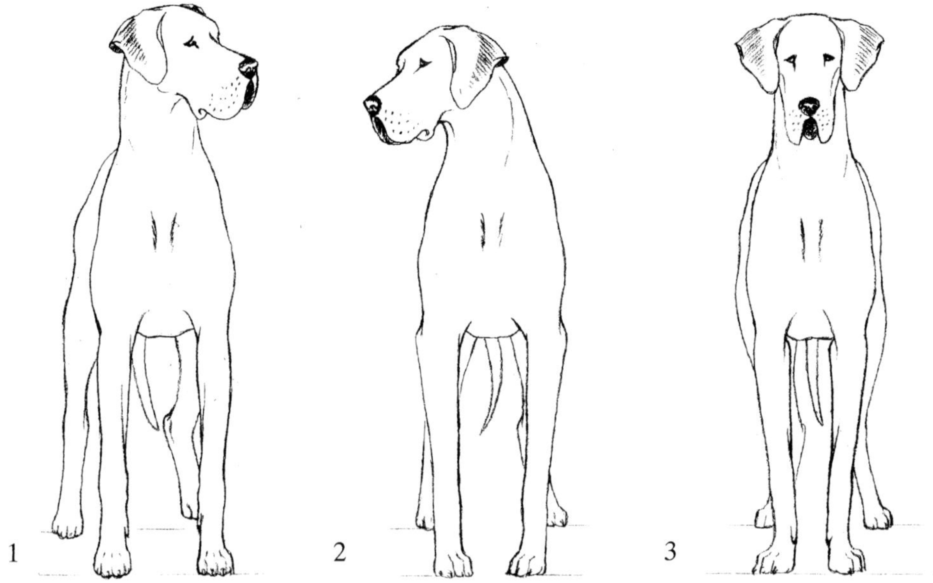

1. Korrekte Vorhand, Vorderläufe stehen parallel zueinander.

2. Ellenbogen ausgedreht, Füße einwärts (zeheneng).

3. Ellenbogen einwärts unter den Brustkorb gezogen, Füße nach außen, »Französischer Stand«. Oft in Verbindung mit weichen Fesseln und gespreizten Zehen.

Illustration 15: Stellung der Vorderläufe

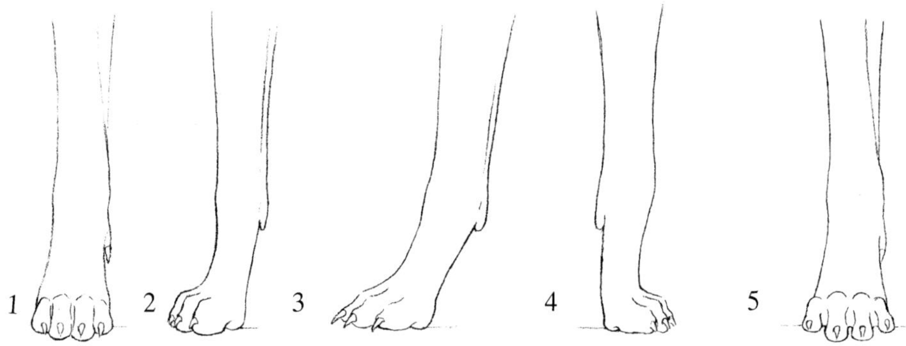

1 + 2: Geschlossene Pfoten, Katzenpfoten, Vordermittelfuß vom Profil her im leichten Winkel nach vorn stehend.

3. Weich in den »Fesseln«, flach aufliegende Zehen (Hasenpfoten).

4. Auftreibung oberhalb des Vorderfußwurzelgelenks (überköttet).

5. Gespreizte Zehen.

Illustration 16: Vorderläufe und Pfoten

Bei einer steileren »Fessel«, die mehr dazu geeignet ist, Gewicht zu tragen als federnd aufzufangen, werden die Gelenke, besonders auf hartem Boden, ständig erschüttert, weil kein elastisches Abfedern möglich ist.
Als weitaus größerer Fehler ist ein übermäßig schräg gestellter Vordermittelfuß anzusehen, zeigt er doch eine starke Schwäche der Fessel oder Fußwurzel an, die dazu führen kann, daß das Fesselgelenk im Augenblick seiner stärksten Belastung fast den Boden berührt. Hierbei werden zwar weniger Knochen und Gelenke, dafür aber um so stärker die Beugesehnen belastet, die dieser Anspannung auf Dauer nicht gewachsen sind. Eine solche Dogge ist wenig leistungsfähig und ermüdet schnell. Dies ist zumeist mit Plattfuß und gespreizten Zehen (Hasenpfote) verbunden.
In seinem »Handbuch für Jäger«, Leipzig 1820, schreibt hierzu bereits Dr. von Winkell: »Ein guter Hetzhund – sei er übrigens gefärbt und gezeichnet wie er woll – muß einen starken, nicht zu kurzen Kopf, welcher in einer etwas langen, zugespitzten, mit vier guten Fängen bewaffneten Schnauze ausgeht, und eine breite Brust haben, auch kurz und stark gekeult sein. Den Läufen darf es an der gehörigen Stärke nicht fehlen. Ein Hauptfehler ist aber, wenn sie gänselatschig sind, das heißt, wenn sie im Fesselgelenk durchtreten.«
Natürlich ist auch das Überknicken des Fußwurzelgelenks nach vorne (überkötten) als schwerwiegender Fehler anzusehen. Das Gelenk verliert dadurch seinen Halt, und der Fuß zittert bei jeder Art Belastung.
Daß die im Standard beschriebene hoch gewölbte und geschlossene Pfote (Katzenpfote) am besten geeignet ist, die Stöße der Vorhand federnd aufzufangen und diese im Wechselspiel zwischen Zehen- und Sohlenballen wieder vom Boden abzuheben, dürfte einleuchtend sein. Ebenso verständlich, obwohl im Standard nicht ausdrücklich erwähnt, dürfte sein, daß hierbei die Sohlen derb und hart sein müssen, um gegen Verletzungen gefeit zu sein. Eine Hasenpfote, bei der die Zehen infolge der Schwäche der Bänder und Muskeln nicht angezogen werden können, ist dagegen vollkommen unelastisch gegen Stöße. Die Krallen liegen dabei flach, nutzen sich nicht ab.
Nicht abgenutzte Zehennägel entstehen auch bei Doggen, die überwiegend auf weichem Untergrund gehalten werden oder zu wenig Bewegung haben. Damit hierdurch keine Spreizzehen entstehen, müssen sie von Zeit zu Zeit geschnitten werden. Im übrigen passen sich die Pfoten in ihrer Form häufig dem Untergrund an, auf dem die Dogge gehalten wird. Besteht dieser aus einem weichen, sandigen Boden, sind die Pfoten meistens weniger geschlossen als auf einem harten Untergrund.

Rumpf

Der Rücken bildet den Abschluß des Brustkorbes nach oben. Seine Verbindung mit dem Hals verläuft zwischen den Schulterblättern, im weiteren Verlauf soll er sich unmerklich mit der Nierenpartie vereinigen, ohne an der Übergangsstelle zwischen Rücken- und Lendenwirbel eine stark betonte Einsenkung zu zeigen. Die

schönste und funktionellste Form des Rückens ist immer die, bei welcher die obere Außenlinie des Rückens sich von den Schultern allmählich nach rückwärts senkt und dann mit leichtem Schwung nach aufwärts unmerklich in die mäßig gewölbte Nierenpartie übergeht, um dann sich fortsetzend in einer leicht abwärts gerichteten Kruppe nebst entsprechendem Rutenansatz zu enden (Illustration 3).
Abweichungen von diesem Verlauf lassen sich nicht isoliert für den Rücken betrachten, sind stets auch in Verbindung mit der Ausbildung der Kruppe und der Hintergliedmaßen zu sehen. Da wir auf deren Zusammenwirken in einem späteren Kapitel zurückkommen, wollen wir uns hier auf die äußeren Formen beschränken, und was wir daraus an funktionellen Veränderungen im Bewegungsablauf ableiten können (siehe hierzu auch Illustration 17).

In der Auflistung der Rückenmängel ist sicherlich der Senkrücken als der fehlerhafteste zu bezeichnen, weil er, wie wir in den nachfolgenden Kapiteln sehen werden, dem gesamten Konstruktionsprinzip einer bogenförmig gespannten Wirbelsäule entgegenläuft. Die Muskeln sind hier zumeist schwach und wenig leistungsfähig, der Hals ohne Adel.
Einzuordnen, wenn auch in abgeschwächter Form, wäre in diese Fehlerkategorie auch der ganz gerade (brettgerade) Rücken, zumal sich mit abnehmender Muskelkraft bei zunehmendem Alter ohnehin das Rückgrat bei den meisten Doggen nach unten durchbiegt.
Beim sogenannten Kamelrücken ist die Lendenwirbelsäule zu stark aufgewölbt und fällt zur Kruppe hin zu stark ab. Noch weniger elastisch-federnd in der Vorwärtsbewegung ist der sogenannte Karpfenrücken. Hier beginnt die starke Aufwölbung bereits im Bereich der Rückenwirbel und setzt sich über die Lendenwirbelsäule fort, um dann zur Kruppe hin stark abzufallen. Die Rückenwirbel treten sichtbar hervor und lassen sich auch bei gut genährten Doggen nicht durch überlagerte Fettpolster vertuschen.

Als »überbaut« gilt eine Dogge, deren Kruppe höher liegt als der Widerrist. Die Hinterläufe sind dabei im Verhältnis zum übrigen Körper zu lang und nicht genügend gewinkelt. Hier besteht die Gefahr, daß die Hunde »sich greifen«, das heißt sie treten sich mit den Hinterläufen gegen die Vorderläufe. Außerdem belasten sie die Vorhand viel stärker, da sie nicht im natürlichen Gleichgewicht stehen.
Zeitweiliges „Überbautsein" ist bei jungen Doggen, die in sich abwechselnden Wachstumsschüben wachsen, von denen einmal die Vorhand, das andere Mal die Hinterhand stärker betroffen ist, als »normal« anzusehen.

Schließlich sei noch auf die stark abfallende Rückenlinie verwiesen, die in der Regel in Verbindung mit zu stark gewinkelten Hintergliedmaßen auftritt. Der Hintermittelfuß verläuft dann auch nicht mehr gerade, sondern schräg von vorn nach hinten.
Zur Erzielung einer »schönen« Ausstellungspose wird auf Zuchtschauen diese Stellung der abfallenden Rückenlinie durch Herausstellen der Hinterläufe gerne

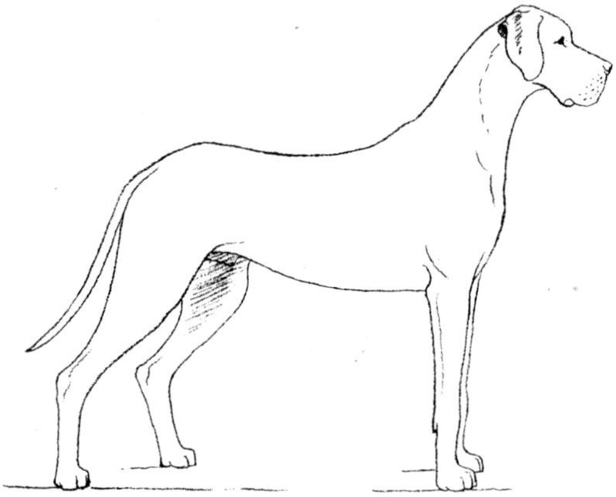

1. Langer, weicher Rücken (Senkrücken).

1

2. Zu stark aufgewölbte Lendenwirbelsäule, abfallende Kruppe (Kamelrücken).

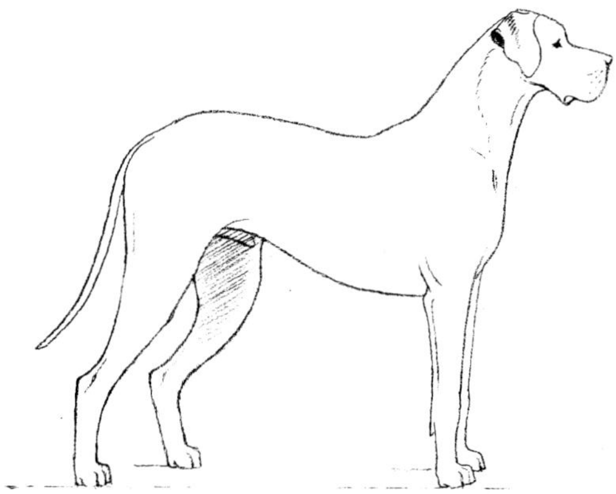

2

3

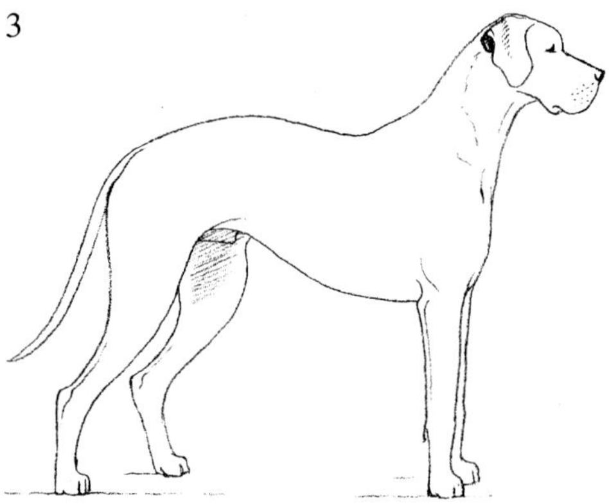

3. Karpfenrücken.

Illustration 17: Der Rücken und seine sichtbaren Mängel

4

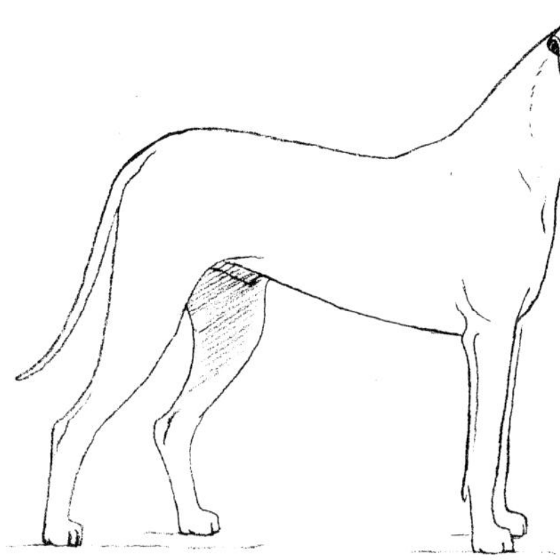

4. Kruppe höher als Widerrist
(überbaut).

5

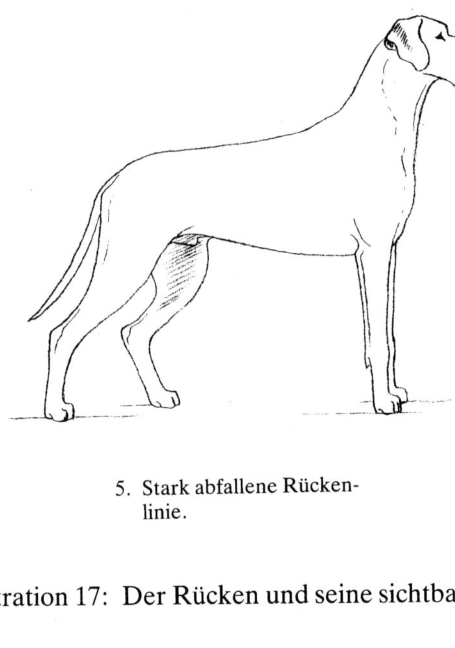

5. Stark abfallene Rücken-
linie.

Illustration 17: Der Rücken und seine sichtbaren Mängel

künstlich erzeugt. Der Schwerpunkt (Massenmittelpunkt) ist hierbei nach vorne verlagert und belastet vermehrt die Vordergliedmaßen. In Verbindung mit einer gleichzeitig manipulierten Vorderständigkeit (Herausstellen der Vorderläufe) werden Rücken- und Lendenpartie übergebührlich belastet.

Beides sind Zwangspositionen, die Mängel in den Gliedmaßenwinkelungen oder des Rückens überspielen sollen.

Die »quadratische« Dogge?

Wenn wir das Erscheinungsbild unserer heutigen Doggen mit Bildern aus den Anfängen der Zucht vergleichen, so wie sie uns beispielsweise aus den zahlreichen Darstellungen von Beckmann (Abb. 52, 53) überliefert sind, entdecken wir, daß die Doggen nicht nur größer geworden sind, sondern sich offenbar auch in ihren Proportionen zu einem kürzeren Hund hin verändert haben. Tatsächlich läßt sich eine derartige Entwicklung anhand der Standardfassungen nachvollziehen, die insbesondere in ihrer Aussage über die Rückenlänge immer wieder Wandlungen erfahren haben. So heißt es hierzu im Standard des Jahres 1888: »Rücken mäßig lang«. Etwas präziser wird der Wortlaut unter dem Einfluß des Doggenverbandes im Jahre 1913: »Rücken nur mäßig lang, so daß das Verhältnis zwischen Rücken und Höhe ein möglichst quadratisches Gebäude ergibt.« Eine deutliche Veränderung zeichnet sich zwölf Jahre später, das heißt im Jahre 1925 in der Standardfassung des Doggenhundes ab: »Rücken nur mäßig lang und im Verhältnis zur Höhe ein kurzes Rechteck bildend«. Hier ist bereits der Übergang zu der auch heute noch gültigen Fassung des Jahres 1931 geschaffen, nach der das Gebäude »Im Verhältnis von Länge zur Höhe . . . möglichst quadratisch erscheinen« soll.

Es erscheint mir von allgemeinem Interesse, die zum Teil unpräzisen Aussagen des Standards, die je nach Augenmaß des Betrachters zu unterschiedlichen Beurteilungen führen, mit konkreten Meßdaten zu belegen. Vor gut einhundert Jahren hat Beckmann solche Daten festgehalten, so daß wir in der glücklichen Lage sind, auch hierzu vergleichende Betrachtungen mit unseren heutigen Doggen anzustellen.

Gemessen wurden die Rumpflänge vom Buggelenk bis zum Ende des Sitzbeinhökkers, sowie die Höhe bei der auf ebenem Boden stehenden Dogge als Senkrechte von der Schulter- oder Widerristhöhe (Rand des Schulterblattknorpels). (Illustration 18).
Die neueren Meßdaten stammen aus dem Jahre 1988. Sie zeigen die Maße von siebzehn mehr oder weniger zufällig ausgewählten Doggen aus drei Zwingeranlagen.
Entsprechend der Definition des Standards sind Rumpflänge (L) und Höhe (H) zueinander in Verhältnis gesetzt worden und, in Ergänzung hierzu, die Länge des Vorderarms (V) – gemessen bis zum Ellenbogenhöcker – zur Brusttiefe (B). Die Angaben erfolgen in Zentimeter (cm).

1. Meßdaten Beckmann

Jahr 1885/86	1885/86	1887
Harras II	Juno, Hündin	Hannibal I
L 87,5 : H 79	L 81 : H 74	L 87 : H 82
1,10 : 1	1,09 : 1	1,05 : 1
V 42	V 43	V 46

2. Meßdaten 1988

Rüden

1. L 85 : H 82	2. L 93 : H 90	3. L 84 : H 86
1,03 : 1	1,03 : 1	0,97 : 1
V 45 : B 40	V 46 : B 42	V 47 : B 44
1,125 : 1	1,095 : 1	1,068 : 1
4. L 90 : H 90	5. L 87 : H 88	
1,00 : 1	0,98 : 1	
V 46 : B 44	V 45 : B 43	
1.045 : 1	1.046 : 1	

Hündinnen

6. L 89 : H 80	7. L 85 : H 79	8. L 78 : H 82
1,11 : 1	1,08 : 1	0,95 : 1
V 40 : B 40	V 42 : B 37	V 39 : B 43
1,00 : 1	1,14 : 1	0,90 : 1
9. L 88 : H 80	10. L 91 : H 85	11. L 83 : H 83
1,10 : 1	1,07 : 1	1,00 : 1
V 44 : B 46	V 43 : B 43	V 42 : B 40
0,95 : 1	1,00 : 1	1,05 : 1
12. L 83 : H 83	13. L 80 : H 80	14. L 82 : H 82
1 : 1	1 : 1	1 : 1
V 45 : B 42	V 45 : B 43	V 44 : B 44
1,07 : 1	1,04 : 1	1,00 : 1
15. L 85 : H 83	16. L 86 : H 83	17. L 85 : H 81
1,02 : 1	1,03 : 1	1,04 : 1
V 45 : B 43	V 46 : B 40	V 43 : B 39
1,05 : 1	1,15 : 1	1,10 : 1

In der Diskussion dieser Meßergebnisse stellen wir zunächst einmal fest, daß die älteren Doggen (Beckmann) noch 5 bis 10% länger als hoch sind. Zieht man zur Darstellung dieser Körperproportionen jeweils Senkrechten vorn am Buggelenk und hinten am Sitzbeinhöcker und legt Waagerechten dazu, die am Boden und über Widerrist und Kruppe verlaufen, ergibt sich daraus ein Rechteck im Querformat.

Auch rund 53% der neuzeitlich vermessenen Doggen lassen sich in ein solches Längsrechteck einordnen. Die Rumpflänge schwankt mit 2 bis 4% über der Höhe. Sie ist also im Laufe der Jahre kürzer geworden und dürfte damit den Vorstellungen des Standards – »möglichst quadratisch« – weitgehend entsprechen.
Als alarmierend möchte ich jedoch die Meßergebnisse der übrigen Doggen bezeichnen. Von ihnen haben fünf (29,4%) bereits eine Quadratform angenommen und bei drei Hunden, das entspricht 17,6%, ist ein hochformatiges Rechteck, also eine vollkommene Deproportion erreicht. Da den meisten unserer Doggen absolut keine körperliche Leistungsfähigkeit abverlangt wird und auch auf Zuchtschauen die Beurteilung des Gangwerkes infolge beengter Platzverhältnisse nur unvollkommen ist, bleiben diese, nicht nur für den gesamten Bewegungsapparat nachteiligen Entwicklungen zumeist lange verborgen. Doch Züchter und Zuchtschaurichter sollten gemeinsam daran arbeiten, diesem Trend entgegenzuwirken. Daß diese sich verändernden körperlichen Variationen, auf die bereits bei der Beschreibung der Größenentwicklung hingewiesen wurde, auch Auswirkungen auf das Wesen unserer Hunde haben, ist nicht von der Hand zu weisen. Stockmann hat sich eingehend mit dieser Wechselbeziehung beschäftigt. Er kommt zu dem Ergebnis, daß »eine Formveränderung auch den Charakter verändert« und »daß dies auf einer zugleich völlig veränderten inneren ›Konstruktion‹ der Tiere beruht«.

Hinterläufe

Eine richtig gewinkelte Hinterhand ist die Grundlage für einen ergiebigen Nachschub im Gangwerk. Die Hinterläufe dürfen nicht steile, unterständige oder rückständige Stellungen zeigen. Bei richtiger Winkelung fällt die Lotrechte vom Stitzbeinhöcker direkt vor den Zehenrand der Hinterpfoten, eher noch etwas davor, und dies bei ruhigem Stand und gleichmäßiger Körpergewichtsverteilung auf alle vier Läufe. Die Wirksamkeit der hinteren Gliedmaßen geht hauptsächlich vom Kniescheibengelenk aus, und es ist daher wichtig, daß dieses kräftig entwikkelt ist und frei vorgeschoben werden kann.
Von hinten gesehen erscheint der Querdurchmesser zwischen beiden Kniegelenken weiter als die obere Breite des Hinterteils im Hüftgelenk. Bei der Fortbewegung wird dadurch die Reibung des Knies an der Bauchwand vermieden. Die Kruppe muß nach den Seiten und nach hinten schön abgerundet sein. Stark abfallende, abgeflachte oder horizontal verlaufende Kruppenformen sind als Mängel zu betrachten. Solche Kruppenbilder erscheinen eckig, gebrochen oder überbaut und stören den Fluß der Rückenlinie. Von hinten gesehen müssen die Beine parallel zueinander stehen und in einer Ebene mit den Vorderläufen verlaufen. Die Kniegelenke dürfen weder ein- noch auswärts gedreht sein, und die Hintermittelfüße (»Fesseln«) stehen parallel zueinander. Ist das Kniescheibengelenk zu stark auswärts gedreht, so zwingt der Unterschenkel das Sprunggelenk nach innen und den Hintermittelfuß samt Pfoten nach außen. Die Dogge steht »kuhhessig«, eine Stellung, welche weniger nachteilig für die Fortbewegung als unschön in der Erscheinung ist.

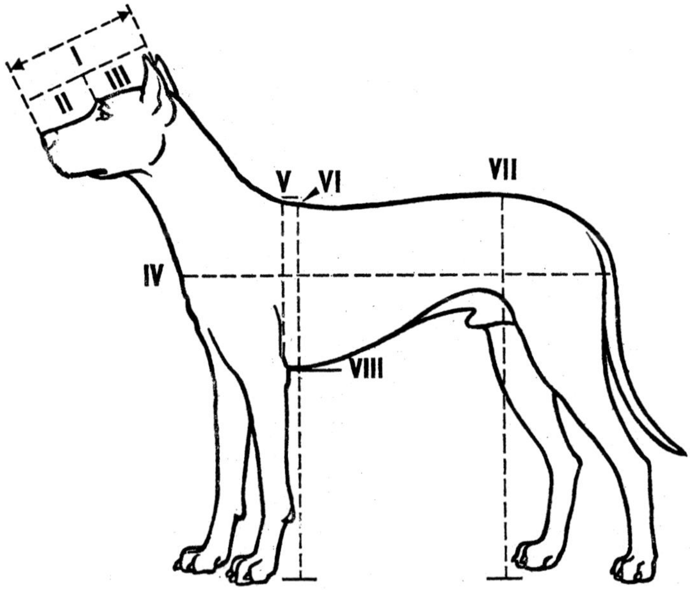

I. Kopflänge, II. Fanglänge, III. Schädellänge, IV. Rumpflänge, V. Höhe (Schulter oder Widerrist), VI. Höhe (Brustumfang), VII. Höhe (Kruppe), VIII. Bodenabstand.

Illustration 18,1: Die wichtigsten Maße des Hundes

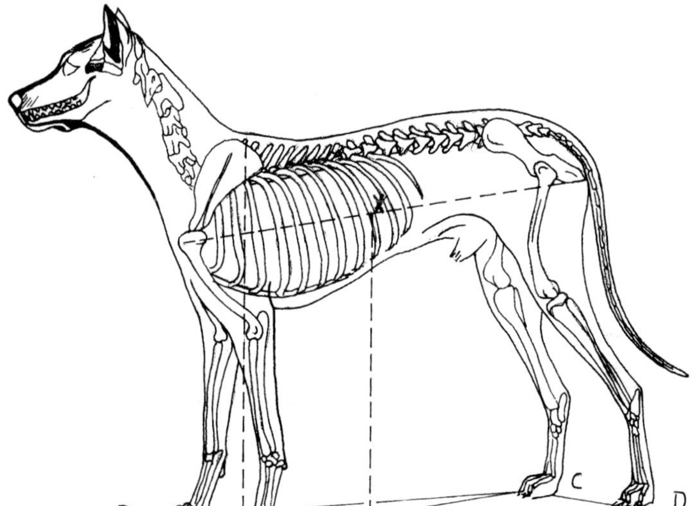

Illustration 18,2: Die Ermittlung des natürlichen Gleichgewichtszustandes.
(Vgl. Kapitel: »Das natürliche Gleichgewicht)

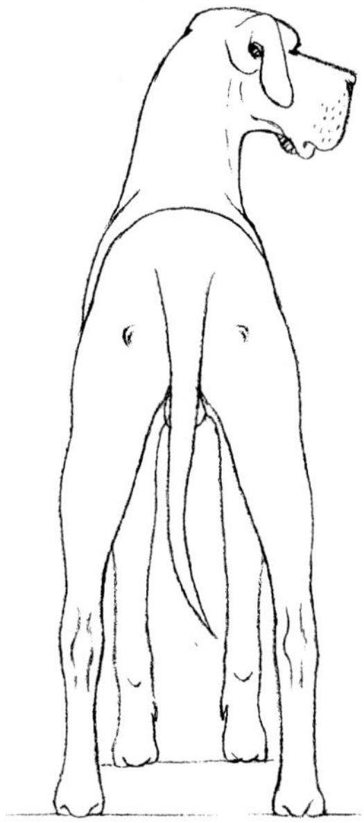

1. Korrekter Stand; Vorder- und Hinterläufe stehen in einer Flucht.

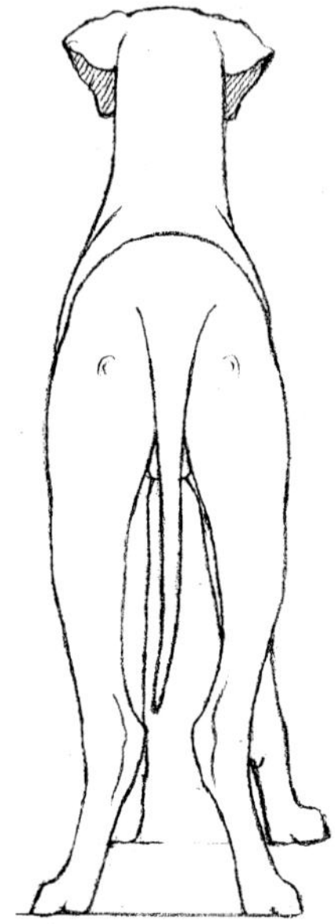

2. Einwärts gedrehte Sprunggelenke (kuhhessig).

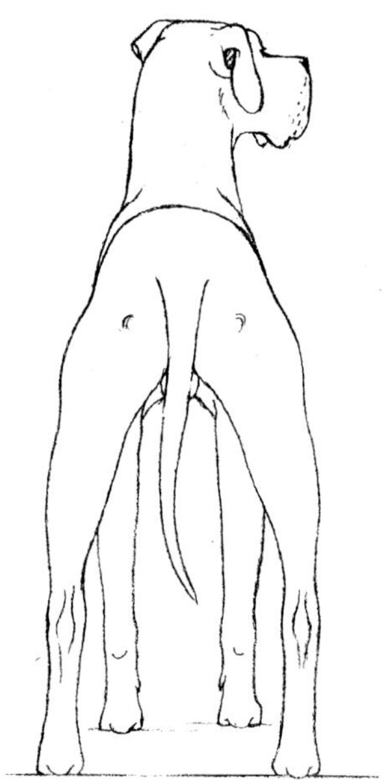

3. Faß- oder o-beiniger Stand.

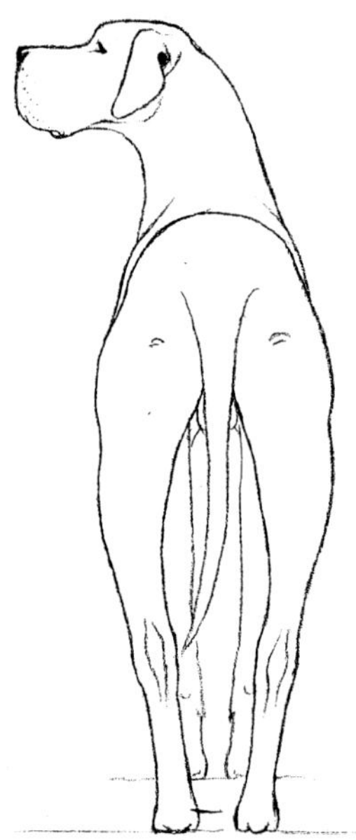

4. Hinterläufe stehen zu eng. (»bodeneng«).

Illustration 19: Die Stellungen der Hinterhand

Das Sprunggelenk hat für die Fortbewegung zwar nicht die Bedeutung des Kniegelenks, fällt aber wegen seiner freien Lage sehr ins Auge. Eine zu weite Stellung ist ebenso häßlich wie der Fortbewegung hinderlich. Bei dieser o-beinigen oder auch faßbeinigen Hinterhand werden die Kniee eingedrückt, die Unterschenkel streben nach außen, während der Hintermittelfuß nach innen tendiert. Bei beiden fehlerhaften Stellungen weichen die Stützlinien von ihrem senkrechten Verlauf ab.
Als »bodeneng« bezeichnen wir eine zu enge Stellung der Hinterfüße (Illustration 19, 4). Auch hier ist die Stützlinie unterbrochen, wobei sich die Beckengliedmaßen diesmal außerhalb dieser Stützlinien befinden.
Die Profildarstellungen des Skeletts (Illustrationen 1 und 11) zeigen die »erwünschte« Stellung der Hinterhand in ihren Winkelungen. Gemessen werden die Winkel im Hüftgelenk (Becken-Oberschenkelknochen), im Kniegelenk (Oberschenkel – Unterschenkel) und im Sprunggelenk (Unterschenkel – Hintermittelfuß). Diese Winkel sollen nicht zu stumpf sein. In der Illustration 1 (Strebel) sind die fehlerhaften Abweichungen näher dargestellt und werden im Kapitel über »Äußere Gestalt und Fortbewegungsart« näher beschrieben.

Rute

In Verbindung mit dem Hals stellt die Rute gewissermaßen das Pendel dar, das den Körper bei größerer Geschwindigkeit und beim Springen im Gleichgewicht hält. Äußerlich unterstreicht sie die Eleganz des Doggenkörpers, wenn sie in ihrem Ansatz die harmonische Fortsetzung einer leicht abwärts gerichteten Kruppe bildet. Ein Skelettfehler der hinteren Wirbelsäule läßt sich gemeinhin an einem »falschen« Rutenansatz erkennen. Die Art, wie die Rute getragen wird, ist ein wesentliches Ausdrucksmittel der Gefühle. Von dem freudigen Wedeln über das ängstliche Einklemmen bis zur haarsträubenden Angriffsstellung können die Dogge und ihre Artgenossen eine ganze Skala von Stimmungen über die Rute ausdrücken. Manchmal neigen Hündinnen im Ausstellungsring dazu, ihre Rute leicht windhundartig einzuziehen. Da sie ansonsten die ganze Ausstellungsprozedur willfähig über sich ergehen lassen, ist diese Art für den Betrachter zwar nicht schön anzusehen, sollte aber nicht mit dem Rutenklemmen einer ängstlichen Dogge verwechselt werden. Obwohl eine gewisse Unsicherheit nicht auszuschließen ist, liegt hier wohl mehr eine natürliche Abwehrreaktion vor, wie sie auch gegenüber zu aufdringlichen Rüden außerhalb der Hitze zu beobachten ist.
Die Haltung der Rute wird vom Spiel verschiedener Muskeln bestimmt. Ist dieser Muskeltonus gestört, weicht ihre Stellung in der einen oder anderen seitlichen Richtung oder nach oben oder unten von der natürlichen Richtung ab. So entstehen die an ihrem Ende aufgekrümmte Hakenrute oder die seitwärts oder über den Rücken gebogene Rute. Sie kann von der Übergangsform der »fröhlichen« Rute bis hin zu der durch einseitigen Zug infolge von verkürzten Sehnen oder Muskeln entstandenen »Sichelrute« reichen. Auch die bereits vom Ansatz her gerollte oder über dem Rücken getragene und in sich gerollte Ringelrute kann hierin ihre Ursache haben.

Illustration 20:
Seitenansicht Deutsche Dogge,
Prototyp eines Hundes
zu Anfang des 20. Jahrhunderts.

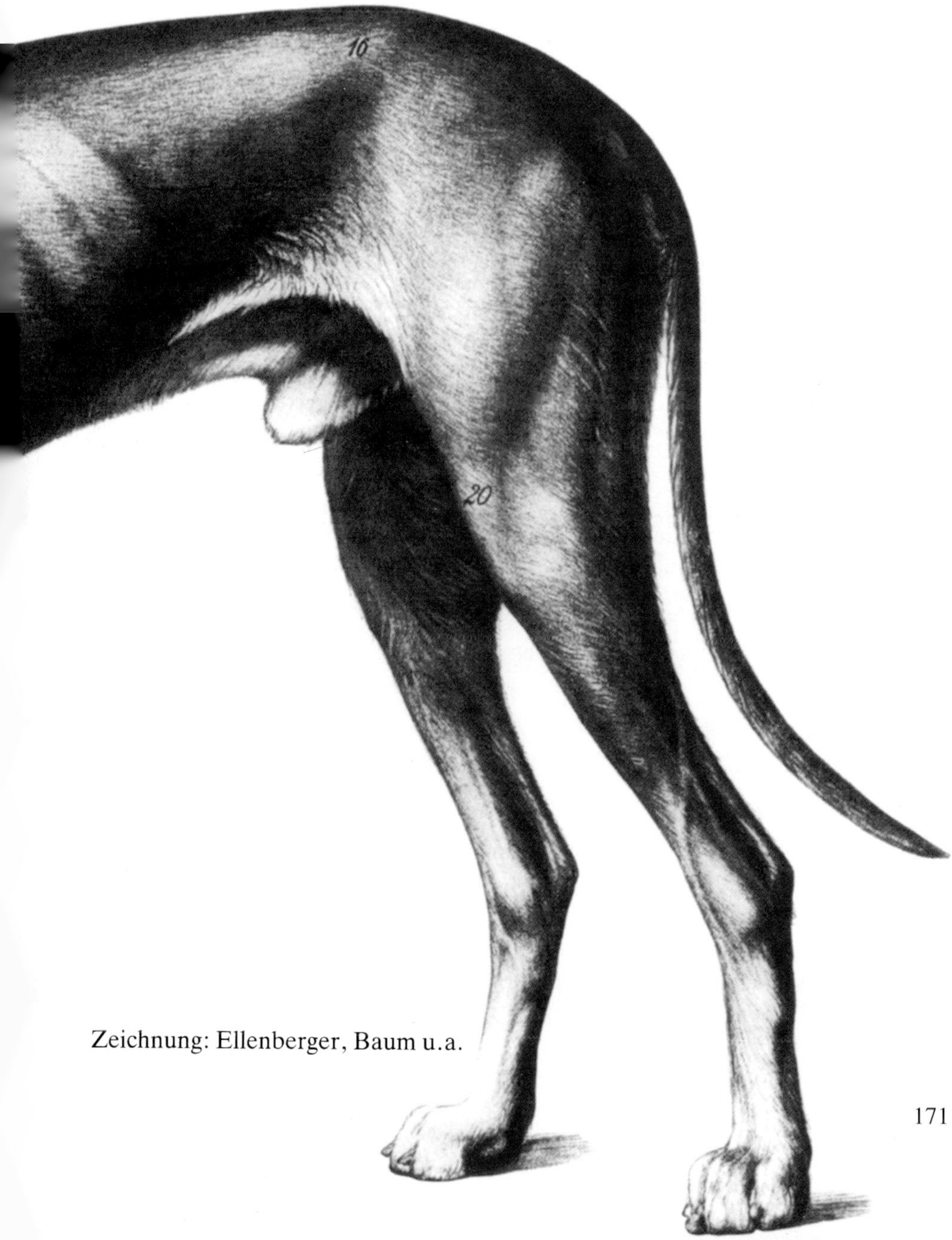

Zeichnung: Ellenberger, Baum u.a.

In seinen »Vermischten Schriften« schildert der Schriftsteller Georg Christoph Lichtenberg (1742/99) in einer Abhandlung über Tierschwänze den »Schwanz einer Dogge«, er hätte durchaus »nichts weichlich Hunselndes, nichts Damenschössichtes, Zuckernes, nichts von dem eines mausknappernden, winzigen Wesens. Überall Mannheit, Drangdruck, hoher, erhabener Bug und ruhiges, bedächtliches, kraftherbergendes Hinstarren, gleichweit entfernt von unterthänigem Verkriechen zwischen den Beinen, und hühnerhündischer, wildwitternder, ängstlicher, unschlüssiger Horizontalität.«
Weit profaner klingen da allerdings die Worte vom Leid geprüfter Doggenhalter und -züchter, die sich hin und wieder mit den Problemen des lästigen »Aufschlagens« der Rute auseinander zu setzen haben. So empfiehlt u. a. Kirschbaum (»Praktische Winke für Doggenzüchter«, 1901): »Bei der Zucht der gefleckten Dogge bevorzuge man solche Thiere . . ., die kurz im Rücken sind, und namentlich eine kurze Rute (Anm.: bis zum Sprunggelenk) haben. Züchten wir also symmetrisch gebaute, gleichmäßige, stramme Doggen, keine mit langen und losen Rücken, die meist bald wundgeschlagen werden.«
Der Tierarzt Diffine (Ströse, 1902) sieht in dem lästigen Aufschlagen der Ruten zumindest einen Grund, der vielen Haltern diese Tiere verleidete und der damit zu der Krise beigetragen habe, in der sich die Doggenzucht unmittelbar vor der Jahrhundertwende befand.
Und schließlich schreibt Hauck (1929) zu diesem Thema: „Je länger die Ruten werden und je weiter sie über den Fersenbeinhöcker hinabreichen, je lebhafter die Hunde sind, desto häufiger tritt dieses Übel auf.«
Diese Erfahrungen der Vergangenheit lassen uns auch heute noch nahezu hysterisch auf zu lange Ruten reagieren. So wird jede aufgeschlagene, nicht abgeheilte oder gar gekürzte Rute mit einem Bewertungsabstrich geahndet.
Auch nach dem amerikanischen Standard ist eine zu lange Rute fehlerhaft. Einbezogen, wenn auch wohl mehr aus optischen Gründen, wird dort auch die zu kurze Rute, die in der Tat sehr unvorteilhaft wirkt. Die Engländer sind in dieser Hinsicht etwas großzügiger. Eine gut getragene, nicht zylindrische Rute, die einige Zentimeter über das Sprunggelenk hinausgeht, wird nicht beanstandet.
Aus guten Gründen ist also dieser Frage züchterisch immer eine besondere Aufmerksamkeit zuteil geworden. Typische Rutenschläger, das sind solche, die sich bei freudiger Erregung aus dem Schwung ihrer Hüften heraus eine einmal lädierte Rute selbst an ihrem eigenen Brustkorb immer wieder aufs neue aufzuschlagen vermögen, wurden aus der Zucht eleminiert.
Eine verletzte Rutenspitze führt nicht selten zu einer Knochenhautentzündung (Pereostitis). Sie ist für das Tier schmerzhaft und läßt sich leicht an der erhöhten Wärme und Schwellung des Rutenendes erkennen. Eine sofortige Behandlung (feuchte Umschläge mit Essigsaurer Tonerde verdünnt mit Wasser, Einreiben mit Kampfer- oder Jodsalbe und gegebenenfalls Anlegen eines Mullverbandes) und viel Geduld des Behandelnden sind hier geboten, wenn eine Heilung Erfolg haben soll. Entwickelt sich hieraus mit der Zeit eine Knochennekrose, kann dieser fortschreitende Prozeß nur noch über eine Amputation der Rute weit im Gesunden gestoppt werden.

XIII. Einige Grundlagen über den Körperbau des Hundes

Über den Rassestandard ist der aufmerksame Doggenfreund bereits mit einer Fülle von kynologischen Fachausdrücken vertraut gemacht worden, die ihm die Eigentümlichkeiten dieser Hunderasse nähergebracht haben. Für denjenigen, der keine weiteren Ambitionen hat, sollten diese Kenntnisse auch vollauf genügen. Wer allerdings sein ›Wissen um den Hund‹ um einiges vertiefen möchte, dem sei das nun folgende Kapitel über den Körperbau des Hundes empfohlen, so, wie dieser sich in Hinsicht auf seine äußeren Formen und seine funktionalen Bewegungsabläufe darstellt. Die Zeichnungen hierzu, in ihrer Ursprünglichkeit belassen, sind dem »Handbuch der Anatomie der Tiere für Künstler«, Band V, von Ellenberger, Baum u. a. entnommen, dessen 1. Auflage bereits im Jahre 1911 erschienen ist.

Am Bild der Deutschen Dogge hat das damalige Autorenteam das Gebäude des Hundes exemplarisch dargestellt. In der Folge haben sich viele kynologische Schriftsteller dieser Zeichnungen als »Standardformen« des Normaltyps eines Haushundes bedient: Denn obwohl sich seit seiner Haustierwerdung der Hund in einer Vielzahl von Rassebildungen zum Teil sehr weit von der angenommenen ursprünglichen Stammform entfernt hat, ist doch bei näherer Betrachtung der Grundriß seines Gebäudes nach wie vor der gleiche geblieben. Hunderassen unterscheiden sich in den Variationen ihres Haarkleides und, soweit es die äußeren Formen betrifft, in den Änderungen der Gesamtproportionen oder des Verhältnisses bestimmter Körperteile zueinander, die vorzugsweise in Verkürzungen, Verlängerungen und Verbiegungen der einzelnen Knochen bestehen. An der Anordnung, Stellung und Zahl der Knochen hat sich indes nichts geändert.

So besitzt die in den Figuren dargestellte Deutsche Dogge trotz ihrer beachtlichen Größe einen unverfälschten Gebäudetyp. Dieser »wohlproportionierte Riese« hat nach den Vorstellungen des Rassestandards »nicht das Plumpe und Schwerfällige des Mastiffs, ebensowenig die zu schlanke und leichte, an den Windhund erinnernde Form, sondern hält die Mitte zwischen beiden Extremen«. Von ihrer leicht langgestreckten Form her und den langen, gut gewinkelten Gliedmaßen finden wir in der Dogge noch immer einen ausdauernden Traber, der mit elastisch federndem, weitausgreifendem Geläuf ohne große Mühe weite Strecken zurückzulegen vermag. Ihr kräftiger, athletischer Körper mit seiner trockenen Muskulatur und

der fein gemeißelte Kopf mit seinem starken, noch vollzähnigen Raubtiergebiß versetzen sie in die Lage, blitzschnell und mutig auch wehrhaftes Wild anzugehen. Ein flüchtiger Blick über die Abbildungen dieses Abschnittes zeigt uns das Knochengerüst als die eigentliche Grundlage aller Formen des hundlichen Organismus. Im Verein mit den das Skelett umlagernden oberen Muskelmassen und einigen anderen Weichteilen entstehen die Umrisse der äußeren Erscheinung. Das Skelett stützt und schützt zugleich die inneren Organe. Es ist nicht starr, sondern aus vielen Einzelknochen zusammengesetzt, die an »Nähten« fest miteinander verwachsen sind (z. B. am Kopf), durch straffe oder elastische Bänder verbunden werden (z. B. an der Wirbelsäule oder bei einzelnen Knochen des Knies) oder die an den Gelenken durch Sehnen und Muskeln, die an den Knochenvorsprüngen angeheftet sind, aneinander gefügt werden, wie dieses bei den der Fortbewegung dienenden Röhrenknochen der Fall ist.
Knochen sind, wie wir bei Aufzucht und Nährstoffbedarf von Junghunden noch sehen werden, keineswegs tote Materie, sondern einem ständigen Prozeß der Wandlung unterworfen. Störungen in diesem Ablauf haben daher zwangsläufig auch Beeinträchtigungen der Funktionen des Knochengerüstes zur Folge.

Der Kopf

Nach der Form des Kopfes ordnen Ellenberg, Baum u. a. die Dogge den langschädeligen (dolichocephalen) Hunderassen zu, die sich im Gegensatz zu den kurzköpfigen (brachycephalen) z. B. Bulldogge, Mops, durch eine größere Länge des Gesichtsteiles auszeichnen. Bei langschädeligen Hunden ist der Schädelteil meist schmal, der Scheitelkamm tritt stark hervor, die Stirn ist in der Mitte infolge des Vorragens der Stirnkämme vertieft; die lange Nase ist nur wenig eingedrückt, so daß die Stirn sanft zur Nase abfällt und die Profillinie des oberen Teiles des Kopfes nur wenig eingebogen ist. Der Jochbogen ist weniger stark nach außen vorgewölbt. Mit der Forderung des jetzigen Standards der Deutschen Dogge, Gesichtsschädel: Hirnschädel in den Relationen 1 : 1 zu halten und beide durch einen deutlichen (markanten) Stirnabsatz (Stop) abzusetzen, ist heute wohl mehr von einer Übergangsform (mesocephale) beider Kopftypen auszugehen.
Den höchsten Punkt des Schädels bildet der scharf vorspringende Rand (Genickfortsatz) des Hinterhauptbeines, dessen Fortsetzung, der Hinterhauptbeinstachel, durch die äußere Haut gut zu fühlen ist und sich vor allem bei noch jugendlichen Doggen stark herausheben kann. Das Hinterhauptbein trägt die beiden »Knopffortsätze«. Sie vermitteln als Gelenkverbindung den Übergang vom Kopf zu den ersten Halswirbeln. Zwischen diesen Knopffortsätzen öffnet sich das Hinterhauptloch, durch welches das »verlängerte Mark« des Hirns austritt und sich mit dem Rückenmark der Halswirbel verbindet.
Die kräftige Kaumuskulatur liegt an der äußeren Fläche des Unterkieferastes und ist so kräftig, daß dieser sich noch über den unteren und hinteren Rand des Unterkiefers vorwölbt. Er entspringt am Jochbogen und endet an der äußeren Fläche des ganzen Unterkieferastes einschließlich Kaumuskelfortsatz (30' in Illu-

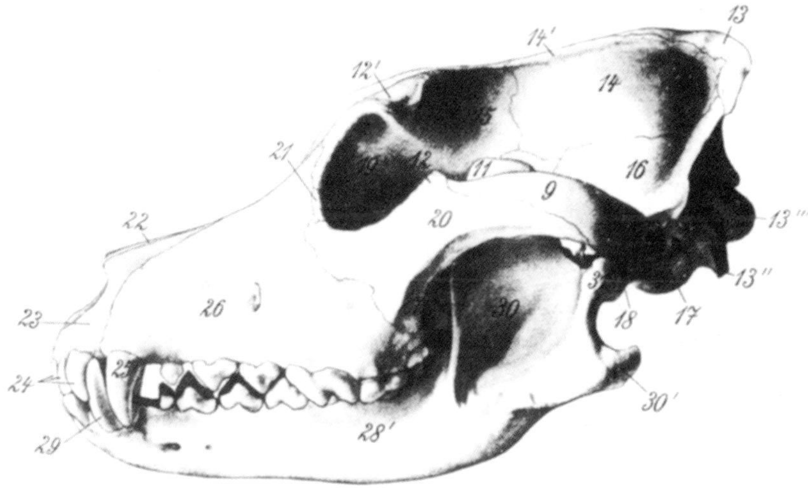

Illustration 21: Seitenansicht Kopfskelett nach Ellenberger, Baum u.a.

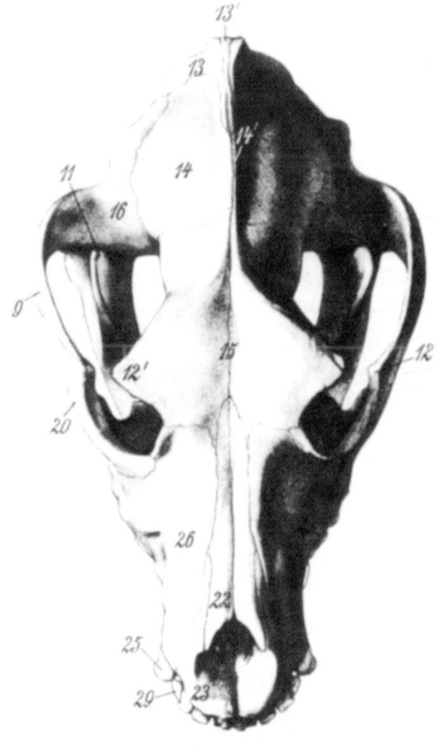

Illustration 22: Kopfskelett von oben gesehen nach Ellenberger, Baum u.a.

Erläuterungen zu Illustrationen 21 und 22 des Kopfskelettes:

9 Jochbogen (Arcus zygomaticus)
11. Kronenfortsatz des Unterkieferbeines (Processus coronideus)
12. Stirnfortsatz des Jochbeines
12'. Jochfortsatz des Stirnbeines
13. Hinterhauptsbein (Os occipitale)
13'. Stachel des Hinterhauptsbeines
13''. Drosselfortsatz
13'''. Kopf- (Gelenk-)Fortsatz des Hinterhauptbeines
14. Scheitelbein (Os parientale)
14'. Kamm
15. Stirnbein (Os frontale)
16. Schläfenbein (Os temporale)
17. Äußerer Gehörgang (Meatus acusticus externus)
18. Kiefergelenk
19. Augenhöhle (Orbita)
20. Jochbein (Os zygomaticum)
21. Tränenbein (Os lacrimale)
22. Nasenbein (Os nasale)
23. Zwischenkieferbein (Os incisivum)
24. Obere Schneidezähne
24.' Untere Schneidezähne
25. Oberer Hakenzahn
26. Oberkieferbein (Maxilla)
27. Angesichtsleiste
28. Unpaarer
28'. Paariger Teil des Unterkieferkörpers
29. Unterer Hakenzahn
30. Unterkieferast
31. Gelenkfortsatz des Unterkiefers

stration 21). Der Muskel modelliert sich bei der Deutschen Dogge deutlich, besonders können sein vorderer Rand und seine am Kieferwinkel gelegene, stark gewölbte Fleischmasse äußerlich hervortreten.
Der Hirnschädel wird von dem mächtigen Schläfenmuskel überlagert. Dieser füllt die gesamte Schläfengrube (14, 15 u. 16 in Illu. 21) aus und entspringt an ihrer Wand einschließlich Scheitel- und Hinterhauptskamm (14' u. 15 in Illu. 21). Er endet an beiden Flächen des in Illu. 21 mit 11 bezeichneten Kronenfortsatzes des Unterkiefers und ist ein sehr starker, dicker und sehnig durchsetzter Muskel, der stärkste Kau- und Beißmuskel. Er bedingt die starke Wölbung der ganzen Schläfengegend.
Seitlich und am Oberkopf mehr nach hinten orientiert, sitzen die sehr beweglichen Ohrmuscheln auf. Die Ohren sind bei der Geburt klein und geschlossen. Wenn der Hund etwa drei Wochen alt ist, entwickeln sie sich zu Hängeohren und öffnen sich. Ihr endgültiges Aussehen erhalten sie erst im vierten Monat.
Der im wesentlichen vom Gesichtsschädel gebildete Fang umfaßt den gesamten Schnauzenteil mit Lefzen und Mundhöhle. Er ist immer etwas länger als das Skelett, weil die Nasenpartie durch eine den Naseneingang und den Nasenspiegel (Nasenschwamm) stützende Knorpelröhre über den oberen Schneidezahnbogen hinaus verlängert ist. Die große Nasenhöhle bietet reichlich Raum zur Ausbreitung der Riechschleimhaut.

Das Auge

Wie bereits am Kopfskelett erwähnt, ist das Jochbein (20) an der Bildung der Augenhöhle beteiligt. Der Stirnfortsatz des Jochbeines und der Jochfortsatz des Stirnbeines erreichen sich beim Hund nicht, sondern es bleibt eine große Spalte zwischen ihnen, die durch ein Band, das Augenhöhlenband (12'') überbrückt ist.

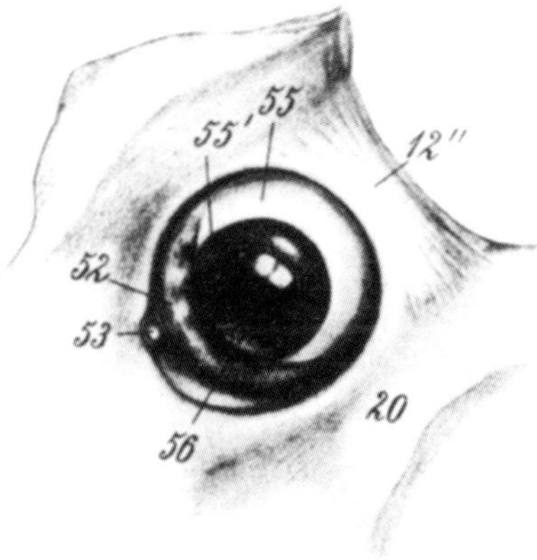

12"	Augenhöhlenband	55	Vorderer Teil der undurchsichtigen Hornhaut (Sklera), die das Weiße des Auges bildet
20	Jochbein	55'	durchsichtige Hornhaut (Cornea). Durch sie schimmert die in der Regenbogenhaut befindliche
52	3. Augenlid	56	Pupille
53	Tränenkarunkel		

Illustration 23: Auge des Hundes nach Wegnahme der Augenlider

Auf diese Weise ist auch beim Hund am Augenhöhleneingang ein geschlossener Ring vorhanden. Da die Augenhöhle ein verhältnismäßig geringes Fassungsvermögen und der Augapfel die Form einer Kugel hat, schiebt sich das Auge etwas vor. Das Sehvermögen ist nicht sonderlich entwickelt, doch ist durch die besondere Lagerung des Auges das Gesichtsfeld seitlich und nach hinten erheblich größer als beim Menschen. Die Bindehaut des Auges ist in einem 1–2 mm breiten, dem vorderen Lidrande benachbarten Streifen schwarz gefärbt (pigmentiert). Die Tränenkarunkel ist klein und wenig vorstehend. Die Regenbogenhaut (Iris) ist braun, gelbbraun, manchmal auch blau, bei gefleckten Doggen oft an beiden Augen verschieden. Am inneren Augenwinkel liegt zwischen der Tränenkarunkel und dem Augapfel das 3. Augenlid (Nickhaut, Blinzhaut), dessen Grundlage der Blinzknorpel bildet. Er steckt in einer Falte der Lidbindehaut und besitzt einen schwarz gefärbten, freien Rand. Bei im mittleren Grade geöffnetem Auge ist nur der letztere sichtbar. Besonders dann, wenn das Auge stark in die Augenhöhle zurückgezogen ist, legt sich ein großer Teil des Knorpels vor die freie Augenhöhlenfläche.

Das Rumpfskelett

Ein Blick auf die Skelettdarstellungen läßt uns die Wirbelsäule als eine große Skelettachse erscheinen, die an ihrem vorderen Ende den Kopf, in der Brustgegend den Rippenkorb, am hinteren Teil das Becken trägt und in die Schwanzwirbel ausläuft (Illu. 24).

Am Becken sind die hinteren Gliedmaßen in einem Kugelgelenk beweglich befestigt. Die vorderen Gliedmaßen haben dagegen keine unmittelbare Verbindung zur Skelettachse. Sie lagern mit den flachen Schulterblättern an den Seitenwänden des Rippenkorbes und werden dort durch starke Muskeln und Bänder fixiert.

Bei näherer Betrachtung sehen wir die Wirbelsäule als eine Reihe von Knochenringen oder Wirbeln, die untereinander durch straffe Bänder und Faserknorpelscheiben zu einem elastischen Rohr verbunden sind. Ausgefüllt wird dieses Rohr durch das Rückenmark. An den Knochenringen befinden sich seitlich kürzere Hervorhebungen, die Rückenwirbel tragen dazu auf ihrer oberen Fläche hohe Dornfortsätze, geschaffen für die Anheftung von Bändern, Sehnen und Muskeln. Im einzelnen unterscheiden wir Hals-, Brust-, Lenden-, Kreuzbein- und Schwanzwirbel.

Der Hals besteht aus 7 Halswirbeln, von denen der erste, der Atlas, in einem Wechselgelenk den Schädel trägt und mit dem zweiten Wirbel (Epistrophanus) drehbar verbunden ist. Lediglich die Atlaskante, die sich etwas hervorhebt, läßt sich durch die sie bedeckenden Muskeln und die Haut erfühlen. Der letzte (7.) Halswirbel hat bereits einen kleinen Dornfortsatz. Er leitet über zu den 13 Brustwirbeln. Von diesen bilden die ersten 8 Wirbel mit ihren hohen Dornfortsätzen den »Widerrist«, die restlichen werden auch als Rückenwirbel bezeichnet. Ihre Dornfortsätze in der Mittellinie des Rückens sind als fortlaufende Reihe unter der Haut als »Rückgrat« zu ertasten oder treten bei mageren Tieren sichtbar hervor. Der Dornfortsatz des 11. Brustwirbels steht senkrecht und wird, da sich die vor und hinter ihm liegenden Dornen mehr oder weniger auf ihn zuneigen, als Wechselwirbel (diaphragmatischer Wirbel) bezeichnet. Er besitzt von allen benachbarten Brust- und Lendenwirbeln den kürzesten Dornfortsatz. Äußerlich läßt sich dieses an einer seichten, aber charakteristischen Einsenkung, einer Rückendelle, erkennen.

Vor dem 9. bis 10. Brustwirbel besitzt die Wirbelsäule eine erhebliche Drehmöglichkeit um ihre Längsachse, eine Beweglichkeit, die sich nach hinten zu immer mehr verliert und letztlich nur ein Abknicken nach unten erlaubt.

Die folgenden 7 Lendenwirbel bilden gewissermaßen die Brücke zwischen Vorder- und Hinterkörper. Sie sind kräftig und sehr viel fester miteinander verzahnt, ihre Wirbel sind länger und massiver als die der Brustwirbel. Für den gesamten Bewegungsmechanismus ist das Längenverhältnis von Brustwirbel- zu Lendenwirbelsäule bedeutsam, das annähernd 1 : 1 betragen sollte. Bemerkenswert sind die seitlichen breiten Querfortsätze an den Wirbeln, deren freie Enden sich mitsamt der auf den Lendenwirbeln gelegenen Muskulatur (dem längsten Rückenmuskel) deutlich modelliert. Seitlich und abwärts von dieser Linie, in der Flankengegend, ist der obere Teil des äußeren schiefen Bauchmuskels grubig eingesunken, so daß hier bei abgemagerten und hungernden Hunden eine Vertiefung entsteht, die etwa der Hungergrube von Pferd und Rind entspricht. Allerdings verläuft sie im Gegensatz zu dieser allmählich nach unten.

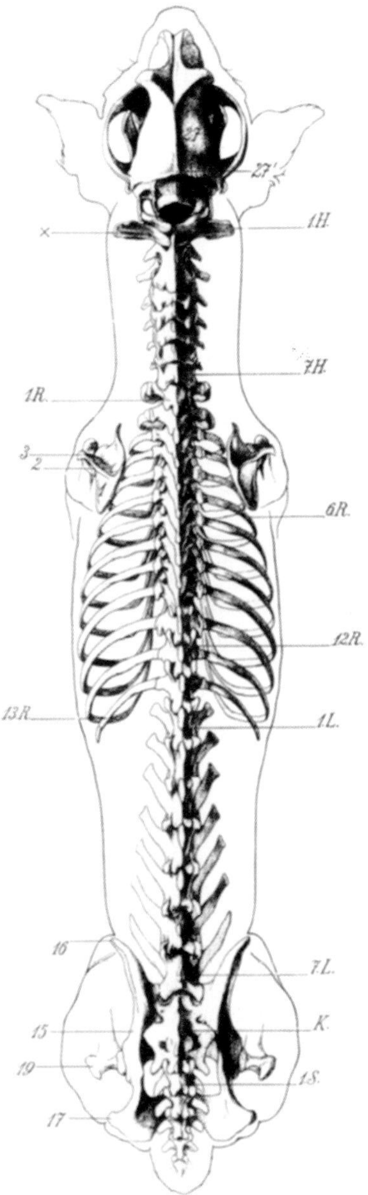

1.H. Halswirbel (Atlas)	6.R. 6. Rippe	1.L. 1. Lendenwirbel
7.H. Letzter (7.) Halswirbel	12.R. 12. Brust- (Rücken-) Wirbel	J.L. 7. Lendenwirbel
1.R. 1. Brust- (Rücken-) Wirbel	13.R. 13. Rippe	K. Kreuzbein
1.R. 1. Rippe		1.S. 1. Schwanzwirbel

Illustration 24: Hundeskelett von oben gesehen. Nach Ellenberger, Baum u.a.

Die Kreuzwirbelsäule bildet mit ihren 3 Kreuzwirbeln gewissermaßen den Abschluß des tragenden Teiles. Beim Hund sind diese Kreuzwirbel etwa bis zu einem Alter von 1½ Jahren fest verknöchert und bilden zusammen das Kreuzbein. Es ist zu beiden Seiten mit den oberen Enden des Beckens, den schaufelförmigen Darmbeinen, gelenkig verbunden und trägt nach hinten zu die kleinen, aber äußerst beweglichen Schwanzwirbel, deren Zahl zwischen 20 bis 23 schwanken kann. Das Kreuzbein bildet den Ansatzpunkt für die kräftigen Gesäß- und Sitzbeinmuskeln.

Der Brust- oder Rippenkorb wird durch die 13 schmalen, flachrunden Rippenpaare gebildet, die nach oben mit den Rückenwirbeln gelenkig verbunden sind. Die ersten neun, wenig gekrümmten Rippen sind nach unten zu über den Rippenknorpel mit dem Brustbein verbunden. Man bezeichnet sie auch als »echte« Rippen oder »Tragrippen«, weil sie nicht nur die wichtigen Organe wie Herz und Lunge umschließen, sondern auch den eigentlichen Rumpf bilden. Die vier letzten, »falschen« Rippen erreichen das Brustbein nicht mehr. Sie sind lediglich durch Rippenknorpel untereinander verbunden und schließen sich so zum Rippenbogen zusammen. Da sie infolge der Muskelkraft beim Einatmen weit gedehnt werden, spricht man gelegentlich auch von den sogenannten »Atmungsrippen«. Die 13. Rippe hat keinen Anschluß mehr an die vorhergehenden Rippenpaare. Das Brustbein kann nur durch die es bedeckenden Muskeln gefühlt werden. Dagegen steht die Brustbeinspitze vor und hebt sich mithin deutlich ab.

Das knöcherne Becken bietet die Stützpunkte für die Gelenkverbindungen der hinteren Gliedmaße. Die große Beckenhöhle beherbergt einen Teil der Verdauungs- sowie der Harn- und Geschlechtsorgane. Die schaufelförmigen Darmbeine des Beckens sind zu beiden Seiten mit dem Kreuzbein verbunden. Sie vereinigen sich am unteren Ende über feste Nähte mit dem querliegenden Scham- und Sitzbein und bilden dort die Gelenkpfanne für den Gelenkkopf des Oberschenkelknochens.
Im übrigen ist das Becken ganz in die Rumpfkonstruktion einbezogen, sehr kräftig bemuskelt und darum kaum sichtbar. Es unterlagert, zusammen mit dem Kreuzbein und den ersten Schwanzwirbeln, die Kruppe. Der gesamte Knochengürtel der Hinterhand ist von starken Muskeln überzogen, die hier als Kruppen-, Oberschenkel- und Hinterbackenmuskeln ihren Ursprung haben, als Bauchmuskulatur aber auch mit dem Brustkorb in Verbindung stehen. Spürbar sind lediglich der äußere Darmbeinwinkel, der sogenannte Hüfthöcker, der als Grundlage der Hüfte deutlich plastisch hervortritt sowie der Sitzbeinhöcker, der im übrigen auch den hinteren Fixpunkt zur Ermittlung der Rumpflänge liefert. Mit Hilfe des Hüft- und Sitzbeinhöckers vermögen wir uns schließlich eine Vorstellung von der Beckenlage und -länge zu machen. Dagegen ist das Hüftgelenk infolge der starken Bemuskelung nicht leicht zu lokalisieren. Sein Drehpunkt läßt sich durch den großen Umdreher des Oberschenkelbeins (großer Rollhügel) annähernd bestimmen, der sich trotz der ihn bedeckenden Schenkelmuskeln als rundliche Erhöhung ertasten läßt.

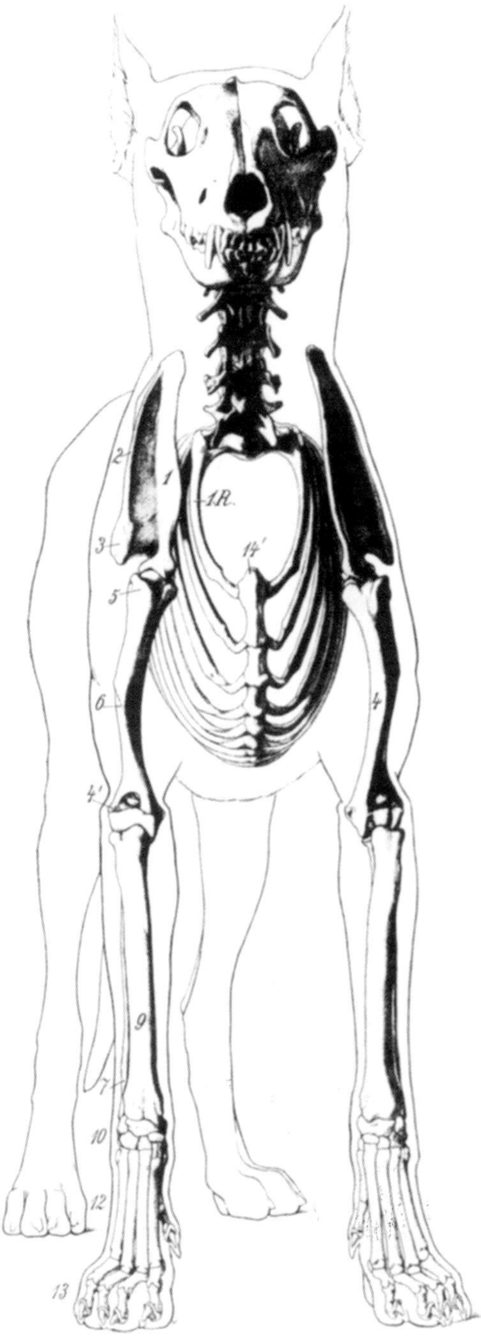

Illustration 25: Vorderansicht Skelett
nach Ellenberger, Baum u.a.

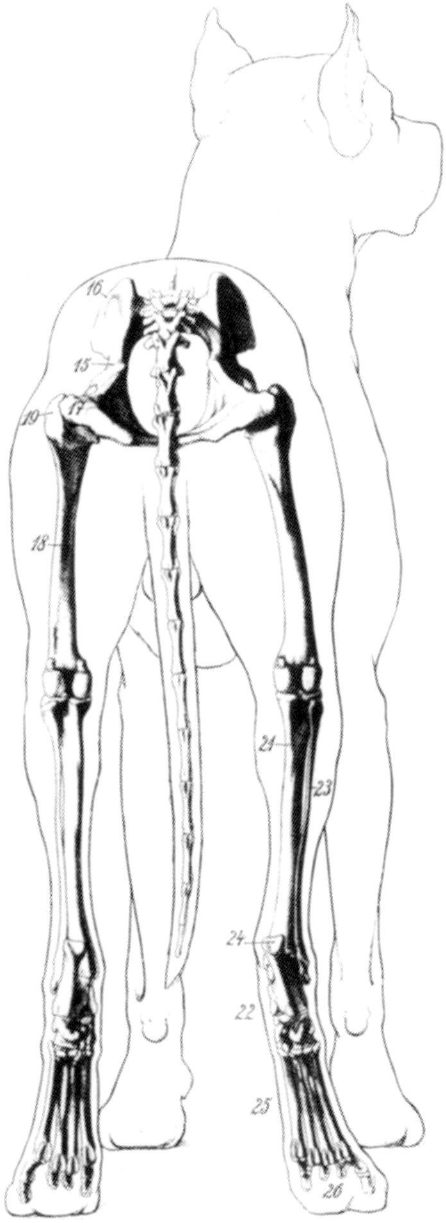

Illustration 26: Rückansicht Skelett
nach Ellenberger, Baum u.a.

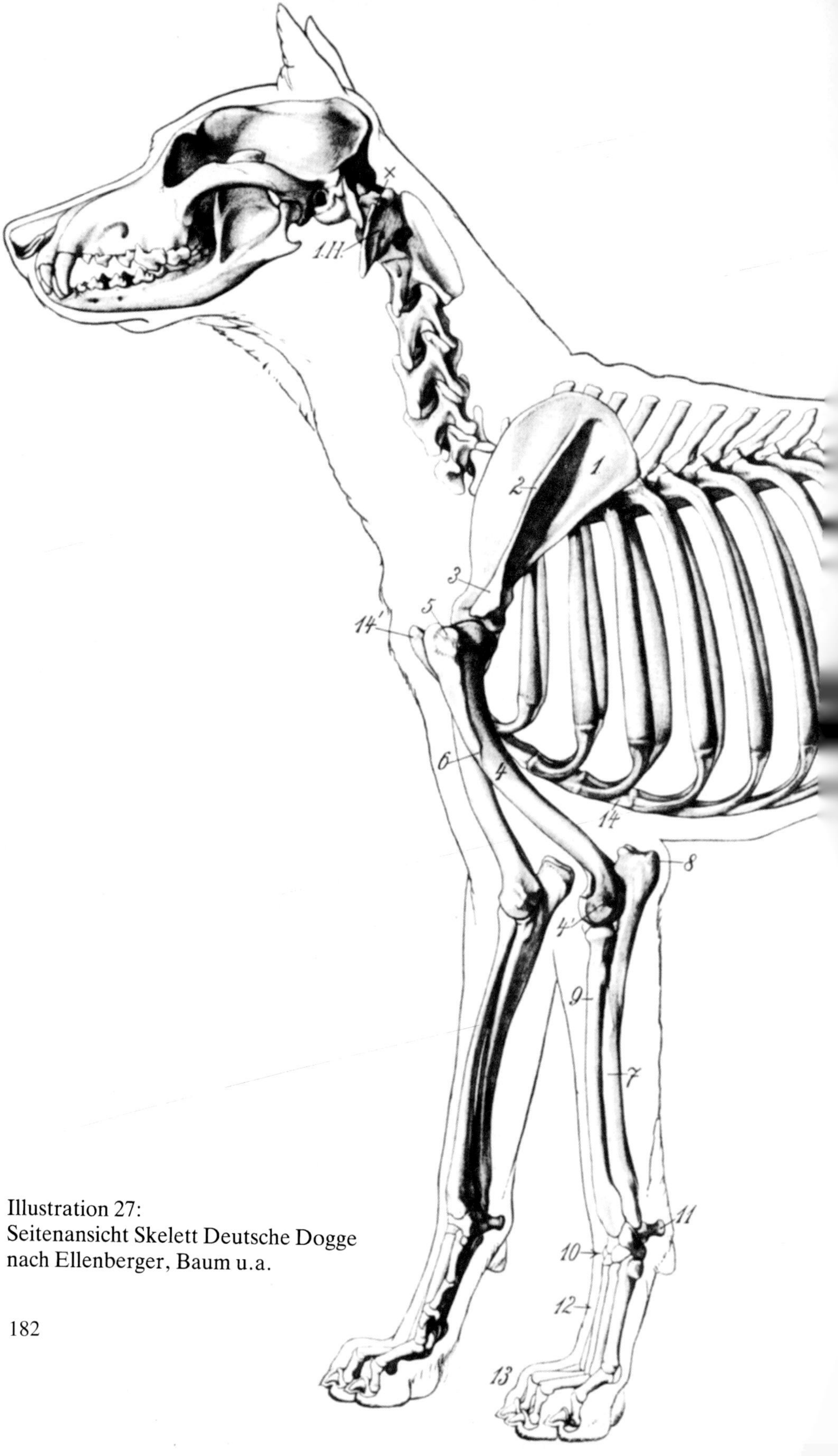

Illustration 27:
Seitenansicht Skelett Deutsche Dogge
nach Ellenberger, Baum u.a.

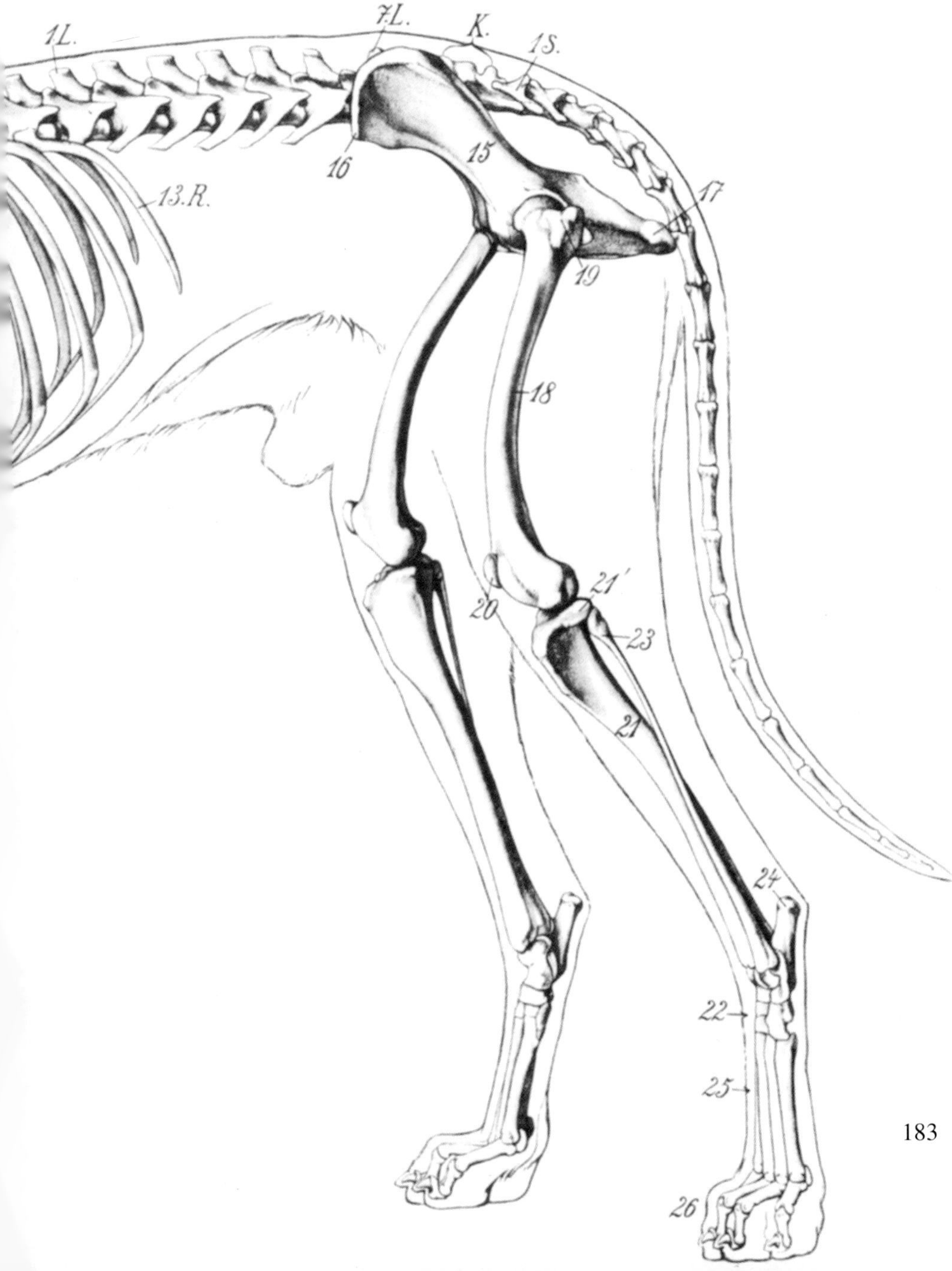
1L.
7L.
K.
1S.
13.R.
16
15
17
19
18
21'
20
23
21
24
22
25
26

Erläuterungen zu Illustrationen 25–27:

1. Schulterblatt (Scapula)
2. Schulterblattgräte
3. Schulterblatthöhe
4. Oberarmbein (Humerus)
4'. äußerer Knorren
5. großer Muskelhöcker
6. Umdreher
7. Ellenbogenbein (Ulna)
8. Ellenbogenhöcker (Olecranon)
9. Speiche (Radius)
10. Vorderfußwurzel
11. Erbsenbein
12. Vordermittelfuß (Metacarpus)
13. Vorderzehen (Phalanges manus)
14. Brustbein (Sternum)
14'. Brustbeinspitze
15. Becken (Ossa pelvis)
16. Hüfthöcker
17. Sitzbeinhöcker
18. Oberschenkelbein (Os femoris)
19. großer Umdreher (Trochanter major)
20. Kniescheibe (Patella)
21. Schienbein (Tibia)
21'. äußerer Schienbeinknorren
22. Sprunggelenk (Tarsus)
23. Wadenbein (Fibula)
24. Fersenbeinhöcker
25. Mittelfuß (Metatarsus)
26. Zehen
27. Scheitelbein
27'. Genickkamm des Hinterhauptbeines

Vom Vordergliedmaßenskelett sind Schulterblatt und Oberarmbein dem Brustkorb seitlich angelegt und dort sowie an den Rückenwirbeln durch Bänder und kräftige Muskelmassen beweglich befestigt. Sie haben also keine unmittelbare Verbindung zum Skelett. Das in seiner Form nahezu dreieckige Schulterblatt hat eine leicht gewölbte Unterseite. Für seine Versteifung sorgt auf der Oberseite die stark entwickelte Schulterblattgräte. Der obere Schulterblattrand überragt die vorderen Brustwirbeldornen und unterlagert den sogenannten Widerrist. Er ist trotz der ihn bedeckenden Muskeln und der äußeren Haut in der Regel deutlich modelliert. Das schräg nach vorne und unten gerichtete Schulterblatt verbindet sich in seinem unteren Ende, dem sog. Akromion, im freien Gelenk mit dem Oberarmbein. Dieses ist ein langer, schlanker Röhrenknochen, der im gleichen Winkel rück- und abwärts gerichtet ist. Schulterblatt und Oberarm bilden zusammen das Schultergelenk. Der Winkel, den sie einschließen, wird Schulterwinkel genannt. Er läßt sich annähernd bestimmen über die Verlängerung der gut fühlbaren Schulterblattgräte und dem großen Muskelhöcker des Oberarmbeines.

Das untere Ende des Oberarms und das Ellenbogengelenk werden durch den äußeren Gelenkknorren des Oberarmbeins und den gut sichtbaren Ellenbogenhöcker bestimmt.

Der Unterarm besteht aus dem Ellenbogenbein (Elle) und der Speiche. Mit Ausnahme des Ellenbogenhöckers ist die Elle ganz von Muskeln umgeben. Auch die Speiche wird von Muskeln umschlossen. Nur ihre Innenfläche stößt größtenteils direkt an die äußere Haut und hebt sich plastisch ab. Dies gilt besonders auch für die die Innenfläche der Speiche kreuzende sehr große Vene.

Der nun folgende Vorderfuß besteht aus den Vorderfußwurzelknochen, die das Vorderfußwurzel- oder Karpalgelenk (Handwurzelgelenk des Menschen) bilden, den Vordermittelfußknochen, zusammengesetzt aus fünf langen, schlanken Knochen, die denen unseres Handtellers entsprechen sowie den Vorderzehenknochen (Fingerknochen und -glieder des Menschen). Jede Zehe besteht ihrerseits aus drei Zehengliedern, wobei das dritte das Krallenbein mit der Kralle ist. Mittelfußknochen und Fußwurzel sind im Gegensatz zu den vergleichbaren menschlichen Gliedmaßen aufgerichtet und haben die Funktion verlängerter Stützsäulen. Die vier Zehen dienen dagegen nicht nur zum Stützen, sondern auch zum Fußen. Sie bilden zusammen mit den sie unterlagernden elastisch-weichen Sohlen- und Zehenballen die Hundepfote. Der Ballen an der Hinterseite der Vorderfußwurzel übt dagegen keine Funktion mehr aus.

An der Innenfläche des vorderen Mittelfußes hängt noch eine verkümmerte, rudimentäre 1. Zehe (Daumen), die sogenannte Afterkralle.
Von seinem Skelettaufbau her ist der Hund also ein sogenannter Zehengänger, im Gegensatz zum Menschen, den wir als Sohlengänger bezeichnen können.
Unter Hundefachleuten wird das Vorderfußwurzelgelenk des Hundes in Analogie zum Pferd häufig fälschlicherweise als Fesselgelenk und der Vordermittelfuß als

Fessel bezeichnet. Doch während das Fesselgelenk des Pferdes das erste Zehengelenk darstellt und ein Walzengelenk ist, das infolge seiner starken Tragelemente nur Beuge- und Streckbewegungen ermöglicht, sind die Karpalknochen beim Hund unter sich und mit dem Unterarm- und Mittelfußskelett nur durch schwache, kurze Bänder verbunden. Lange äußere und innere Seitenbänder, die den Gliedmaßen ihren Halt verleihen, fehlen. Dadurch ist das Karpalgelenk des Hundes zwar viel freier beweglich, gegen Überlastungen aber sehr empfindlich. Allerdings werden beide im Stand wie bei der Bewegung in gleicher Weise beansprucht, namentlich in schnellen Gangarten, wo sie bei maximaler Belastung nach hinten durchgedrückt werden. Bei der Dogge bildet der Vordermittelfuß mit dem Unterarm einen nach vorne offenen, stumpfen Winkel.

Die hinteren Gließmaßen beginnen mit dem Oberschenkelknochen (Femur), dem größten und stärksten Knochen des Skeletts. Er hat nicht nur eine stützende Funktion, sondern ist maßgeblich an dem gesamten Vorwärtsschub beteiligt. Sein oberer, halbkugelförmiger Gelenkkopf paßt, wenn keine krankhaften Veränderungen (Hüftgelenksdysplasie) vorliegen, in die Gelenkpfanne des Beckens. Er hat eine von hinten nach vorn schräg gerichtete Stellung und steht daher mit dem nach hinten abwärts geneigten Beckenknochen in ähnlicher, jedoch umgekehrter Winkelstellung, wie das Schulterblatt zum Oberarm. Der Oberschenkel endet im Kniegelenk, an dessen Bildung die längliche Kniescheibe und die zwei Unterschenkelknochen, das Schienbein (Tibia) und Wadenbein (Fibula), beteiligt sind.

Das für die Fortbewegung des Hundes wohl wichtigste Gelenk, das Kniegelenk, wird durch starke Bänder an der Vorderseite sowie durch den flachen Knochen der Kniescheibe in eine Richtung fixiert und gleichzeitig gegen eine Überstreckung geschützt. Auf der Rückseite des Knies wird diese Funktion von einem dort vorspringenden Knochenhöcker, dem Sesambein, ausgeübt.

Der Unterschenkel steht nicht senkrecht wie der Unterarm, sondern ist schief von oben nach hinten und unten gerichtet. Dadurch bildet er mit dem sich anschließenden Sprunggelenk (Hinterfußwurzelgelenk, es entspricht der Fußwurzel des Menschen) stets einen nach vorne offenen Winkel.

Das Sprunggelenk setzt sich aus sieben kleineren Knochen zusammen, von denen der wichtigste der Fersenbeinhöcker ist. Er dient als Ansatz für die starken Sehnen des Wadenmuskels und der Zehenbeuger und ist damit gewissermaßen das Pendant zum Erbsenbein des Vorderfußwurzelgelenks, das ebenfalls aus einer Gruppe von sieben Knochen nach hinten hervorragt und dort den Zehenbeuger- und Armbeinmuskeln als Ansatz dient. Der Hinterfuß verhält sich bei unseren Hunden im Prinzip wie der Vorderfuß, besitzt aber normalerweise nur vier Zehen. Seltener tritt hier die erste Hinterzehe als rudimentäre Afterkralle auf, die sogenannte Wolfskralle. Sie ist klein und verkümmert und oft gar nicht mit dem Skelett verbunden, sondern lose in der Haut hängend. Weil sie zu Verletzungen und unkorrekten Stellungen Anlaß gibt, sollte sie entfernt werden.

Muskulatur

»Muskeln«, so schrieb einst Beckmann, »sind Organe der Bewegung, doch dienen sie auch dazu, die äußeren Formen des Körpers abzurunden und zu vervollständigen.« Man unterscheidet »unwillkürliche« Muskeln, deren Bewegungen unabhängig vom Willen des Tieres sind und »willkürliche«. Diese letzteren, mit denen wir uns hier beschäftigen wollen, sind zumeist am Skelett festgewachsen und enden in festen Sehnen, die die Knochen, an denen sie befestigt sind, in Bewegung setzen. Die Muskelbewegungen entstehen aufgrund von Nervenreizen, das heißt, die Muskeln sind von Bündeln unterschiedlicher Nervenfasern durchzogen, die über das Zentralnervensystem oder über das vegetative Nervensystem ihre Impulse erhalten. Selbst im Zustand der Ruhe wird unter dem Nerveneinfluß in den Muskeln ein beständiger Spannungszustand unterhalten, den wir als Muskeltonus bezeichnen.
Dank seiner reichen Bemuskelung ist der Hund ein außerordentlich schnelles und gewandtes Bewegungstier, das aber auch relativ rasch ermüdet. Dieses ist morphologisch begründet durch die ihm eigene Körperstruktur, bei der nicht vorab passive Bänder, Sehnen und Faszien sein Körpergewicht in der Ruhe wie in der Bewegung tragen – wie beispielsweise beim Pferd, sondern bei dem für alle diese Aufgaben sehr viel aktive Muskelarbeit erforderlich ist. Muskeln, so wissen wir aus eigener Erfahrung, ermüden und bedürfen immer wieder einer gewissen Zeit der Regeneration. Der Hund nutzt hierzu jede Gelegenheit, indem er sich hinlegt oder setzt. Erschöpfungen, ausgelöst durch körperliche Anstrengungen oder Krankheiten, aber auch psychische Einflüsse wie Freude, Angst u. a. beeinflussen seinen Muskeltonus und damit seine Leistungs- und Reaktionsbereitschaft. Wie bei kaum einem anderen Tier schlägt sich die jeweilige Stimmungslage deshalb auch in der äußeren Erscheinung nieder. Der gleiche Hund präsentiert sich im Affekt oder freudiger Erregung ganz anders als in müdem, interessenlosem oder verängstigtem Zustand.

Auch für den Kenner ist die Beurteilung der Bemuskelung und ihrer Leistungsfähigkeit nicht immer einfach. Eine gute Ernährung auf hochwertiger Eiweißbasis zum Aufbau und zur Erhaltung der Muskeln, Kohlehydrate als Energielieferanten für die Muskelarbeit sowie ständiges Training durch ausgiebige Bewegung sind notwendig, um eine Dogge in guter körperlicher Verfassung zu halten.
Muskeln, die nicht oder nur unzureichend beansprucht werden, verkümmern. An unseren großen Hunden wird in dieser Hinsicht leider allzu häufig gesündigt. Ihre Besitzer versorgen sie zwar reichlich mit Futter, bringen aber über das obligatorische Gassigehen an der Leine selten die Zeit auf, um ihre Doggen durch körperliches Training und sinnvolle Beschäftigung in einer Kondition zu halten, die ihrer Eignung als Wächter für das Haus und Beschützer und Begleiter ihres Herrn und dessen Familie entspricht. So täuscht nicht selten ein fleischig-verschwommener Fettansatz mehr Kraft und Ausdauer vor als wirklich vorhanden. Bei einer Dogge, die sich in guter Kondition befindet, treten die Muskeln plastisch hervor. Wir sprechen von einer »trockenen« Bemuskelung.

Auch die alternde Dogge, deren natürliche Leistungsfähigkeit u. a. infolge des schwächer werdenden Muskeltonus abnimmt, bedarf des täglichen Trainings, natürlich abgestimmt auf die ihr verbleibenden körperlichen Möglichkeiten.
Nähere Betrachtung der Muskulatur läßt erkennen, daß der Körper gewissermaßen von mehreren Muskelschichten überzogen ist, die von dünnen Bindegewebshäuten (Faszien) getrennt werden. Die obere, mehr oder weniger verschiebliche, ist eng mit der äußeren Haut verbunden und von sehr gut entwickelten Hautmuskeln durchsetzt. Nach Wegnahme dieser dünnen Hautmuskeln wird die oberflächliche Muskulatur sichtbar, die im Zusammenwirken mit der noch darunterliegenden tiefen Muskulatur für das funktionelle Zusammenwirken der einzelnen Knochen ausschlaggebend ist.
Wenn wir uns nachfolgend hiermit näher beschäftigen, so kann das nur sehr vereinfachend geschehen; denn der Aufbau der Muskulatur und das Zusammenwirken der Muskeln, die durch Kontraktionen zusammen oder gegeneinander wirken, sind viel komplizierter als es in diesem Rahmen dargestellt werden kann.
Die Muskulatur des Körperstammes läßt sich grob einteilen in Hals-, Rückensowie Brust- und Bauchmuskulatur. Auffallend hier die Anlage und Ausbildung der sehr kräftigen Schultergürtelmuskeln, die radiär um das Schulterblatt angeordnet sind. Ihre Aufgabe ist eine doppelte: Rein statisch dienen sie als Aufhängevorrichtung des Rumpfes zwischen den beiden Vordergliedmaßen. Eine knöcherne Anbindung des Schulterblattes an das Rumpfskelett, wie diese beispielsweise beim Menschen durch das Schlüsselbein gegeben ist, besteht beim Hund nicht.
Weiterhin sind die Schultergürtelmuskeln sehr aktiv beteiligt an den Bewegungen der Vordergliedmaßen. So führen die vom Kopf und Hals zum Schulterblatt und Oberarm ziehenden Muskeln die Gesamtgliedmaße nach vorne, und die im Rückengebiet und am Brustkorb entspringenden Gürtelmuskeln ziehen sie wieder als ganzes nach hinten. Als wichtigste Vorwärtsführer der Vordergliedmaßen sind der M. brachiocephalicus und M. omotransversarius zu betrachten, während der M. latissimus dorsi, der M. pectoralis profundus und der M. rhomboidus als ihre bedeutsamsten Gegenspieler beim Rückwärtsführen der Gliedmaßen in Aktion treten.
Bei der Dogge zeichnen sich nun all diese Muskeln nicht nur durch besondere Stärke, sondern gleichzeitig auch durch entsprechende Breitflächigkeit und Langfaserigkeit aus, die sie befähigen, bei ihrer Kontraktion einen großen Bewegungsausschlag zu erzeugen.
Ähnlich liegen die Verhältnisse bei den Hals- und Rückenmuskeln. Auch sie sind auffallend stark, wie der hier vor allem bei der Streckung der Rumpfbrücke wirksame M. longissimus, der M. iliocostalis sowie der M. spinalis et semispinalis dorsi et cervicis. Diese langen Rückenmuskeln füllen den Raum zwischen Rippen und Dornfortsätzen vollständig aus und bilden namentlich in der beweglichen Lendenpartie ein kompaktes Muskelpaket. Sie verkörpern so gesehen statisch die obere Verspannung der durch das Gewicht der Eingeweide belasteten Wirbelsäule sowie des Halses und des Kopfes. Gleichzeitig verleihen sie dem Rücken den Charakter eines elastisch gespannten Bogens, über den die Schubkräfte der Hinterhand auf die Vorhand übertragen werden. Ungewöhnlich stark entwickelt

sind daneben die Brust- und Bauchmuskeln, die an der Begrenzung der großen Eingeweidehöhlen, direkt oder indirekt aber auch an der Atmung beteiligt sind. Eine besondere Bedeutung kommt ihnen ebenfalls bei der Bewegung zu, was insbesondere beim Galopp zum Ausdruck kommt. Dabei arbeiten die Hals- und Rückenstrecker mit den unteren Hals- und inneren Lenden- sowie Bauchmuskeln zusammen, indem durch die Kontraktion der Lenden- und Bauchmuskeln der Rücken in einem bestimmten Rhythmus stark gekrümmt, d. h. wie ein Bogen gespannt wird. Sobald dann die weit vorgreifenden Hintergliedmaßen auffußen, ziehen sich die vorher gedehnten Rückenstrecker zusammen und bringen den ganzen Körper schwungvoll nach vorn, wo er von den Vordergliedmaßen wieder aufgefangen wird.

Da die Hauptschubkräfte für die Vorwärtsbewegung von den Hintergliedmaßen ausgehen, ist es weiter nicht verwunderlich, daß die Kruppen-, Oberschenkel- und Hinterbackenmuskeln bei der Dogge stark entwickelt sind. Hier sind es vor allem die an der Schubentfaltung besonders beteiligten Strecker des Hüft- (M. glutaeus medius und M. glutaeus superficialis proprius) und Kniegelenks (M. quadriceps femoris, M. biceps femoris und M. semitendineus), welche sich bei durchtrainierten Doggen besonders abzeichnen.

Lang- und schlank sind, entsprechend der Länge von Unterarm und Unterschenkel, auch die Strecker und Beuger der Fußwurzel- und Zehengelenke. Ihren flachspindelförmigen Muskelbäuchen liegen Speiche (Radius) und Elle (Ulna) bzw. Schienbein (Tibia) und Wadenbein (Fibula) dicht angeschmiegt und gehen meist schon in deren unterem Drittel in lange, dünne aber äußerst starke Sehnen über, die sich oberhalb des Vorderfußwurzel- und Sprunggelenks z. T. durch die Haut hindurch deutlich abzeichnen.

Von den Kopfmuskeln seien nur die den Unterkiefer bewegenden Kaumuskeln erwähnt. So liegt der äußere Kaumuskel (M. masseter), der am Jochbogen entspringt, an der äußeren Fläche des Unterkieferastes und ist so kräftig, daß er sich noch über den unteren und hinteren Rand des Unterkiefers vorwölbt. Der Muskel modelliert sich deutlich, besonders können sein vorderer Rand und seine am Kiefergelenk gelegene, stark gewölbte Fleischmasse äußerlich hervortreten. Desweiteren sei hier der Schläfenmuskel (M. temporalis) erwähnt, durch den die starke Wölbung der ganzen Schläfengegend bedingt ist; denn er füllt die gesamte Schläfengrube aus. Er ist der stärkste Kau- und Beißmuskel, der in der Schläfengrube einschließlich Scheitel- und Hinterhauptkamm entspringt und an den Kronenfortsätzen des Unterkiefers endet.

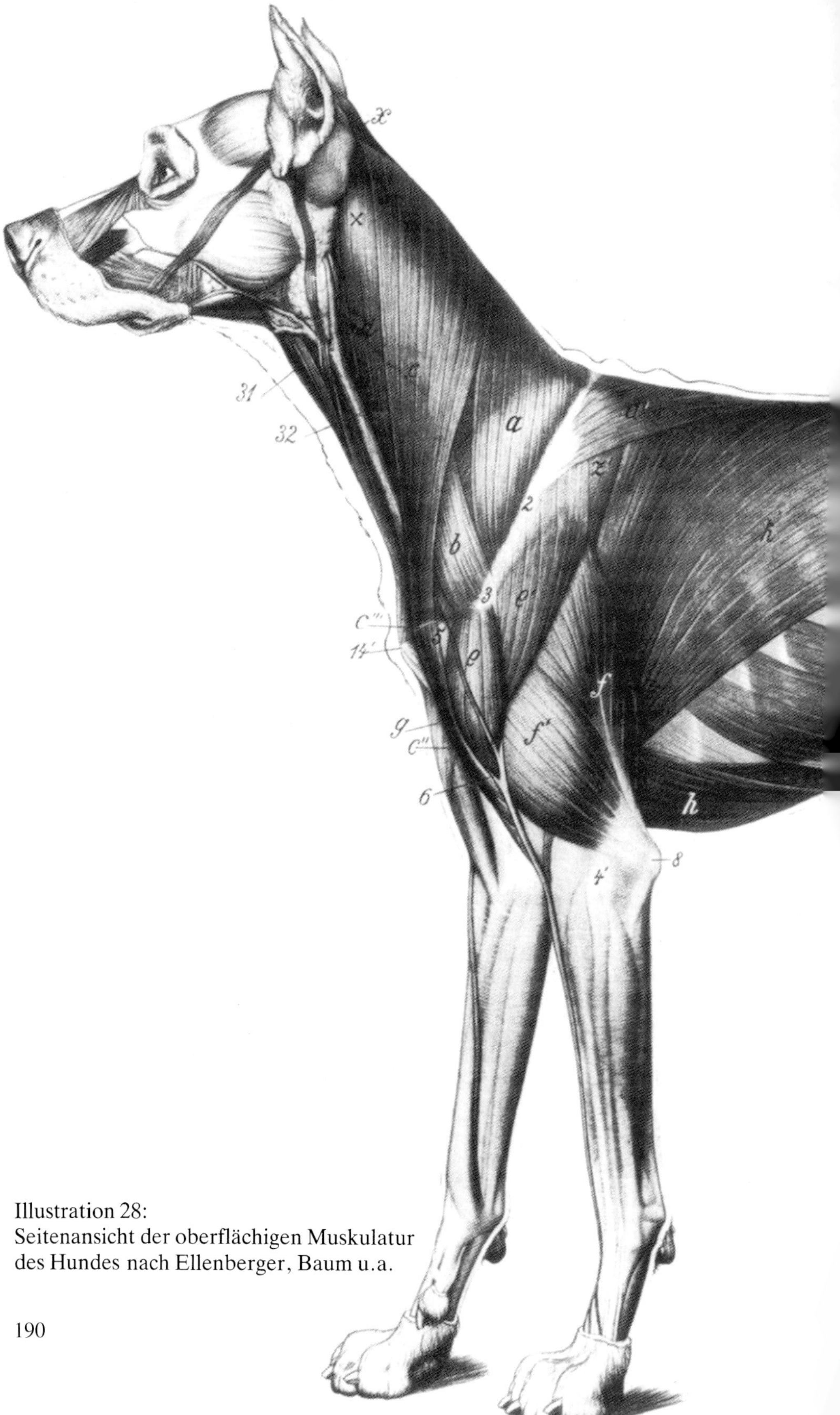

Illustration 28:
Seitenansicht der oberflächigen Muskulatur
des Hundes nach Ellenberger, Baum u.a.

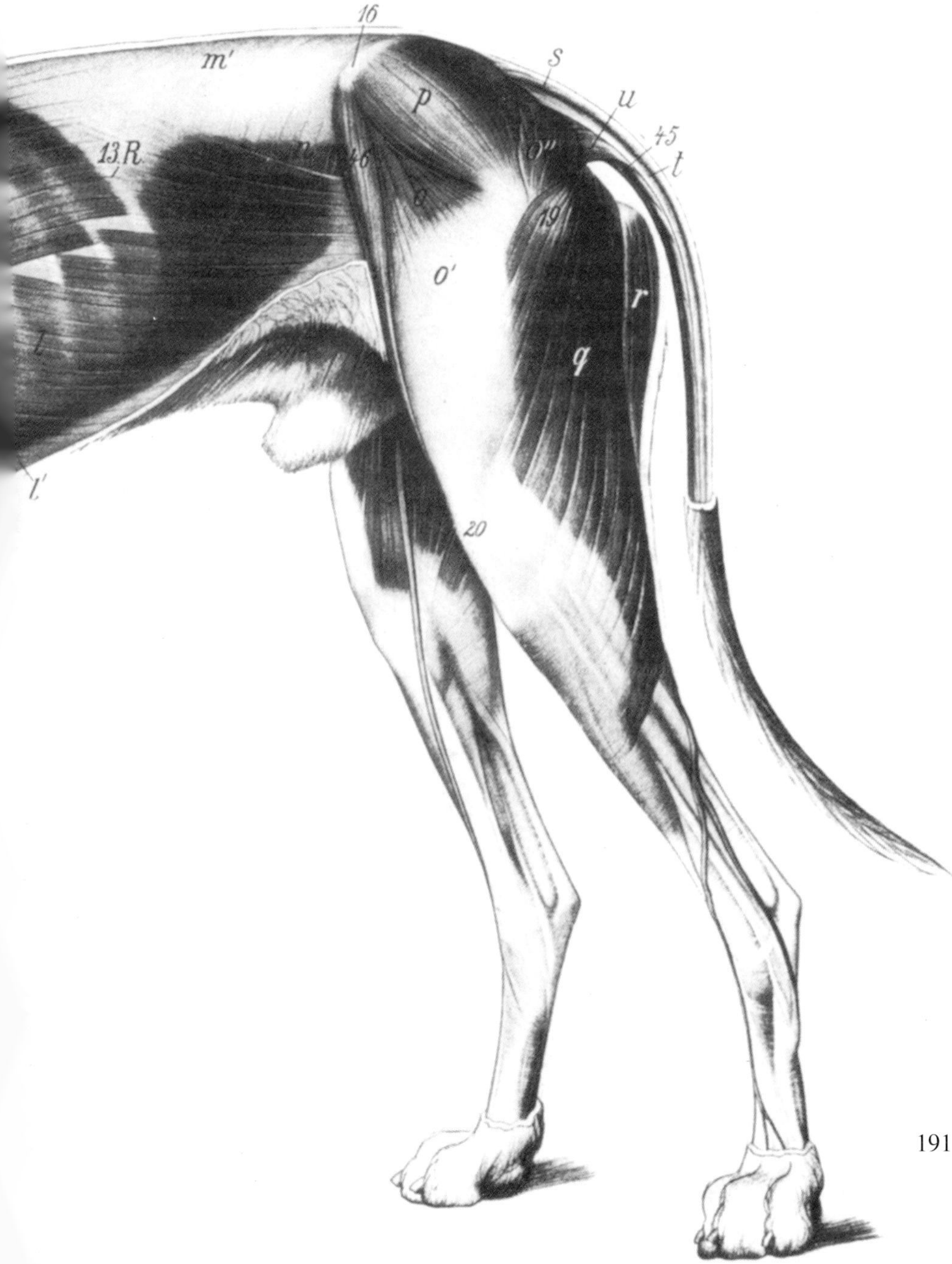
16
m'
s
p
u
45
t
13.R
n
46
o''
o
19
o'
r
q
l
l'
20

Erläuterung zu Illustration 28

Seitenansicht der oberflächlichen Muskulatur

a,a'. Kappenmuskel, Kapuzenmuskel (M. trapezius)
b. Unterer Heber des Schulterblattes.
c,c''. Kopfnicker, gemeinschaftlicher Kopf-Hals-Armmuskel (M. brachiocephalicus)
d. Brustwarzenmuskel (M. sternomastoidens)
e,e'. Deltamuskel (M. deltoideus).
f,f'. Dreiköpfiger Armmuskel (M. triceps brachii)
g,g'. Oberflächlicher (großer) Brustmuskel (M. pectoralis major s. superficialis)
h. Tiefer (kleiner) Brustmuskel (M. pectoralis minor s. profundus)
i. Brustteil und
i'. Halsteil des großen Sägemuskels (M. serratus anterior)
k. Großer Rückenmuskel (M. latissimus dorsi)
l. Äußerer schiefer Bauchmuskel (M. obliquus abdominis externus)
m. Hinterer Teil des kleinen Sägemuskels (M. serratus posterior)
m'. Rückenlendenbinde
m''. Vorderer Teil des kleinen Sägemuskels
n. Ursprungsteil des inneren schiefen Bauchmuskels (M. obliquus abdominis internus)
o. Spanner der Schenkelbinde (M. tensor fasciae latae)
o''. Großer (oberflächlicher) Gesäßmuskel (M. glutaeus maximus)
p. Mittlerer Gesäßmuskel (M. glutaeus medius)
q. Zweiköpfiger Schenkelmuskel (M. biceps femoris)
r. Halbsehniger Muskel (M. semitendinosus)
s.u.t. Heber des Schwanzes
u. Seitwärtszieher der Rute
v. Halbhäutiger Muskel (M. semimembranosus)
w. Schlanker Muskel (M. gracilis)
x. Heber der Ohrmuschel
x'. Hinterhauptsmuskel
y. Innerer Verstopfungsmuskel (M. obturator internus)
z. Oberer und vorderer Grätenmuskel (M. supraspinatus)
z'. Teil des unteren Grätenmuskels (M. infraspinatus)

---

2. Farbblock

VII. Vielversprechender Nachwuchs
VIII. Gut behütet
IX. Ausgelassene Spiele
X. Bettgeflüster
XI. Allein auf weiter Flur
XII. Kraft und Adel
XIII. Der Tiegerhund - Magnur Brasch, 1789, Signum der Stadtbibliothek Nürnberg, Med. 624/4°

DER TIEGERHUND

XIV. Zusammenhänge zwischen äußerer Gestalt und Fortbewegung bei der Deutschen Dogge

Der Bewegungsapparat oder das Gangwerk des Hundes umfaßt nach einer Definition von Seiferle »erstens das den Körper stützende und tragende Gesamtskelett mit allen, die Einzelknochen unter sich verbindenden Knorpeln, Gelenken und Bändern und zweitens die ganze, in dieses Knochengerüst eingebaute und dieses als Hebelwerk benützende Skelettmuskulatur«. Bei dem Laufraubtier Hund ist diese Konstruktion ursprünglich auf Schnelligkeit, Ausdauer, Wendigkeit und größte Beweglichkeit ausgerichtet. Doch obwohl der Hund anatomisch nach den gleichen Grundprinzipien aufgebaut ist, besitzt heute jede Rasse ihre morphologischen und physiologischen Besonderheiten, die ihr das spezifische Gepräge verleihen. Mit anderen Worten: Was im einzelnen unter einer steilen bzw. korrekten Gliedmaßenwinkelung zu verstehen ist und wie diese verschiedenen Winkelungen funktionell zu beurteilen sind, dürfte schwer zu sagen sein, da diese Begriffe und Vorstellungen ausgesprochen relativen, das heißt rassespezifischen Charakter besitzen. Was bei der einen Rasse als steil und fehlerhaft zu bezeichnen ist, stellt bei der anderen die Norm dar und beeinträchtigt ihre rassetypische Bewegungsweise keineswegs oder, um es mit einem Spruch von der Rennbahn auszudrücken: »Gesiegt wird in allen Formen«.

Von ihrer »Laufleistung« her können wir die Dogge der sogenannten Traberform zurechnen. Sie umfaßt im allgemeinen Hunde, die ein Rechteckformat haben, also länger als hoch sind. Solche Tiere haben wegen dieses Formats eine größere Stützfläche und zeichnen sich durch einen breiteren Brust- und Rumpfdurchmesser aus. Diese sind zwar nicht so stark entwickelt wie bei Hunden, die man der Kraftform zurechnet, wie beispielsweise die Bulldogge, bei der es weniger auf die Laufleistung ankommt, aber stärker als bei den sogenannten Galoppformen, zu denen alle Windhunde zählen, Hunde also, die kurzfristig hohe Geschwindigkeiten entwickeln können.

Die Traberform ist geschaffen für große, federnde, ausdauernde Schritte, ohne dabei übermäßig Kraft zu vergeuden. Ihre Charakteristik liegt in der Fähigkeit zu weit ausholenden Schritten, in deren Folge der Abdruck des Hinterfußes den des Vorderfußes überlagert. Eine Dogge hat »viel Gang«, wenn sie federnd, elastisch, energisch und raumgewinnend vorwärtstritt. Und so gehört zu den wichtigsten Maßstäben unserer Beurteilung das Gangwerk, wobei wir ohne Vorbehalt davon

ausgehen können: je korrekter der Körperbau und je harmonischer Körpergewicht und Muselkräfte aufeinander abgestimmt sind, desto graziöser und flüchtiger (leichter) wird der Gang dem Auge erscheinen. Umkehrend hierzu können wir mit Recht sagen: »Wenn die Gänge gut sind, ist auch das Gebäude gut.«
Die Beurteilung wird in der Praxis immer nach dem Augenmaß erfolgen müssen. Wenn wir über Maße, Winkelung der Gließmaßen und so weiter sprechen, so sollten wir uns dessen bewußt sein, daß es sich um grobe, im Standard festgelegte Verhältniszahlen handelt, die sich für die Bewegungsabläufe einer Dogge als vorteilhaft erwiesen haben. Jeder Versuch, mittels Schablonen das Erkennen der zweckmäßigsten Formen zu liefern, ist von höchst zweifelhaftem Wert, da auch nach vielen Jahren einer planmäßigen Zucht noch unterschiedliche Konstitutionstypen bestehen, die sich in ihren Proportionen unterscheiden.
Ganz allgemein können wir sagen: Eine Dogge soll sich durch lange, möglichst schräg gelagerte Schultern auszeichnen und über einen gut gebauten Rücken verfügen. Eine gut gewölbte hintere Rippenpartie und eine nicht zu lange Lende lassen sie ›gut geschlossen‹ erscheinen. Ein Begriff, der sich auf den sanften Übergang der Mittelhand zur Hinterhand in der Gegend der Hüftknochen bezieht. In einem funtionellen Körper müssen Vorder- und Hintergliedmaßen aufeinander abgestimmt sein. Zu der Charakteristik der beschriebenen Traberform gehört die Fähigkeit zu weit ausholenden Schritten, in deren Folge der Abdruck des Hinterfußes den des Vorderfußes überlagert. Dieses wird bewirkt durch die langen, stärker gewinkelten Knochen der Hinterhand, die den von ihr entwickelten Schub über Becken und Wirbelsäule zur Vorhand überträgt.
Abweichungen in den Trittsiegeln, bei denen die Hinterhand entweder zu wenig vorgreift oder die Hinterpfoten die der Vorderläufe überschreiten, sind für den aufmerksamen Beobachter stets ein Hinweis auf Mängel im Gebäude oder in den Winkelungen der Gliedmaßen.
So findet sich beispielsweise ein zu langer, weicher Rücken stets in Korrelation zu einem schlingernden Gang, bei dem zudem die Hinterhand zu wenig vorgreift. Dazu müssen wir wissen, daß die im Standard geforderte »Kürze« und »Straffheit« des Rückens durch die leicht bogenförmige Aufwärtswölbung der Rückenwirbelsäule bedingt ist, die dem Rücken die nötige Spannkraft verleiht. Von ihrer Aufwölbung hängt auch die Entwicklung des Brustkorbes ab, da die auf diese Weise weit nach hinten reichenden Dornfortsätze eine schrägere Stellung der nicht unmittelbar mit dem Brustbein verbundenen Atmungsrippen bewirken, die dabei weiter nach hinten reichen. Der Fachmann spricht in einem solchen Fall, bei dem sich der Brustkorb kräftig nach hinten entwickelt und den Abstand zwischen der letzten Rippe und dem Darmbein verkürzt, von »gut aufgerippt«. Mitgestaltend an der Festigkeit des Rückens ist die Lendenwirbelsäule mit ihren kompakten, eng verzahnten Wirbeln und den breiten Querfortsätzen, Ansatzpunkt von starken Muskeln. Der leicht aufwärts gewölbte Bogen beginnt an der letzten Rippe und endet am Darmbeinrand, dort auslaufend in das Kreuzbein und in die ersten Schwanzwirbel, von denen die Kruppe unterlagert wird.
Die Schubwirkung in allen Gangarten geht von den Hintergliedmaßen aus, wozu sie sich aufgrund ihrer federartig wirkenden Gelenke, ihrer großen Knochenhebel

und den dort konzentrierten Hauptmuskelmassen um das Hüft- und das Kniegelenk besonders eignen. Für eine reibungslose Übertragung des Schubes an die Wirbelsäule ist die Lage des Beckens, das heißt der Winkel, den das Becken mit der Wirbelsäule bildet, von besonderer Bedeutung. Das Becken sollte bei der schuberzeugenden Streckung der Hinterläufe gewissermaßen eine Verlängerung der leicht aufsteigenden Wirbelsäule bilden. Diese Vorstellung steht hinter der im Standard erhobenen Forderung: »Kruppe schwach abfallend und unmerklich mit dem Rutenansatz verlaufend«. Bei einer so geschilderten Beckenlage bilden der Oberschenkel im Hüftgelenk mit dem Becken und im Kniegelenk mit dem Unterschenkel und dieser wieder im Sprunggelenk mit der Fußwurzel nicht zu stumpfe Winkel. Extreme hierzu sind das fast waagerecht gelagerte Becken, äußerlich wahrnehmbar an der waagerechten Kruppe, einer steil gestellten Hinterhand und einer hoch angesetzten Rute, sowie ein zu steil gelagertes Becken, angezeigt durch eine stark abfallende (»abschüssige« oder »abgeschlagene« Kruppe), die mit einer schrägeren Lage des Oberschenkels verbunden ist. Für den Bewegungsablauf der Dogge ergeben sich in beiden Fällen keine optimalen Laufleistungen. Bei einem horizontalen Verlauf der Kruppe, an dem außer den Beckenknochen auch das Kreuzbein beteiligt ist, können sich die auf Vorschub gerichteten Impulse der Hintergliedmaßen nicht genügend auf die Wirbelsäule übertragen, da diese nicht in einem ausgleichenden Bogen ausläuft und so keine Gegenspannung erfährt. Wir sprechen in einem solchen Fall von einem steifen oder flachen Kreuz. In Verbindung mit den steiler gestellten Hintergliedmaßen, die nur einen unzureichenden Vortritt erlauben, ist diese Konstruktion mehr zum Stützen als zum Vorschub geeignet.

Die abfallende Kruppe, wie sie vornehmlich bei den zur Galopperform gehörenden Windhunden anzutreffen ist (Seiferle hat an Afghanen Winkelstellungen des Beckens zur Waagerechten durch die Wirbelsäule von 50° gemessen), setzt die Impulse der Hintergliedmaßen mehr in eine Aufwärts- als in eine Vorwärtsbewegung um, weil sie nicht in den sanften Bogen der gespannten Wirbelsäule einfließen, sondern darüber hinaus gehen (Illu. 29).

In den Köpfen vieler Doggenbesitzer (und leider auch so mancher Richter) schwebt die Wunschvorstellung nach einem »brettgeraden« Rücken, wie dieser auf veröffentlichten Standardbildern oder auf hübschen Fotos immer wieder zu sehen ist. Aussteller machen sich dieses zu eigen, indem sie bei der Vorführung im Stand die Hinterläufe ihrer Tiere nach hinten herausstellen, um über solch eine »Zwangsposition« die im Standard beschriebene »schwach abfallende«, »gerade Linie« zu unterstreichen.

Übersehen wird dabei allzu oft die standardmäßige Beschreibung der Rückenlinie als einer »annähernd« geraden Linie, das heißt der Verlauf der Wirbelsäule ist durchaus nicht gerade, sondern bildet bereits mit dem hinteren Teil der Brustwirbelsäule einen leicht aufwärts gewölbten Bogen, der im Standard mit »Lenden leicht gewölbt« umschrieben ist. Die Forderung nach der »annähernd geraden

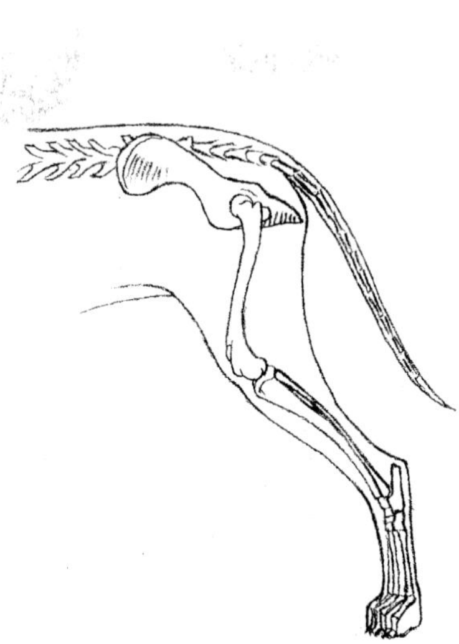

1. Korrekte Lagerung in Verbindung mit einem guten Verlauf der Kruppe.

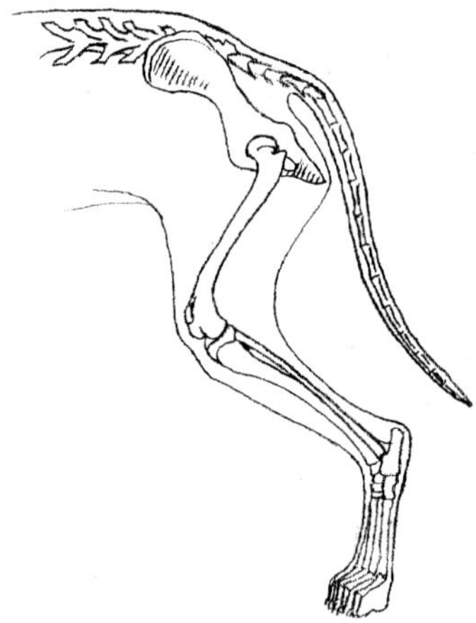

2. Zu schräg gelagertes Becken mit »abgeschlagener« Kruppe und »überwinkelten« Hintergliedmaßen. Hintermittelfuß schräg zum Boden gestellt.

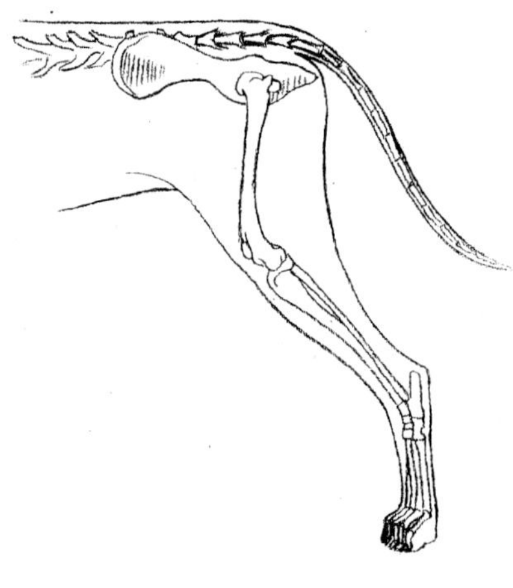

3. Waagrecht gelagertes Becken, auch als »steifes« oder »flaches« Kreuz bezeichnet. Steile Hinterhand.

Illustration 29: Lagerung des Beckens

Linie« des Rückens ist also in dem Sinne zu verstehen, »daß dort keine extremen oder gar den natürlichen Wölbungen entgegengesetzte erlaubt sind« (Stockmann), wie dieses beispielsweise beim Senk- oder auch Karpfenrücken der Fall ist (Illu. 17).

Von besonderer Bedeutung für den Bewegungsablauf ist das Oberschenkelbein, dessen Länge und Anordnung die Ergiebigkeit des Schrittes ergibt. Bei normaler Beckenlage und günstiger Winkelung, die vorliegt, wenn der Unterschenkel in etwa von gleicher Länge ist wie der Oberschenkel, steht das Kniegelenk weit vorn und nahezu senkrecht unter dem Hüftknochen. (Siehe hierzu auch die Skelettdarstellungen in den Illustrationen 11 u. 24). Gründe, die zu einer »schwächeren Hinterhand« führen und sich für das Auge des Betrachters in Überstreckungen oder Verengungen der Winkelungen bemerkbar machen, liegen, mit Ausnahme einer bereits beschriebenen unzulänglichen Beckenlage, in einer Veränderung der Relationen der Knochenlängen.

Bei der Dogge ist es zumeist der im Verhältnis zum Oberschenkel längere Unterschenkel, der zu einer steileren Winkelung führt und damit die Schrittlänge vermindert. Von der Norm abweichende Winkelstellungen können sich auch am Sprunggelenk aus den Verhältnissen von Unterschenkel zu Hintermittelfuß ergeben. Ist der Unterschenkel im Verhältnis zum Hintermittelfuß zu kurz geraten, ist das Sprunggelenk nicht genügend gewinkelt, seine Stellung zu steil. Sind die Unterschenkel zu lang, entsteht eine übertriebene Winkelung und Säbelbeinigkeit. Die Sprunggelenke sind dann nach hinten herausgestellt und der Hintermittelfuß steht nicht senkrecht, sondern schräg zum Boden. Eine ähnliche Situation entsteht, wenn neben einer abschüssigen Kruppe auch ein zu langer Unterschenkel vorliegt. Da das Ganze zumeist mit einer starken Kuhhessigkeit verbunden ist, kann eine solche Dogge weder ausdauernd laufen noch traben (Illu. 29, 2).

Das Züchten auf Größe und »mehr Quadrat« hat nicht selten unproportionierte Formen zur Folge, deren Auswirkungen sich auch für den Bewegungsablauf nachteilig erweisen. So führt ein kurzer Rücken in Verbindung mit überlangen Beinen häufig zu steileren Gliedmaßenwinkelungen, die der Hinterhand nur einen unzureichenden Vortritt erlauben. Aber selbst dort, wo die Gliedmaßen hinlänglich gewinkelt sind, bringt ein zu kurzer Rücken einige Bewegungsprobleme mit sich. Infolge des zu geringen Abstandes zwischen der Vor- und Hinterhand müßten die weit vortretenden Hintergliedmaßen zwangsläufig in die der vorderen hineintreten, eine Situation, die bei Pferden vergleichsweise als »Schmieden« bezeichnet wird. Um dieses mit Verletzungen verbundene Streichen zu vermeiden, neigt ein solcher Hund dazu, die Nachhand etwas schräg zur Bewegungsrichtung zu führen und die Hinterpfoten jeweils seitlich außen bzw. innen neben die der Vorderpfoten zu setzen. Manche Tiere verfallen auch in den Paßgang.

Aus der Schrägstellung der Hinterbeine dürfte auch für den kynologischen Laien unschwer zu erkennen sein, daß der Schub zur Bewegung von ihnen ausgeht. Weniger bewußt wird hingegen das Wissen um die funktionsgerechte Vorhand sein, und daß der Hauptdruck bei jedem plötzlichen Halt oder Sprung im Schultergelenk endet. Ganz allgemein gilt: Die Vorhand ist ausschlaggebend, wenn es bei der normalen Vorwärtsbewegung auf Schnelligkeit und Ausdauer ankommt; sie

stützt den Körper, fängt ihn in seinen Bewegungen auf und dient gleichzeitig dazu, weitere Bewegungen wieder einzuleiten. Sie ist deshalb auch für diese Aufgaben stabiler gebaut und beweglich mit dem Rumpf befestigt. Ihre Bemuskelung ist einfacher, dafür aber stärker sehnig durchsetzt und erhält dadurch eine größere Tragfähigkeit.
Ein sehr wichtiger Moment für die Ergiebigkeit der Vorwärtsbewegung ist die Schulterlage. Sie bedingt, je nach ihrer Stellung, ein freies oder gebundenes Gangwerk. Dazu sollten wir uns zunächst einmal vor Augen führen, daß beim Ausschreiten der Oberarm mit dem Schulterblatt nahezu eine Linie bildet, das heißt eine gedachte Verlängerung der gut ertastbaren Schulterblattgräte bis zum Boden vermittelt uns die Reichweite des Vorderlaufes. In der Illustration 25 des »Normalhundes« wird die Pfote dabei etwa in Höhe des Auges unterhalb des Kopfes abgesetzt (Distanz einer Schrittlänge). Wie sich aus dieser Illustration weiterhin ergibt, mißt der aus dem Knochenpaar Schulterblatt – Oberarmbein gebildete Schulterwinkel etwa 110–115-Grad mit ähnlich harmonisierenden Verhältnissen am Becken.
Überraschend daher zunächst die Forderung des Standards: »Das Schulterblatt muß lang und schräg gestellt und mit dem Oberbein im Schultergelenk möglichst rechtwinklig vereinigt sein, um einen weiten Schritt zu erzielen.«
In der Skelettdarstellung von Ellenberger, Baum u. a. (Illu. 25) ließe sich diese Vorstellung von der 90-Grad-Winkelung nur mit Hilfe eines Experimentes verwirklichen, indem man entweder das Schulterblatt in seiner Längsachse in Richtung der vom Buggelenk zum Sitzbeinhöcker gedachten Körperachse dreht oder aber den Oberarm in dessen Drehpunkt im Schultergelenk nach oben bewegt.
Im ersten Falle würde das Schultergelenk infolge der größeren Schrägstellung zu weit vor dem Brustkorb liegen. Damit ginge seine Funktion, den Körper zu tragen, verloren. Die zweite Möglichkeit über die Manipulation des Oberarmbeines ließe das Ellenbogengelenk nicht mehr in Höhe des Brustbeines und etwa senkrecht unter dem Widerrist stehend abschließen. Es würde hoch gegen den Brustkorb gedrückt und damit in seiner Funktionsfreiheit gehemmt. Durch die damit verbundene Zurücknahme der Unterarme würde außerdem der Körper zu weit hinten unterstellt und seines natürlichen Gleichgewichtes beraubt.

Mit den Längenmaßen aus der Illustration 25 – Oberarm länger als das Schulterblatt – lassen sich die Vorstellungen des Standards also nicht verwirklichen. Es war daher zu untersuchen, ob die als vorteilhaft angesehene annähernde 90-Grad-Winkelung lediglich aus der Beurteilungslehre des Pferdes übertragen wurde, wie dieses auch mit anderen Positionen mehr oder weniger kritiklos geschehen ist, oder ob hier tatsächlich veränderte Relationen des Knochenpaares Schulterblatt : Oberarmbein vorliegen. Anhaltspunkte hierzu liefert bereits Strebel mit seinen Vermessungen und Illustrationen 1, 12 und 13. In seinem Porträt eines vollendet gebauten Hundes mißt der Schulterwinkel 102 Grad, wobei sich das Schulterblatt selbst von einer gedachten waagerechten Linie durch das Gelenk um etwa 50 Grad abhebt. Das Oberarmbein ist in den Illustrationen Strebels deutlich kürzer als das Schulterblatt dargestellt.

Vergleichende Messungen zur Ermittlung der Längenverhältnisse Schulterblatt : Oberarmbein wurden an 30 Doggen vorgenommen, willkürlich ausgewählt und verschiedenen Zwingern entstammend.
Das Ergebnis: Lediglich bei 4 Tieren (13,3%) war der Oberarm geringfügig (8%) länger als das Schulterblatt, bei 14 Tieren (46,7%) betrug das Längenverhältnis nahezu 1 : 1 (absolute Längen schwankend zwischen 26 und 30 cm) mit einem Schulterwinkel, der, soweit mit den primitiven Hilfsmitteln Bandmaß und Gliedermaßstab abschätzbar, etwa zwischen 95–100 Grad lag.
Bei den übrigen 12 Doggen (40%) konnte festgestellt werden, daß sich das Längenverhältnis zugunsten eines längeren Schulterblattes gewandelt hat.
Diese Differenz schwankte bei 8 Hunden zwischen 4 bis 6%; ihre Schulterwinkel wurden als normal empfunden, das heißt sie entsprachen etwa denen der Längenverhältnisse 1 : 1. Interessant dagegen die verbleibenden 4 Doggen mit den Maßen Schulterblatt 24 cm : Oberarm 19,5 cm (Differenz 19%) sowie 30 cm : 24 cm (Differenz 20%), die sich als ausgesprochen steil in der Vorhand erwiesen.
Hier liegt vermutlich das vor allem in letzter Zeit zu beobachtende Phänomen der »schlechten« Schultern, wie sie in der Illustration 30, 3 zum Ausdruck kommen. Der sich an das Schulterblatt anschließende »verkürzte« Oberarm reicht nicht weit genug unter den Körper, er unterstellt den Unterarm sehr weit vorn und vermittelt mehr oder weniger den Eindruck einer typischen »Terrierfront«, die eine für die Dogge typische Vorbrust vermissen läßt.
Im Gangwerk entsteht dadurch nahezu derselbe Eindruck, wie er bei Doggen mit einem zu steil gelagerten Schulterblatt (s. hierzu Illustration 1) zu erwarten ist. Die in ihrer Schrittlänge begrenzten Vorderläufe können den aus der Hinterhand übertragenen Schub nur dann auffangen, wenn sie kürzer und steiler zu Boden treten. Sie werden dadurch bis in die Vorderfußwurzelgelenke hinein hohen Stoßbelastungen ausgesetzt. Derartig belastete Doggen versuchen häufig durch den stärkeren Einsatz ihrer Vorderarmmuskeln die mangelnde Reichweite zu kaschieren, indem sie den Vorderarm höher strecken und länger in der Schwebephase halten. Es entsteht der sogenannte »steppende Gang«. Solche hohen Aktionen, die an die Gänge eines Zirkuspferdes erinnern, springen zwar ins Auge und erfreuen das Herz jedes Laien, sind aber keinesfalls praktisch, weil der Großteil der Leistung mehr in die Luft als nach vorn geht.

Die im Standard gebrauchte Formulierung einer »möglichst rechtwinkligen« Vereinigung von Schulterblatt und Oberarmbein sollte nun allerdings keineswegs dazu verleiten, eine 90-Grad-Winkelung, bei der sich das Schulterblatt unter 45 Grad zur gedachten Waagerechten der Körperachse erhebt, anzustreben. Theoretisch könnte zwar bei dieser sehr schrägen Schulterlage eine noch größere Schrittlänge erzielt werden, doch würde der Vorwärtsschub dadurch erheblich belastet, da bei der nachfolgenden Stützphase zum Auffangen und Abfedern des Körpers eine genügende Durchstreckung der Vorderläufe in der Stemmbewegung nicht möglich ist. Übergroße Muskelanstrengungen, die ihrerseits mit der Zeit zu schweren Bewegungsstörungen führen, wären aufzubieten, um diese mangelnde Festigkeit bei der Stemmbewegung auszugleichen.

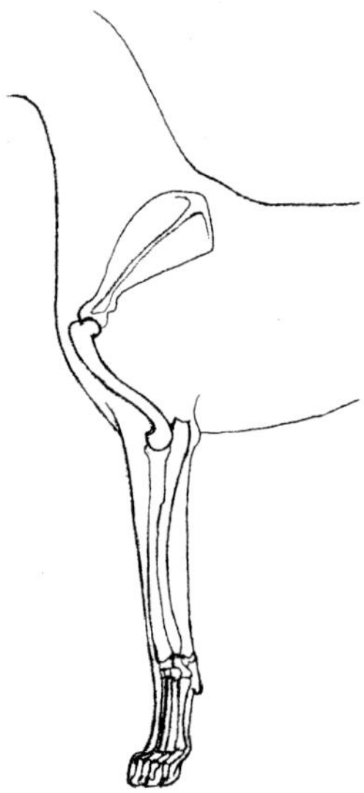

1. Oberarm und Schulterblatt gleich lang und im rechten Winkel.

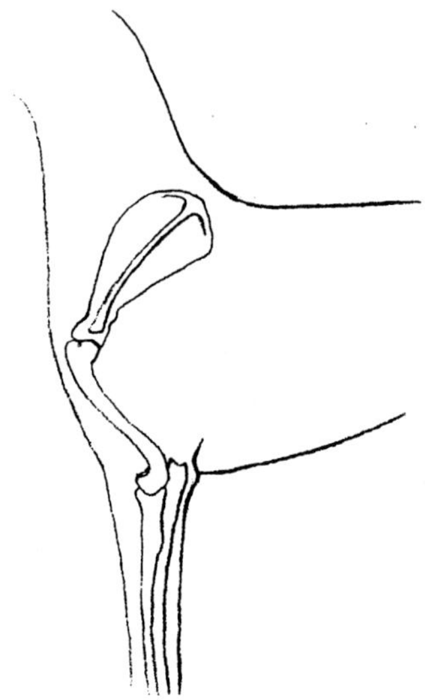

2. Oberarm und Schulterblatt gleich lang, aber steil.

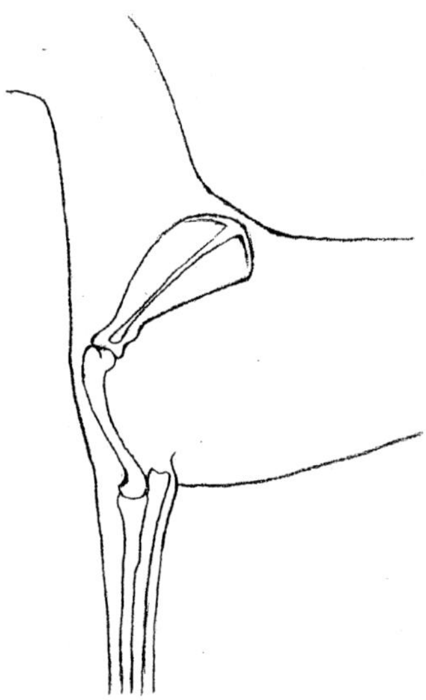

3. Kurzer Oberarm und langes Schulterblatt. Steile Front.

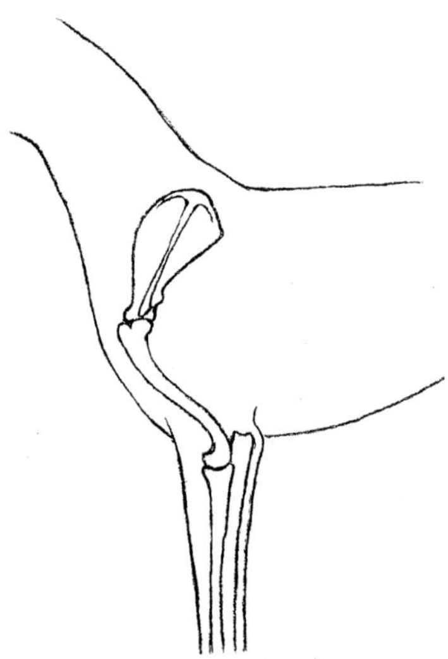

4. Langer Oberarm und kurzes Schulterblatt.

Illustration 30: Anordnung von Schulterblatt und Oberarm

XV. Das natürliche Gleichgewicht

Den physikalischen Gesetzen zur Folge befindet sich ein Körper im Gleichgewicht, wenn er genau in seinem Schwerpunkt unterstützt wird. Eine senkrechte Linie, die man von diesem Schwerpunkt zur Grundfläche des betreffenden Körpers zieht, trifft in der Mitte derselben auf.

Als Grundfläche oder Basis kann man bei der ruhenden Dogge die von ihren vier Beinen bzw. Pfoten begrenzte Fläche ansehen. Im Zustand des Gleichgewichts müßte somit die stehende Dogge ihre vier Beine gleichmäßig belasten. Tatsächlich befindet sich die Dogge im Sinne dieses Denkmodelles jedoch nicht im Gleichgewicht; denn Kopf, Hals und Rumpf mit den eingeschlossenen Organen belasten durch ihr natürliches Gewicht die vorderen Gliedmaßen erheblich mehr als die Hintergliedmaßen. Grob geschätzt haben beim stehenden Hund die Vorderläufe etwa ⅔ des Körpergewichtes zu tragen, in verschiedenen Bewegungsphasen sogar das gesamte Gewicht. Vermutlich sind aus diesem Grunde auch die Vorderpfoten größer ausgebildet als die hinteren; und nicht von ungefähr schlagen sich ernährungsbedingte Aufzuchtfehler oder körperliche Überanstrengungen bei jungen Doggen äußerlich zuerst in den Verbiegungen der Röhrenknochen und in den »durchgetretenen« Gelenken der Vordergliedmaßen nieder.

Um also den Massenschwerpunkt zu bestimmen, bei dem sich die stehende Dogge im natürlichen Gleichgewicht befindet, werden wir ihn mehr oder weniger zentral im Rumpf zu suchen haben. Er läßt sich annähernd bestimmen als Schnittpunkt zweier im rechten Winkel zueinander verlaufender Geraden, von denen die Senkrechte durch den hintersten Punkt des Brustbeines (Schwertfortsatz) zieht und die Waagerechte die Ebene des Körpers, ausgehend von der Brustbeinspitze, durchschneidet. Die Senkrechte vom angezeichneten Schnittpunkt (X) zum Boden fällt in die mit den Linien A-B-C-D umgrenzte Stützfläche (Illustration 18, 2).

Der Körper befindet sich hier im natürlichen Gleichgewicht. Jede Bewegung der Dogge, ob durch eigenen Antrieb oder infolge äußerer Einflüsse, verlagert den Schwerpunkt. Der Körper wird instabil und um nicht zu fallen, muß der Hund geeignete Maßnahmen entgegensetzen. Aus jeder Verlagerung des Massenschwerpunktes entsteht, wie leicht einzusehen sein wird, eine Bewegung. Schiebt beispielsweise die Dogge ihre Körpermasse nach vorne, indem sie Hals und Kopf nach vorn-unten ausstreckt, verlagert sie ihren Schwerpunkt, dessen Senkrechte sich nunmehr außerhalb der ursprünglichen Stützfläche, nämlich vor der Linie A–B befindet. In diesem Zustand befindet sich der Hund nicht mehr im Gleichgewicht und würde im Extremfall nach vorne fallen. Damit dieses nicht geschieht, wird durch das Vorbringen der Beine der alte Gleichgewichtszustand wieder hergestellt.

Jede Vorwärtsbewegung im Schritt, Trab oder Galopp wird zunächst durch die schubauslösende Muskelkraft der Hintergliedmaßen eingeleitet, die zu einer Verlagerung des Schwerpunktes führt, der nun seinerseits, einmal in Bewegung, den Körper im Fallen nach vorwärts zieht. »Abgebremst« wird dieses »rhythmische Fallen« von den Vorderläufen, durch deren Vortritt der Gleichgewichtszustand wieder hergestellt wird. »Sich Fortbewegen«, so schreibt Stockmann, »ist zuerst also auch Fallen; aber es ist ein bewußtes, kontrolliertes und harmonisches Fallen.«

XVI. Die Gangarten

Zu den Fortbewegungsweisen eines Hundes zählen allgemein Schritt, Paß, Trab, Galopp und Sprung.

Im Rahmen dieses Buches will ich mich auf die drei erstgenannten beschränken, da sie mir für die Beurteilung des Gangwerkes einer Dogge am wichtigsten erscheinen. Außerdem bringt ein guter Schritt fast immer auch einen guten Galopp mit sich.

Der Schritt ist die für die Dogge am wenigsten ermüdende Gangart, bei der sich die vier Gliedmaßen eine nach der anderen bewegen. Dabei wechseln Zwei- und Dreibeinunterstützungen des Schwerpunktes in regelmäßiger Folge einander ab. An den Dreibeinstützen sind das eine Mal zwei hintere und eine vordere Extremität (Illustration 31/1), das andere Mal zwei vordere und eine hintere Extremität (Illu. 31/3) beteiligt. Dazwischen liegt jeweils eine Zweibeinstütze, die von einem diagonalen (z. B. vorne rechts-hinten links, Illu. 31/2) und dann von einem gleichseitigen Gliedmaßenpaar (hinten links-vorne links, Illu. 31/4) ausgeübt wird. Man bezeichnet die Zweibeinstützen in den Illustrationen 31/2 und 31/6 auch als rechte Diagonale und linke Diagonale. Bei der gleichseitigen Zweibeinstütze ist das für die Schrittbewegung typische Seitwärtspendeln des Rumpfes auszumachen, weil hierbei der Schwerpunkt seine stärkste Verlagerung nach links oder rechts erfährt.
Die einzelnen Bewegungsphasen sind in Illu. 31/1 bis 31/8 dargestellt: Hinten rechts Stemmen-vorne links Schwingen, hinten links Stützen – vorne rechts Stützen; der rechte Hinterfuß hebt sich, sobald der linke Vorderfuß das Vorschreiten zur Hälfte ausgeführt hat; der rechte Vorderfuß wird angehoben, sobald der linke Vorderfuß niedergesetzt wird; der rechte Hinterfuß tritt zur Stütze unter den Rumpf usw. Wichtig ist, daß bei der gleichseitigen Zweibeinstütze der Vorderfuß sich ein wenig früher abheben muß, bevor der Hinterfuß auftritt. Geschieht dies nicht, würde der Hinterfuß in den vorderen hineintreten. Um diese für den Hund unangenehme, weil zu Verletzungen führende Situationen zu vermeiden, wäre er gezwungen, die Hinterpfote jeweils vor oder neben die Vorderpfote zu setzen.

Der Trab gilt allgemein als bevorzugte Gangart des Hundes, in der er auch größte Ausdauer zeigt. Während die Schrittbewegungen im Viertakt verlaufen, erfolgt

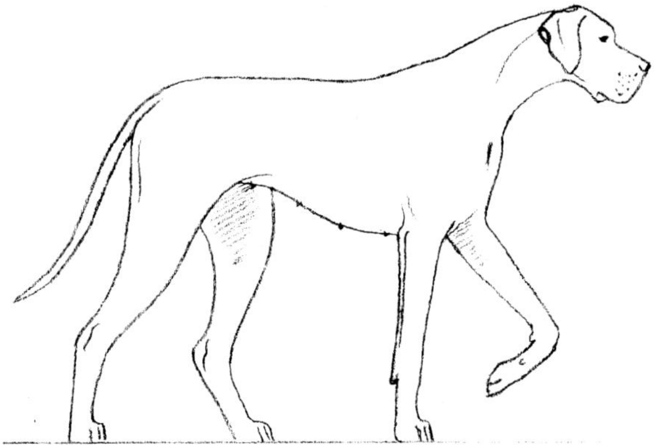

→ 1

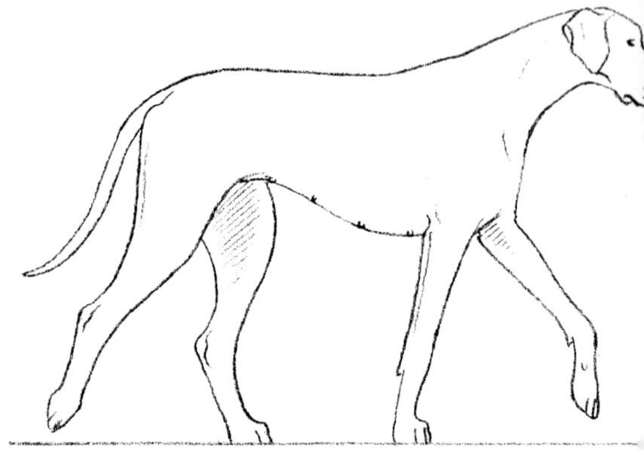

2

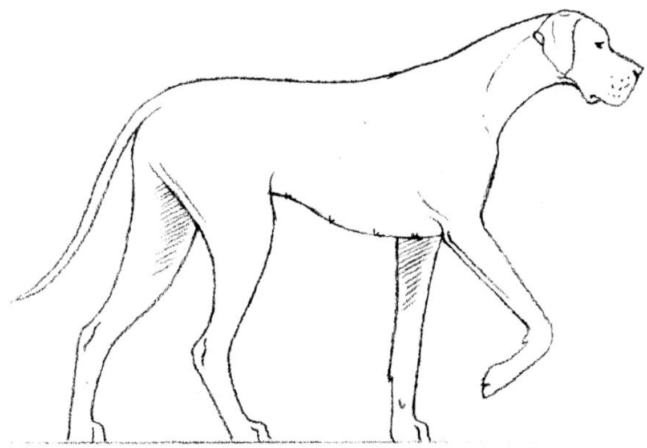

→ 5

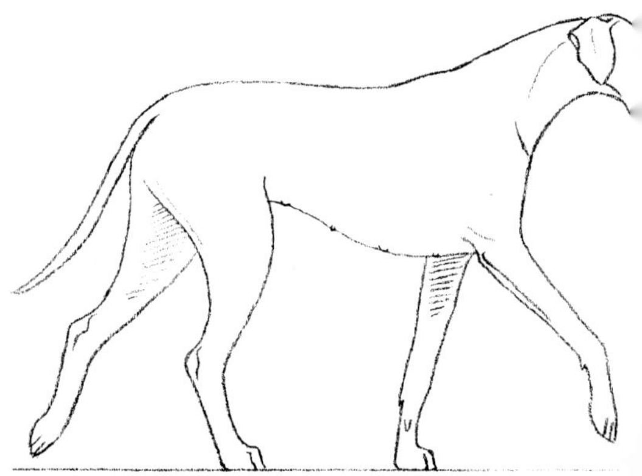

6

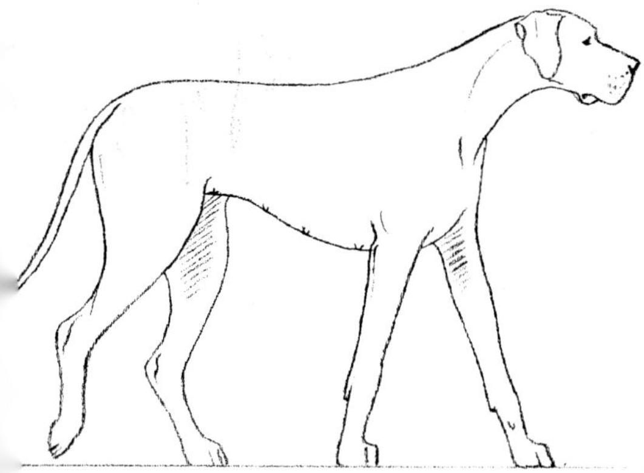

3

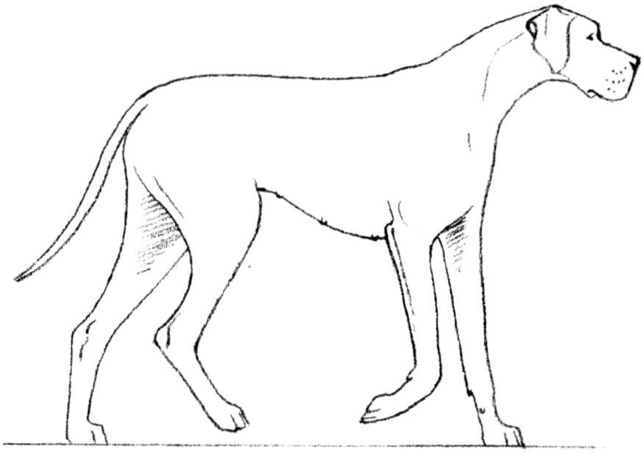

4 →

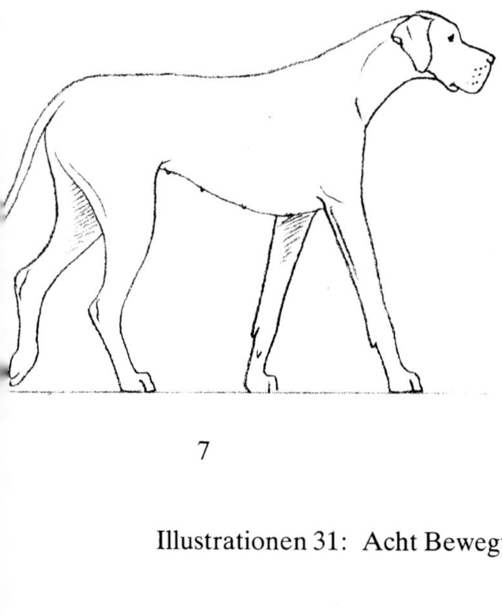

7

8

Illustrationen 31: Acht Bewegungsphasen einer Dogge im Schritt

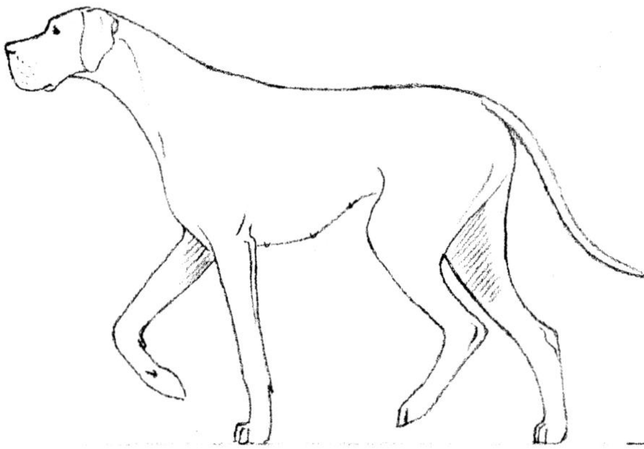

← 4

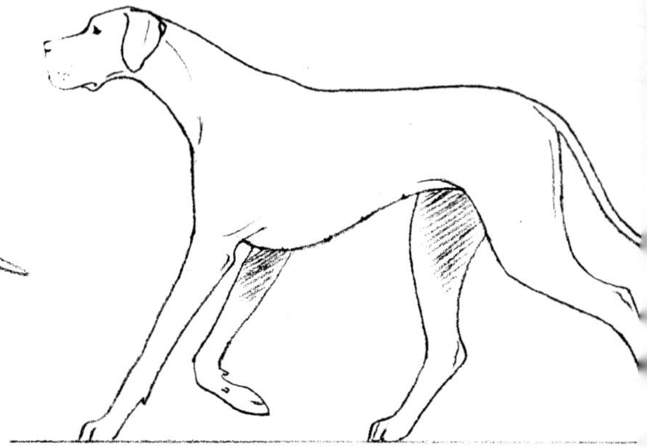

3

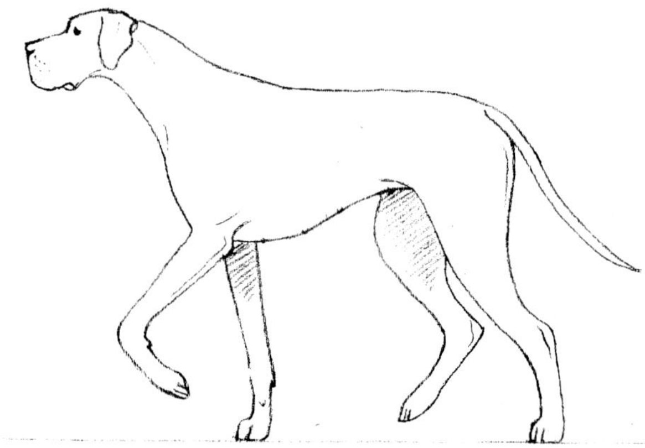

8

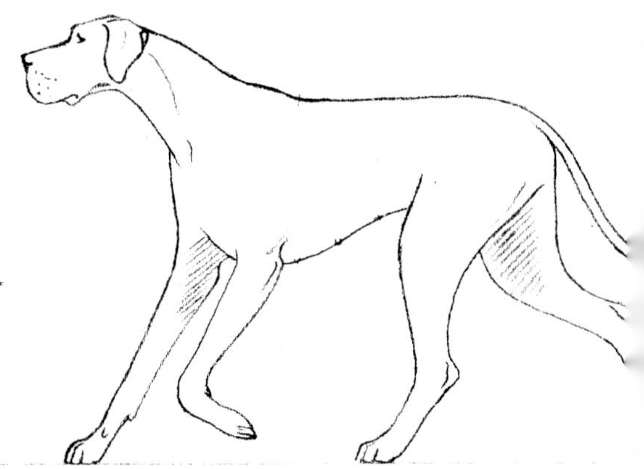

7

2 1 ←

6 5 ←

Illustrationen 32: Acht Bewegungsphasen einer Dogge im Trab

der natürliche Trab im Zweitakt, wobei bei einem einwandfreien Gebäude die Hinterpfote so unter die sich gerade hebende Vorderpfote fußt, daß die vorderen und hinteren Trittsiegel aufeinander zu liegen kommen. Enorm tätige, kraftvoll abschiebende Hinterbeine sind dabei sogar in der Lage, gewisse Vorhandsfehler wie etwa eine steile Schulter auszugleichen.
Illustration 32 zeigt in 8 Phasen den Bewegungsablauf einer Dogge. Der Körperschwerpunkt wird hier ausschließlich von diagonalen Gliedmaßenpaaren (hinten links – vorne rechts, Illu. 32/1, hinten rechts – vorne links, Illu. 32/4), also je nach Antritt von der rechten oder linken Diagonalen unterstützt, die sich insofern nicht ganz vollkommen synchron bewegen, da der Vorderlauf jeweils einen kurzen Moment vor dem diagonalen Hinterfuß aufsetzt, und der andere Vorderlauf sich einige Bruchteile von Sekunden vor dem diagonalen hinteren vom Boden abhebt. Dadurch ist es möglich, die aufsetzende Hinterpfote so unter die sich gerade hebende Vorderpfote zu schieben, daß die vorderen und hinteren Trittsiegel aufeinander zu liegen kommen. Dazwischen liegt eine kurze, freie Schwebephase, bedingt durch das Abstoßen durch das eine und dem Auffangen durch das andere Beinpaar (Illu. 32/2, 3). Im Gegensatz zum Schritt, bei dem der Schwerpunkt in Richtung der jeweils ausgreifenden Gliedmaße nach vorne geschoben wird, erfolgen die Bewegungen im Trab durch kräftige Muskelkontraktionen, an denen die Rumpf-, Rücken- und Halsmuskeln gleichsam beteiligt sind. Der Rumpf wird auf diese Weise im Zusammenspiel mit den diagonalen Gliedmaßenpaaren über die sich straffende Wirbelsäule federnd in die Bewegungsrichtung nach vorn geworfen. Während der Rücken leichte Vertikalschwingungen erkennen läßt, fehlen im Trab die pendelnden Seitwärtsbewegungen des Rumpfes. Das kräfteraubende Hin- und Herpendeln des Rumpfes, das bei den seitlichen Verlagerungen des Schwerpunktes entsteht, wird auch dadurch weitestgehend aufgehoben, daß der trabende Hund seine Läufe möglichst nahe an die Schwerpunktlinie heranführt.
In der Illustration 33 sind diese Situationen des sich verlagernden Schwerpunktes nochmals aufgezeichnet. Illu. 33/1 zeigt eine Dogge im normalen Stand, der Schwerpunkt liegt hier mittig und wird durch die vier Läufe unterstützt. In der Schrittbewegung wird der Massenmittelpunkt seitlich (und nach vorne) verlagert (Illu. 33/2, hier seitliche Verlagerung nach rechts). Illustration 33/3 stellt die Situation einer Dogge im Trab dar. Die Läufe werden an die Schwerpunktlinie herangeführt; der Schwerpunkt bewegt sich geradlinig nach vorne, kein seitliches Pendeln. In der Illu. 33/4 ist eine Bewegung im Trab aufgezeichnet, die einen typischen Vorhandfehler wiedergibt. Bei ausgedrehten Ellenbogen sieht es aus, als ob die Dogge »über den großen Zeh« laufen würde. Häufig überkreuzen die Vorderpfoten dabei die Schwerpunktlinie.
Der geworfene Trab ist typisch für quadratische Doggen mit steiler Gliedmaßenwinkelung. Er zeichnet sich durch die vollkommen synchrone Bewegung des diagonalen Gliedmaßenpaares aus und durch kurze, freie Schwebephasen zwischen dem Abstoßen durch das eine und dem Wiederaufstützen durch das andere Gliedmaßenpaar. Das hierbei sich der Horizontalen nähernde Herausbringen der Vorderbeine ist zwar für das Auge bestechend, doch bringt es trotz unnötiger Kraftverschwendung keinen Raumgewinn. Man lasse sich daher von solchen

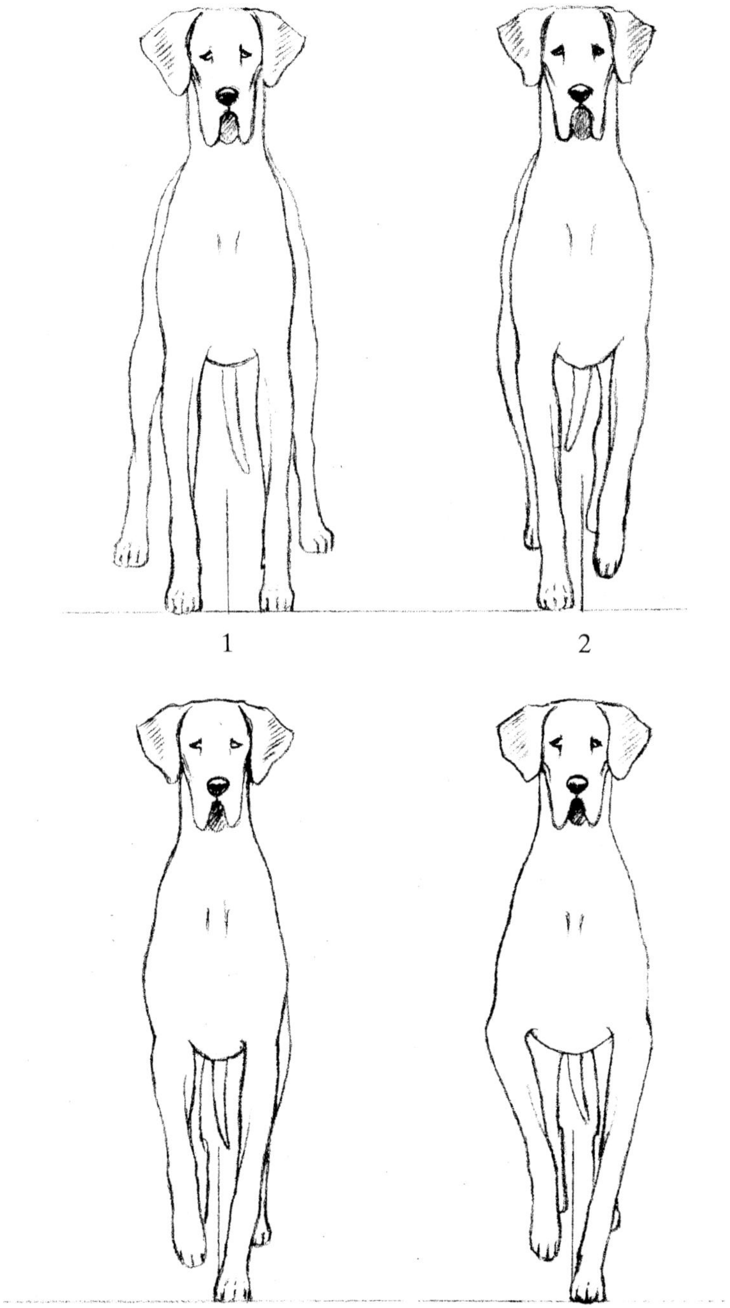

Illustrationen 33: Situationen des sich verlagernden Gleichgewichts

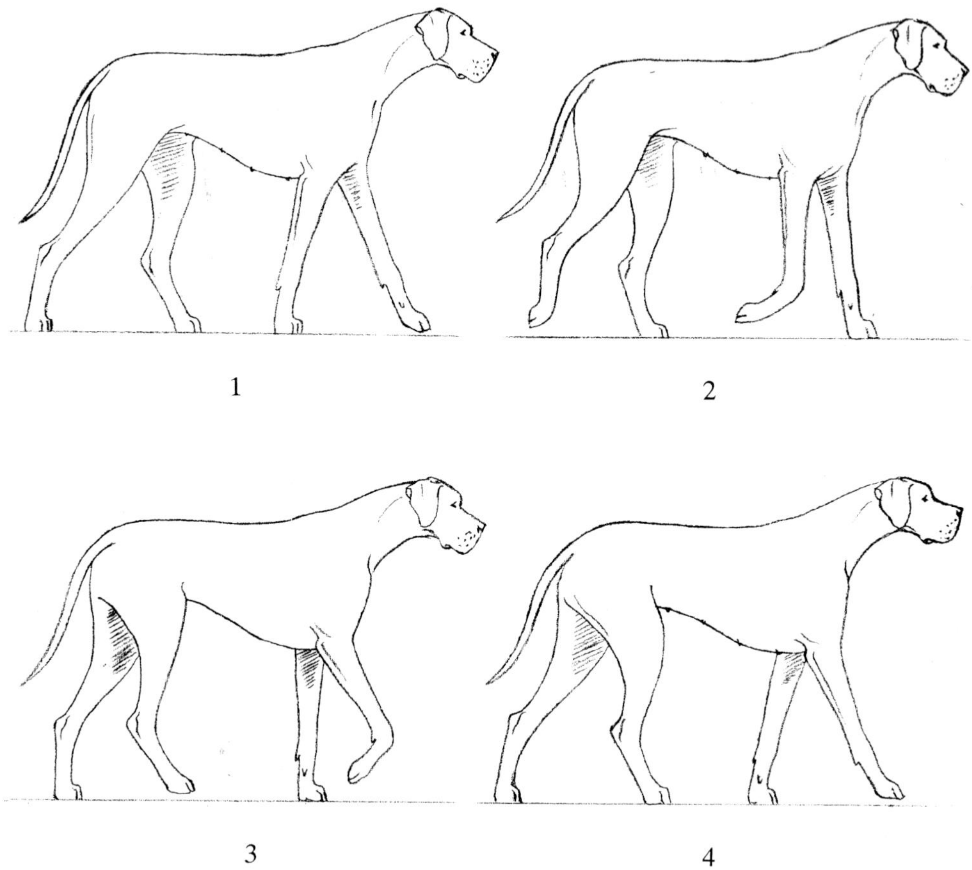

Illustrationen 34: Paßgang

»steppenden« Gängen nicht täuschen und bedenke, daß die Dogge infolge der mechanischen Gegebenheiten nicht in der Lage ist, die Vorderbeine über die senkrechte Linie hinaus vorzusetzen, die man sich von ihrer Nase zur Erde gezogen denkt. Was die Vorderbeine während der Phase des Vorschwingens nämlich eventuell darüber hinausgreifen würden, verlieren sie wieder bis zum Auffußen. Bei einer gut gewinkelten, kräftigen Hinterhand mit weitausgreifendem Schritt kann es vorkommen, daß die steile Vorhand deren Schub nicht mehr aufzufangen vermag; die Dogge »fällt auf die Vorhand«. Ihre Rückenlinie verläuft dann nicht mehr von vorne nach hinten leicht abfallend, sondern umgekehrt von hinten nach vorne. Aussteller versuchen das häufig zu kaschieren, indem sie ihren Hund bei der Vorführung im Trab an kurzer, straffer Leine »aufhängen«.

Beim Paß, dessen Bewegungsabläufe in der Illustration 34 dargestellt sind, handelt es sich im Grunde auch um eine Zwei-Takt-Gangart, bei der die Gliedmaßenpaare aber nicht diagonal, sondern gleichseitig annähernd oder auch vollkommen phasengleich im Schritt oder Trab geführt werden. Sobald z. B. die Vorder- und Hintergliedmaßen rechts vorgeschwungen sind und auffußen, erfolgt dieselbe Aktion auf der linken Seite und so fort. Den »Paßgänger« erkennt man sofort an der seitwärts hin und her schaukelnden Bewegung, durch die der Schwerpunkt jeweils über die Mittellinie »geschoben« und von dem fußenden Gliederpaar getragen wird. Diese wechselnde Belastung scheint für den Hund weniger ermüdend zu sein; gewissermaßen eine Gangart für den »Feierabend« und vielfach bei jungen Hunden zu beobachten, deren Muskulatur noch zu schwach für einen ausdauernden Trab ist oder auch bei ermüdeten oder älteren Hunden.
Obwohl der Paß also zu den natürlichen Gangarten zu rechnen ist, stört er wegen seiner Schaukelbewegungen die Harmonie des Gesamtbildes, die wir uns bei einer Deutschen Dogge wünschen. Eine Dogge, die im Ausstellungsring nur »Paß läuft«, wird daher minder gut bewertet. Echte Paßgänger, also Doggen, die nur den Paß als Fortbewegungsart wählen, sind selten. Bei ihnen ist nicht auszuschließen, daß sie körperliche Mängel haben, die zu einer schnellen Erschöpfung führen. Im Ausstellungsring sind es häufig lediglich die versagenden Vorführungskünste des Hundeführers, dem es nicht gelingt, durch rasches und energischen Antreten seine Dogge vom Paß in Trab zu versetzen.

XVII. Doggen-Skulpturen im Wandel der zurückliegenden 150 Jahre

»Die Kunst bleibt Kunst! Wer sie nicht durchdacht,
Der darf sich keinen Künstler nennen;
Hier hilft das Tappen nichts; eh' man was Gutes macht,
Muß man es erst sicher kennen«,

sagte Goethe. Diese Wahrheit drängt sich uns auch bei der Betrachtung der kynologischen Kunst und ihrer Entwicklung auf, in der sich die Künstler, jeweils mit Zweck und Ziel der Hochzucht der Deutschen Dogge vertraut, diesen Hund zum Gegenstand ihrer Darstellungen gemacht haben.

Es gibt für den forschenden Doggenzüchter kaum eine bessere Fundgrube seines Studiums, als die im Laufe der letzten Jahrzehnte von Künstlerhänden geschaffenen Darstellungen dieser Hunderasse.

Wenn schon vor vielen tausend Jahren sich Bildhauer mit der statuaren Darstellung von Hunden befaßt hätten, so würden wir heute genau wissen, wie die Urahnen unserer Hunde ausgesehen haben. Antike assyrische und babylonische Reliefs, meist nur Beiwerk bei der Darstellung des Kampfes mit der Tierwelt oder der Jagd, Attribute der Helden und Götter, einzelne Münzen, meist ornamental behandelt oder stilisiert, geben nur Andeutungen von leichteren, windhundartigen Jagdhunden und massigen Kampfhunden. Erst die für die Ewigkeit bestimmten Pharaonengräber zeigen Skulpturen rassiger Hunde, deren typische Form sich in späteren Monumenten wiederholen.

Machtvolle Tiergestalten schufen die Bildhauer der italienischen Renaissance. Naturgewalten, Kraft, Mut sind in diesen standbildartigen Monumenten symbolhaft verkörpert. Erst die graziöse, spielerische Rokokozeit wendet sich den heiteren Dingen des täglichen Lebens zu und gelangt zur stilistischen Wiedergabe von Tieren für die farbenfreudige Porzellankunst. Meißen, Nymphenburg, Japan und Kopenhagen führten zum Realismus. Erst die neuere Zeit entdeckte das Tier in seinem inneren Wesen und stellt es porträtartig als Einzelwesen um seiner selbst willen dar. Anhand einer kleinen, hier abgebildeten Auswahl von Skulpturen Deutscher Doggen läßt sich die Entwicklung dieser Hunderasse in den letzten 150 Jahren verfolgen.

Abb. 80: Bronze Hatzrüde, ca. 1830. Sammlung Dr. Fleig.

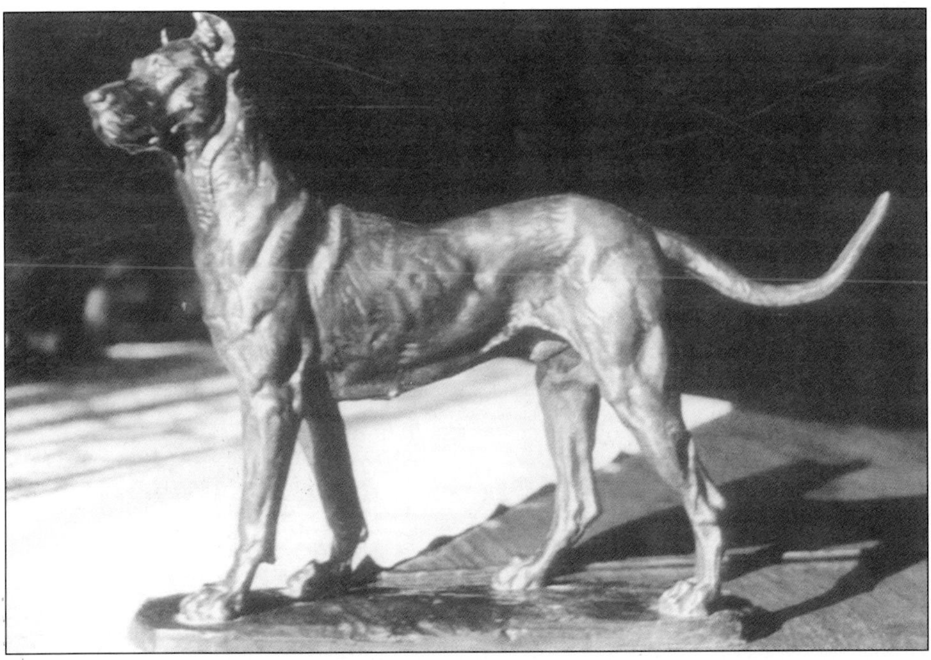

Abb. 81: Doggenbronze Valton, ca. 1890, Sammlung Dr. Fleig.

Abb. 82: Original Wiener Doggen-Bronze, ca. 1890, Sammlung Dr. Fleig.

Abb. 83: Bronze Jahrhundertwende, Sammlung Brusius.

Abb. 84: Doggenbronze Jahrhundertwende, Sammlung Brusius.

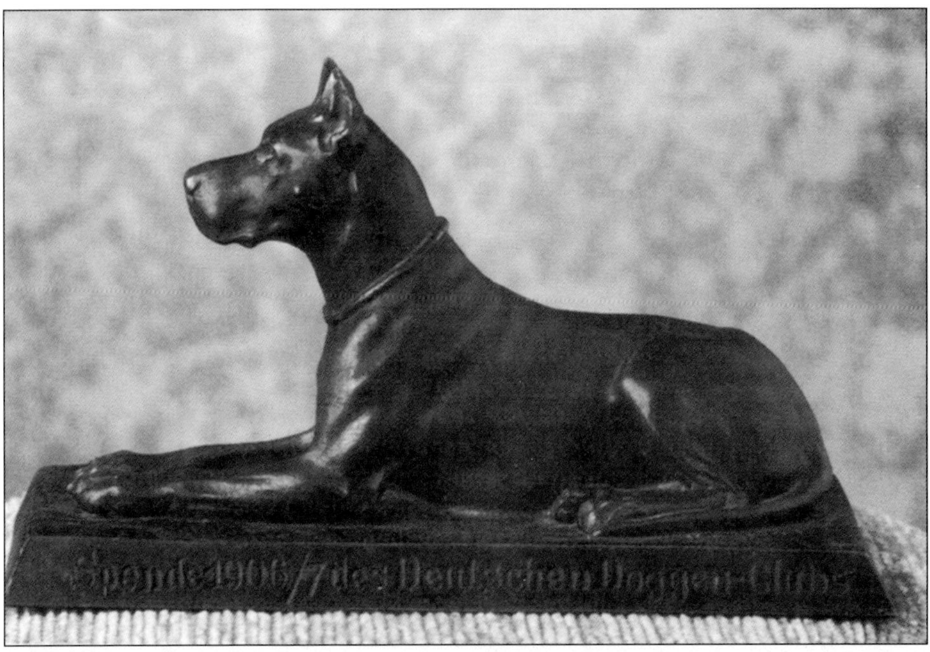

Abb. 85: Bronze Sockelinschrift: Spende des Deutschen Doggen Clubs – 1906/07, Signiert, Sammlung Brusius.

Abb. 86: Bronze 1909 des Künstlers Hermann Hidding (1863–1925). Aufgestellt im Klostergarten Schloß Clemenswerth, Söge/Emsland, stellt Charles Herzog von Arensberg dar.

Abb. 87: Dogge Jahrhundertwende, modelliert von Theo Körner, München, Porzellanmanufaktur Nymphenburg.

Abb. 88: Deutsche Dogge, Rosenthal-Porzellan, ca. 20er Jahre. Sammlung Dr. Fleig.

Abb. 89: Copenhagen-Porzelain, Denmark, ca. 30er Jahre, Eigentum Nouc.

Abb. 90: Hutschenreuther Porzellan, modelliert nach »Eick Imperial« von U. Netsch, Eigentum Nouc.

Abb. 91: Doggen als Relief in Achat geschnitten, Becker, Idar-Oberstein.

Abb. 92: Carl-Kölzow Gedächtnispreis 1960, in Holz geschnitzt.

Abb. 93: Richard Staadt-Gedächtnispreis 1958, in Holz geschnitzt.

Abb. 94: Hutschenreuther Porzellan Dogge, modelliert '87 nach »Heiko v.d. Burg Thann«, Gunther R. Granget, »Kynologische Kunst in Porzellan«, Eigentum R. Schumacher GmbH.

Abb. 95: Doggenbronze in Lebensgröße, Ausschnitt, der holländischen Bildhauerin Gerda van den Bosch.

Abb. 96: Arbeit im Atelier Gerda van den Bosch.

Abb. 97: Auf die Feinheiten kommt es an!

Abb. 98: Doggenfamilie in Lebensgröße in Bronze gegossen durch G. v. d. Bosch.

XVIII. Kleine Einführung in die Vererbungslehre

Als Genetik bezeichnet die Wissenschaft die Lehre, die sich mit den Gesetzen der Vererbung befaßt. Sie ist eine noch junge Wissenschaft, deren Anfänge etwa auf das Jahr 1900 zurückgehen, als man die Arbeiten des Mönches Gregor Mendel wiederentdeckte, der in seinen Züchtungsversuchen mit Erbsen bestimmte Gesetzmäßigkeiten bei der Übertragung von Erbfaktoren erkannt hatte. Inzwischen hat sich die Genetik in ähnlicher Vehemenz weiterentwickelt, wie die anderen biologisch-medizinischen Wissenschaften. Das Thema ist viel zu schwierig geworden, um im Rahmen dieses Buches vollständig behandelt werden zu können. Wer sich – und sei es nur aus Hobby – ernsthaft mit der Zucht Deutscher Doggen befassen will, dem sei unbedingt das Studium eines der weitergehenden Bücher über die Vererbung empfohlen.

Die Zucht von Hunden ist angewandte Genetik. Dieser Satz besagt soviel, daß nur alle jene Merkmale des hundlichen Körpers und seine Verhaltensweisen züchterisch beeinflußt werden können, die in seiner Erbmasse vorhanden sind. Ihre Kombinationsmöglichkeiten sind jedoch so groß, daß der züchterischen Phantasie des Menschen kaum Grenzen gesetzt sind. In den Jahrtausenden seiner züchterischen Tätigkeit hat der Mensch daher den Hund nach seinen Vorstellungen und Erfordernissen seiner Existenz geformt, auf denen heute die Vielzahl unserer Hunderassen beruht.

Das Erkennen der meisten genetischen Zusammenhänge ist auch für den versierten Kynologen schwierig, wenn er sich nicht gerade als Wissenschaftler mit diesem Gebiet beschäftigt. So ist schon lange bekannt, daß es außer der einfachen Mendelschen-Vererbung – wegen der Beteiligung von höchstens fünf Erbfaktoren (Gene) auch als monofaktorielle Vererbung bezeichnet – eine polyfaktorielle Vererbung gibt, bei der zahlreiche Gene zusammenwirken müssen, um als Merkmal in Erscheinung zu treten, oder, wie der Wissenschaftler es nennt, sich zu manifestieren (Manifestation).

Typisch für den Mendelschen Vererbungsmodus ist die Vorstellung, daß sich an einem bestimmten Genort (Locus) jeweils ein vom Vater stammendes und ein mütterliches Gen zu einem Genpaar vereinigen müssen, um ein Merkmal zu bestimmen. Dabei kann das eine Gen die Wirkung seines Rivalen (Allel) vollkommen unterdrücken. In diesem Falle wird es als ›dominant‹ bezeichnet, und das andere, das unterdrückte Allel, als ›rezessiv‹. Solche rezessive Gene können ein Merkmal nur dann bestimmen, wenn sie gemeinsam (doppelt) auftreten.

Sehr viel variabler (modifizierbarer) sind dagegen die Vorgänge bei der polygenen Vererbung. Ihre Variationsmöglichkeiten beruhen auf der Kombination der zahlreichen beteiligten Gene, die überdies durch Faktoren der Umwelt (Ernährung, Haltung, körperliche Beanspruchung, Lebensalter u. a.) noch erweitert werden. Die Erscheinungsweise von Merkmalen, die polygener Vererbungsform unterliegen, kann daher in abgestuften Formen auftreten.

Dieses Ineinanderverzahntsein von genetischen und umweltbedingten Faktoren macht es vor allem dem Züchter so schwierig, in diese Vorgänge regulierend einzugreifen. Aus der Reihe der erblichen Defekte, die der polygenen Vererbung unterliegen, sei nur die Hüftgelenksdysplasie genannt. Ihre abgestuften Erscheinungsformen (Manifestationsgrade) reichen von kaum nachzuweisenden Anomalien bis zu den schwersten pathologischen Veränderungen, bei denen die Gelenkpfanne, der Oberschenkelkopf oder gar beide zerstört sind.

Ihre Bekämpfung bei der Deutschen Dogge ist deshalb so schwierig, weil die Züchter nur Hunde mit mittlerem und schwerem Befall von der Zucht ausschließen, anstatt durch rigorose Selektion aller befallenen Doggen dem Übel an der Wurzel zu begegnen mit dem Wissen, daß jede Manifestationsform dieselbe genetische Grundlage hat. Solch eine Forderung kann allerdings nur eine theoretische sein; denn eine überscharfe Selektion hieße das »Kind mit dem Bade ausschütten«, das heißt die Basis der Zucht wegen »eines« Defektes wesentlich zu verkleinern und damit zu gefährden.

Zum Verständnis der späteren Kapitel über die Vererbung der Farben ist es unerläßlich, daß wir uns ein wenig näher mit den einfachen Regeln der Vererbung sowie mit den Begriffen vertraut machen, die diese Vorgänge umschreiben. Der Hund ist, wie alle Säugetiere, aus unzähligen winzigen Zellen aufgebaut. Jede Zelle besteht aus dem Zellplasma, das sich weitgehend aus Proteinen (Eiweißstoffen) zusammensetzt und eingeschlossen hierin liegt der Zellkern, in dem sich die stofflichen Grundlagen der Vererbung, die Chromosomen, befinden. Die Anzahl der Chromosomen ist für alle Lebewesen charakteristisch. Beim Hund, gleich welcher Rasse, sind es 78 Chromosomen, die in jeder Körperzelle vorhanden sind. Und da sich jeweils zwei gleichen und diese dann auch paarweise zusammenliegen, spricht man vereinfachend von 39 Chromosomenpaaren.

Unabhängig von diesen sogenannten Körperzellen gibt es die Geschlechtszellen (Keimzellen, Gameten), die einander nicht beeinflussen. Tritt eine unreife Keimzelle in den Reifungsprozeß ein, so macht sie eine Teilung durch, die sogenannte Reduktionsteilung. Bei dieser Teilung werden die Chromosomen so angeordnet, daß jede der entstehenden reifen Geschlechtszellen nur noch einen Paarling der ursprünglich paarigen Chromosomen besitzt. Die Chromosomenzahl wird also auf die Hälfte reduziert. Durch das Verschmelzen der Ei- und Samenzelle bei der Befruchtung wird der ursprüngliche Zustand wieder hergestellt, das heißt die Chromosomen sind nun wieder paarig vorhanden.

Man ist sich heute darüber einig, daß die Chromosomen die wesentliche Grundlage der Vererbung bilden. Jedes Chromosom enthält eine bestimmte Anzahl winziger Körperchen, Gene genannt, deren jedes in seinem Chromosom eine bestimmte Stelle einnimmt und »wie Perlen auf einer Schnur« angeordnet ist. Diese Gene, die in ihrer chemischen Zusammensetzung aus Desoxyribonukleinsäure (DNS) bestehen, sind bei Arten wie bei Einzelwesen für alle ererbten Merkmale bestimmend. Das Gen ist also der Grundbegriff der ganzen Vererbungslehre; es ist für den Erbforscher das, was das Atom für den Physiker bedeutet. Die Gesamtsumme aller Gene in einem Organismus entspricht der Gesamtheit aller Einheiten, die die Entwicklung jedes Merkmales beherrschen und regeln, die der fertige Organismus zeigen wird.

Das Individuum erbt nicht die körperlichen oder seelischen Eigenschaften oder Merkmale seiner Eltern, sondern die Gene, aus denen unter entsprechenden Umwelteinflüssen diese Eigenschaften oder Merkmale hervorgehen.
Gene, die auf den paarig angeordneten Chromosomen (homologen Chromosomen) an derselben Stelle (Locus) liegen, beeinflussen stets dasselbe Merkmal. Da sie ihren Einfluß aber in unterschiedlicher Weise ausüben können, werden sie als Allele eines Gens bezeichnet.
Sind die sich entsprechenden Gene (Allele) eines Chromosomenpaares gleich, das heißt beeinflussen sie das Merkmal auf dieselbe Weise, so sagt man, der Hund sei ›homozygot‹ (reinerbig) in Bezug auf ein bestimmtes Merkmal. ›Heterozygot‹ (mischerbig) ist dagegen ein Tier auf ein bestimmtes Merkmal hin, wenn die beiden Allele verschieden sind und damit das Merkmal auf unterschiedliche Weise beeinflussen (dominant/rezessiv).

Außer dieser Wechselwirkung zweier Gene an einem Locus gibt es auch Gene, die von verschiedenen Loci aufeinander einzuwirken vermögen. In diesem Falle spricht man von ›Epistase‹.
Es soll ausdrücklich darauf hingewiesen sein, daß an dem Entstehen der meisten Eigenheiten und Merkmale, mit denen wir es in der Hundezucht zu tun haben, mehr als nur ein Gen beteiligt ist. Was als ein besonderes Merkmal betrachtet wird, kann das Ergebnis des Zusammenwirkens ganzer Gruppen von Genen sein. Für das weitere Verständnis kommt es aber nicht darauf an, ob ein bestimmtes Merkmal das Ergebnis eines einzelnen oder vieler Gene ist.

Unter dem Erbbild (= Genotyp) des Hundes verstehen wir seine genetische Struktur, das ist die Summe aller seiner Gene, während seine äußere Erscheinung als Phänotyp bezeichnet wird. An der Gestaltung des Phänotpys wirken nicht nur seine Gene mit, sondern auch die Umwelt, in der sich der Hund entwickeln kann. Solche auf ihn einwirkenden Umweltfaktoren können beispielsweise die Ernährung sein, aber auch Erziehungseinflüsse u.a. Diese massiven äußeren Einwirkungen auf den Phänotyp bezeichnet man als »Modifikation«. Modifikationen sind nicht vererbbar, d. h. eine durch Umwelteinflüsse physisch und psychisch veränderte Dogge gibt diese von außen kommenden Eigenschaften nicht an ihre

Nachkommen weiter. Ebensowenig ist zu erwarten, daß anerzogene Verhaltensweisen, die in Form besonderer Ausbildungskennzeichen gekrönt wurden, vererbt werden. Wie bedeutsam eine zweckmäßige Haltung ist, wird am besten durch den Satz des Rittmeisters von Stephanitz dokumentiert: »Der Züchter schafft den Welpen, der Besitzer schafft den Hund.«
Erstes Mendelsches Gesetz (Uniformitätsgesetz): Kreuzt man reinerbige Eltern (reinerbig bezüglich eines bestimmten Merkmales), so sind die Nachkommen in der nächsten Generation bezüglich dieses Merkmales untereinander gleich (uniform).

Als Beispiel für diesen Erbgang nach dem klassischen Dominanz-Muster wollen wir als Ausgangstiere zwei Doggen aus den unterschiedlichen Farbschlägen schwarz und blau wählen.
Die Farbe schwarz ist dominant über blau. Die genetischen Faktoren werden mit Buchstaben symbolisiert, wobei das dominante Gen durch einen großen, das rezessive durch einen kleinen Buchstaben charakterisiert wird.
Wählen wir für den schwarzen Farbschlag das Symbol ›D‹ und für die blaue Fellfarbe das Symbol ›d‹, so muß eine homozygot schwarze Dogge die Gene DD besitzen, eine blaue dagegen die Gene dd.
Die Ausgangspartner, die sogenannte Eltern- oder Parental-Generation wird mit dem Buchstaben P 1 bezeichnet, die Nachkommen als erste Tochter- oder Filial-Generation F 1, diese wiederum untereinander gepaart erhält man die F-2-Generation.

Diagramm 1

P 1	schwarzer Rüde	×	blaue Hündin
Genotyp	DD		d d
	↙ ↘		↙ ↘
	D D		d d
F 1	nur schwarze Welpen		
Genotyp	Dd		

Zweites Mendelgesetz (Spaltungsgesetz): Die auf der Grundlage des 1. Mendelschen Gesetzes entstandenen Doggen sind in bezug auf ihre Farbe mischerbig (heterozygot). Kreuzt man diese Hunde der F-1-Generation untereinander, so spalten die Farben ihrer Nachkommen in der F-2-Generation im Verhältnis 1 : 2 : 1 auf.
Ob dieses so ist, wollen wir in dem nachfolgenden Beispiel eines Kreuzungswurfes, Bruder mit Schwester, überprüfen. Die verschiedenen Möglichkeiten lassen sich leicht durch eine schachbrettartige Tabelle veranschaulichen, wenn man die vom Rüden herrührenden Keimzellen oberhalb quer notiert und die von der Hündin stammenden seitlich längs, worauf man die zu jedem Feld gehörenden Buchstabengruppen in das betreffende Feld einträgt. Das Ergebnis zeigt das Diagramm 2.

Diagramm 2

F 1 Dd (schwarz)

F 2

	D	d
D	DD (schwarz)	Dd (schwarz)
d	Dd (schwarz)	dd (blau)

F-2-Verhältnis im Genotyp: 1 : 2 : 1

1	DD	(reinerbig schwarz; homozygot dominant)
2	Dd	(mischerbig heterozygot-schwarz, Blauträger)
1	dd	(reinerbig blau, homozygot rezessiv).

F-2-Verhältnis im Phänotyp: 3 : 1

Theoretisch werden schwarze und blaue Welpen im Verhältnis 3 : 1 auftreten. Praktisch kann das Ergebnis anders sein, da die Welpenzahl zu gering ist, um alle Kombinationsmöglichkeiten der Geschlechtszellen im richtigen Zahlenverhältnis wiederzugeben.
In den bisher angeführten Fällen unterscheiden sich die zur Kreuzung benutzten Elterntiere nur in einem Merkmal. Viel komplizierter werden allerdings die Verhältnisse, wenn bei einer Kreuzung mehrere solcher Genpaare beteiligt sind. Allein schon bei einem Vererbungsvorgang mit zwei voneinander unabhängigen Genpaaren entstehen in der F-2-Generation vier verschiedene Genotypen im sogenannten ›Dihybriden-Verhältnis‹ 9 : 3 : 3 : 1.
Rückkreuzung: Bei der Kreuzung der Farben haben wir gesehen, daß eine homozygot schwarze Dogge nicht von einer heterozygot schwarzen zu unterscheiden ist. Für den einfachen Doggenhalter ist es im allgemeinen unerheblich, ob sein schwarzer Hund das rezessive Gen (d) hat, also ›Blauträger‹ ist. Problematischer wird es hingegen, wenn ein Züchter bei der Reinfarbenzucht beispielsweise einen schwarzen Zuchtpartner für die Geflecktzucht verwenden möchte, dessen farbliche Abstammung nicht eindeutig geklärt ist. Von noch größerem Interesse für den Züchter kann schließlich sein, auf kürzestem Wege den Träger eines versteckten Merkmales zu ermitteln, um Defekte oder genetische Anomalien auszumerzen, die sich in vielen Fällen ebenfalls rezessiv verhalten.

Um dieses herauszufinden, gibt es Möglichkeiten zu Testpaarungen, wobei die sogenannte Rückkreuzung als die sicherste und daher gebräuchlichste Methode anzusehen ist. Hierbei wird das fragliche Tier (N ?) mit einem homozygot rezessiven Merkmalsträger (nn) verpaart. Handelt es sich bei dem verdächtigen Tier um eines mit NN, wird kein Nachkomme mit dem Mangel entstehen (Diagramm 3,1). Ist es dagegen Merkmalsträger (Nn), müßte die Hälfte der Nachkommen Nn aufweisen, das heißt phänotypisch gesund sein und die andere Hälfte (nn) die Defekte oder Anomalien zeigen (Diagramm 3,2).

Diagramm 3,1

NN × nn

↙ ↘ ↙ ↘

N N n n

Nn

Diagramm 3,2

Nn × nn

↙ ↘ ↙ ↘

N n n n

Nn nn

1 : 1

Das Auftreten eines einzigen befallenen Nachkommen reicht bereits aus, um festzustellen, daß der phänotypisch gesund erscheinende Hund Träger eines Defektes oder einer Anomalie ist (oder, um auf das Farbbeispiel zurückzukommen, ›Blauträger‹ ist). Bei einer verhältnismäßig geringen Welpenzahl je Wurf kann aber durchaus der Zufall eine Rolle spielen und das Tier kann Nn haben, ohne einen einzigen Nachkommen mit nn hervorzubringen. Ein aufschlußreicheres Ergebnis läßt sich daher im Zweifel nur über eine zahlenmäßig größere Nachkommenschaft erzielen und das ist, wie H. Eichelberg (Einführung in die Genetik, 1985) schreibt, »in der Hundezucht unter ethischen Gesichtspunkten nicht unproblematisch, denn mit jeder Testpaarung erzeugt man bewußt kranke Tiere oder doch mindestens weitere Merkmalsträger. So erhebt sich die Frage, ob man sich in der Hundezucht, der ja keine wirtschaftlichen Aspekte zugrunde liegen, zur Bekämpfung rezessiver Anomalien weniger rigoroser Methoden bedienen sollte und dafür einen längeren Weg der Defekteindämmung in Kauf nehmen muß«.
Im übrigen läßt sich diese Methode der Testverpaarungen nicht bei der Bekämpfung von Defekten anwenden, die der polygenen Form der Vererbung unterliegen. Auch hier sind Erfolge nur in kleinen Schritten und in einem längeren Zeitraum über die Zuchtauslese zu erzielen.

XIX. Von der Farbenzucht bei Deutschen Doggen

„. . . das ganz Gemeine magst du sehen, das Nächste mit dem Nächsten klug verknüpfen, darin vertrau' ich dir und glaube dir; doch was . . ."

(Schiller – Wallenstein)

»Quot canes tot colores«. So viele Hunde, so viele Farben. Wieviele Möglichkeiten hier bestehen und »erlaubt« waren, verrät uns ein Blick in den Standard des Jahres 1880. Hier tummeln sich unter den sogenannten einfarbigen Doggen geflammte (gestromte) mit goldbrauner, gelber, schiefergrauer, eisen- oder hellaschgrauer Farbe neben gelben, diese ebenfalls von aschgrauer, schiefergrauer und hellsilbergrauer Tönung, ganz einfarbig oder mit leichtem schwärzlichen Anflug an Schnauze, Augen und Rückenstrang. Dazu die gefleckten oder Tigerdoggen von weißer oder hellsilbergrauer Grundfarbe mit schwarzen oder grauen Flecken; ergänzt durch die weißen mit blauen Flecken (Blautiger), die sogenannten Silbertiger (hell- oder dunkelgrauer oder rein blauer Untergrund mit dunklen Flecken) und schließlich die weißen mit rotgelben oder gestromten Flecken (Rottiger).

»Um die Jahrhundertwende« so weiß Paul Fueß-Steglitz, langjähriger 1. Vorsitzender des Deutschen Doggen Clubs in dessen Anfängen zu berichten, »tauchten zuerst in Süddeutschland immer hellere, schließlich ganz licht silbergestromte Tiere auf, die schon des ungewöhnlichen Anblickes halber begeisterte Liebhaber fanden. Die Silbergestromten verkauften sich leichter, wurden modern und breiteten sich mehr und mehr aus. Unwillkürlich wurde diese Richtung noch dadurch unterstützt, daß ständig eine große Zahl Doggen, oft die besten, von Hamburger und Pariser Exporteuren aufgekauft wurden, und daß die Händler die lichteren Farben bevorzugten. Waren mir doch in Berlin kleine Züchter und Händler bekannt, die regelmäßig den Besuch Hamburger Aufkäufer erwarteten und deren sämtliche Produkte nach dem Ausland gingen. Natürlich zog man des leichteren Verkaufs und der höheren Preise halber nur die heller gefärbten Tiere auf, während alle dunkelgefärbten Neugeborenen ins Jenseits befördert wurden.

. . . Bei meiner ersten Richtertätigkeit, ungefähr 1900, stand ich mit meiner Ansicht, daß auch ein Dunkelgestromter und Dunkelgelber schön sein kann, fast

ganz allein . . . Daß wir allerdings so schnell, schon 10 Jahre später, infolge der allgemein üblichen Ausmerzung der dunklen Farben die schwarze Maske und dunkle Augenverbrämung, die den Kopf doch so außerordentlich verschönen kann, fast ganz verlieren würden, das hätte ich damals nie geglaubt. Das leuchtende Goldstrom, das viele der alten Doggen zeigten, auch das immer schöne Tiefdunkelgoldstrom, bei dem die schwarzen Stromen fast überwiegen, ebenso auch das Goldgelb mit schwarzer Maske, sieht man heute noch bei der jüngeren Rasse der Boxer. So ungefähr sahen damals viele Doggen aus.«
Fuess hat sich über dreißig Jahre mit der Frage der Farbenkreuzungen beschäftigt und in dieser Zeit zahlreiche Versuche unternommen. Er schreibt hierzu: »Erleichtert wurden mir diese Versuche, als ungefähr 1904 Herr Geheimrat Heck vom Zoologischen Garten mich ersuchte, die Doggenzucht im Zoo etwas zu beaufsichtigen. Der Zoologische Garten in Berlin hatte, um stets Ammen für seine Raubtierzucht zu haben, immer einen größeren Bestand an Deutschen Doggen.«
Die Ergebnisse seiner Experimente faßt er als großer Befürworter dieser Farbenkreuzungen schließlich zusammen in den Bemerkungen: »Der gefleckte Schlag ist zweifellos in weißschwarz, weißblau, weißgelb oder rot ein Zeichen eines beginnenden Albinismus. Da die fortgesetzte Inzucht in diesem Farbschlag schwere Schäden zeigt, halte ich eine zeitweise Einkreuzung mit gelbem oder gestromtem Blut für notwendig und keineswegs für schädlich.«
Obwohl der Standard die Farbschläge gelb-gestromt, gefleckt-schwarz und blau bereits als selbständige Varietäten erfaßte, wurde bis in die 30-Jahre in Bezug auf die Farben wild darauf losgezüchtet. Jeder Züchter konnte die Farben mischen wie es ihm gefiel.
Erst auf der Generalversammlung des Deutschen Doggen Clubs im Jahre 1932 in Marburg wurde der Beschluß gefaßt, künftig die Vermischung der Farben nicht mehr zu gestatten.

Der gelbe und gestromte Farbschlag

Gelbe und gestromte Doggen sind innerhalb dieses gemeinsamen Farbschlages zucht- und ausstellungsmäßig zusammengefaßt.

Das »Gelb« dieser Hunde ist vermutlich aufgrund chemischer Vorgänge aus dem schwarzen Pigment hervorgegangen, das seinerseits noch in der Haut vorhanden ist und eine intensive Schwarzfärbung der Nase, der Lefzen und der Lidränder der Augen bewirkt.
Bei den gestromten Doggen zeichnet sich die Stromung innerhalb der gelben Grundfarbe ab. Die Stromung selbst wird auch in Zusammenhang mit der sogenannten »Aguti-Zeichnung« gedeutet, einer typischen Bänderung des Fellhaares bei Wildtieren. Die Haare sind untereinander nicht einheitlich aufgebaut. Die meisten besitzen schwarze Spitzen und verlaufen zur Haut hin über eine gelb- bis weißliche Bänderung. Häufig geht die hellere Bänderung aber auch wieder in einen dunkleren Ton über. Stockmann (1985) nimmt an, daß die Stromung

ursprünglich von den Windhunden kommt, die mit den schweren, plumpen und gefährlichen Bullenbeißern gekreuzt wurden, um sie beweglicher zu machen, selbst aber bis dahin eine Stromung nicht aufwiesen.
Die Vererbung der Farben verläuft bei der Verpaarung von gelben und gestromten Deutschen Doggen nach dem einfachen rezessiven Erbgang, wobei »gestromt« (Gensymbol e^b) dominant über »gelb« (Gensymbol e) ist.
Das bedeutet, daß bei einer gelben Dogge der rezessive Gelbfaktor doppelt (ee) vorhanden ist. Sie ist in bezug auf die Farbe reinerbig (homozygot). Gestromte Doggen können hingegen reinerbig (e^b e^b) oder auch gemischterbig (heterozygot) (e^b e) gestromt sein.

Nach der Zuchtordnung des Deutschen Doggen Clubs ergeben sich folgende Paarungsvarianten:

1. Gelb (ee) X Gelb (ee)
   ergibt: 100% gelbe Doggen
2. Gelb (ee) X Gestromt (e^b e)
   ergibt: 50% gelbe: 50% gestromte Doggen
3. Gestromt (e^b e^b) X Gestromt (e^b e^b)
   ergibt: 100% gestromte Doggen.

Wie die Erfahrungen der Praxis lehren, führt die dauernde Vereinigung von Gestromt mit Gestromt dazu, das Gelb allmählich zu überwuchern, um dann fast im Schwarz zu enden. Vorbeugung ist hier also: Paarung gestromter Tiere mit gelben.
Umgekehrt tritt ein »Pigmentverlust« ein, wenn Gelb stets mit Gelb verpaart wird. Über hellgelb bis isabellfarben geht die Farbe schließlich in ein schmutziges Grau über. Zu empfehlen ist daher auch hier ein steter Wechsel mit der Hereinnahme von gestromt-goldfarbigen Doggen.

Der weiß-schwarz gefleckte Farbschlag

1. Gefleckte Doggen (Tigerdoggen, Harlequins)

Der Faszination, körperlich wohlgestaltete gefleckte Deutsche Doggen mit gut verteilten schwarzen Flecken in rein-weißer Grundfarbe zu züchten, sind wohl zu allen Zeiten viele Züchtergenerationen verfallen. Doch die Geflecktzucht zu betreiben, heißt sich an einem Würfelspiel zu beteiligen, bei dem selten »der große Wurf« gelingt. Schwarze Welpen, die je nach der Höhe ihres Weißanteiles mehr oder weniger in Kauf genommen werden, gefleckte mit großen grauen oder schwarzen Flecken und »gesticheltem« Untergrund, Grautiger, die für die Zucht- und Ausstellungen nicht zugelassen sind und nur als »Pets« abgegeben werden und lebensuntüchtige Weißtiger (Albinos) sind häufig die »Ausbeute« eines mit Spannung erwarteten Wurfes. So wird die Geflecktzucht scherzhaft auch als »Zucht für Millionäre« betrachtet.

Abb. 99: Gelber Doggenrüde Glenn v. Ferndorftal. Weltsieger 1983.

Abb. 100: Gestromte Doggenhündin Zarah v. d. Bitz, Weltsiegerin 1980.

Vereinfachend läßt sich sagen, daß an der Entstehung der Farben überwiegend zwei Gene beteiligt sind. Von ausschlaggebender Bedeutung ist dabei ein dominanter Faktor, der unter dem Symbol ›M‹ bekannt geworden ist und die sogenannte Merle-Fellfarbe bedingt.
Merle ist eigentlich keine Farbe, sondern »vielmehr eine Art Zeichnung, die aus unregelmäßigen Sprenkeln zweier verschiedener Farbintensitäten des gleichen Pigments – z. B. schwarz und blaugrau oder grau – besteht« (Burns und Fraser, 1962).
Mit dem Begriff »Merle-Faktor« wird in erster Linie eine Genmutation bezeichnet, die u. a. eine vollständige Pigmentierung des Felles verhindert. Das zweite, für die Pigmentierung zuständige Gen ›m‹ ist nur dann stark und wahrnehmbar, wenn es doppelfaktorig auftritt. Wie alle Rezessiven ist es daher mit einem kleinen Buchstabensymbol gekennzeichnet. Daraus ergeben sich folgende Möglichkeiten einer Genkombination: M m, m m, M M.
Deutsche Doggen mit der Genkonstellation ›M m‹ haben merlefarbenes Fell, das sich entweder in Form schwarzer Flecken auf grauer Grundfarbe (Grautiger) oder mit schwarzer Fleckung in weißer Grundfarbe darstellt. In den USA bezeichnet man diese beiden Varianten als »merle« (Grautiger) und »harlequins« (weißschwarz gefleckt).
Bei der Verpaarung zweier gefleckter Doggen M m X M m entstehen aus der Genkombination ›m m‹ stets auch schwarze Tiere. Da diese den Merlefaktor nicht tragen, können aus der Verpaarung schwarzer Doggen untereinander selbstverständlich keine gefleckten Tiere erwartet werden.
Dort, wo der Merlefaktor reinerbig (homozygot) ›M M‹ auftritt, haben wir es mit weißen Doggen, sogenannten Weißtigern (Albinos) zu tun. Haare und die darunterliegende Haut dieser Albinos sind weiß, aber nicht etwa von einem »weißen Pigment« her, das es nicht gibt, sondern durch absoluten Pigmentausfall. Selbst den wasserhellen bis rötlichen Augen fehlt es an der Ausbildung des Augenschutzpigments. Diese Hunde werden als Albinos bezeichnet.

Aufgrund der Möglichkeiten, die von der Zuchtordnung des Deutschen Doggen Clubs vorgegeben sind, lassen sich folgende Kombinationsmöglichkeiten unter Anwendung der Mendelschen Regeln ermitteln. Die angegebenen Häufigkeiten beruhen auf dem Spiel großer Zahlenwerte:

1. Gefleckt (M m) X Schwarz (m m)
   ergibt: 50% gefleckte Doggen (oder Grautiger)
   und 50% schwarze.
2. Gefleckt (M m) X Gefleckt (M m)
   ergibt: 50% gefleckte Doggen (oder Grautiger),
   25% schwarze Doggen und 25% Weißtiger

Der Merle-Faktor ist leider nicht nur für die von vielen Liebhabern dieses Farbschlages bevorzugte Fleckenzeichnung verantwortlich, sondern er löst, in doppelter Dosis, auch eine Reihe von Anomalien aus. Verminderte Sehleistung bis

Abb. 101: Deutsche Dogge gefleckt Sarrass v. Harlekin, Tigerdogge, Harlequin.

zur Blindheit, Hörverlust bis zur vollkommenen Taubheit, Störung der Schwimmfähigkeit als Folge der Beeinträchtigung der Gleichgewichtsorgane im Ohr, erhöhte Jugendsterblichkeit (bis zu 47% Todesrate), Fruchtbarkeitsstörungen u. a. sind auf dieses sogenannte Defekt-Gen zurückzuführen. Weißtiger (Albinos) sind daher in ihrer Lebensqualität stark benachteiligt, wenn nicht gar lebensuntüchtig. Wegener (1978) ist der Ansicht, daß eine abgestufte Wirkung des Defektgens (Teilalbinismus) auch bei den gemischterbigen (heterozygoten) Merle-Hunden (gefleckte oder Grautiger) zu erwarten ist. Seine Konsequenz als Wissenschaftler, die Zucht dieser Hunde einzustellen, wird auf Grund der Gegebenheiten eine Illusion bleiben.

2. Schwarze Doggen

Der schwarze Farbschlag nimmt in der Einteilung der FCI nach Varietäten keine Sonderstellung ein, sondern wird mit den gefleckten Doggen zusammengefaßt, aus deren Verpaarungen er entsteht, wenn das dort rezessive Gen ›m‹ doppelfaktorig ›m m‹ auftritt.

Als dominant ›B‹ (= black) erweist sich das Gen der Schwarzfärbung allerdings bei den Farben Gelb und Blau. Im Erscheinungsbild (phänotypisch) schwarze Doggen können daher in ihrem Erbbild (Genotyp) sowohl reinerbig (homozygot) schwarz ›B B‹ (m m) oder gemischterbig (heterozygot) sein, wenn das Schwarz die rezessiven Gene Gelb oder Blau überdeckt. Die Verpaarung derartig heterozygoter Elterntiere untereinander läßt also ohne weiteres außer schwarzen auch gelbe oder blaue Nachkommen erwarten. Um den Gelb- bzw. Blaufaktor aus der Flecktzucht fernzuhalten, hat der Deutsche Doggen Club diese gemischterbigen schwarzen Hunde, die aus der Sanierungszucht stammen, für die Flecktzucht gesperrt. Eine Sonderstellung nehmen die unter dem schwarzen Farbschlag geführten Plattenhunde und Manteltiger ein, für deren Farbgebung vermutlich ein Gen für Weißfleckigkeit zuständig ist. Es ist nicht auszuschließen, daß dieses Gen auch an der Musterung der gefleckten Hunde beteiligt ist. Man bezeichnet diese Form der Fellmusterung, bei der in einem ansonsten ausgefärbten Fell weiße Regionen auftreten, auch als Scheckung.

Nach Jödicke (1983) liegt offenbar für dieses Gen ein abgestuftes System verschiedener Mutationen vor, die in mehr oder weniger ausgeprägter Form eine Pigmentierung des Felles verhindern. Die Mutation mit der einschneidendsten Wirkung reduziert die Pigmentierung auf einzelne Platten (Plattenhunde), während sich die schwächste Mutationswirkung auf wenige unpigmentierte Fellbereiche beschränkt und lediglich weiße Abzeichen in unterschiedlicher Größe an Brust und Pfoten erzeugt.

Dazwischen steht eine Mutation, die die sogenannte Manteltigerung hervorruft. Wegen der an einen Boston Terrier erinnernden Zeichnung werden diese Doggen in den USA häufig auch als ›Boston‹ bezeichnet.

Abb. 102: Schwarze Dogge Gauner vom Hof Donep.

Abb. 103: Schwarze Dogge Oana Royal.

Der blaue Farbschlag

Wegen ihrer aparten Farbe haben Doggen dieses Farbschlages eigentlich zu allen Zeiten in der Gunst des Publikums gestanden. Möglicherweise auch eine Reminiszenz an Bismarck, dessen berühmtester Hund die blaue Dogge »Tyras« gewesen ist. Hendrichs (1913) schreibt hierzu enthusiastisch: »Ist doch die blaue Dogge der Lieblingshund Bismarcks gewesen, nach Abstammung und Bevorzugung ein echt deutscher Hund, der nationale Hund des größten Nationalhelden.«

Dabei ist die Blaufärbung eigentlich ein verhindertes Schwarz. Hervorgerufen durch ein Gen, dessen Wirkung eine gewisse Zusammenballung schwarzer Pigmentkörper im Haar verursacht, so daß ein Hund mit ursprünglich schwarzem Haarpigment rauchgrau (»blau«) erscheint. Little und Jones (1919) erteilten diesem Verwässerungs- oder Verdünnungsfaktor das Buchstabensymbol ›d‹. Es verhält sich gegenüber seinem für die normale (schwarze) Pigmentierung zuständigen Allel ›D‹ rezessiv. Eine »blaue« Dogge muß demnach dem reinerbigen Genotyp ›d d‹ entsprechen.

Auf Blauverdünnung ist auch die für diesen Farbschlag hellere Pigmentierung der Augen zurückzuführen, die sich bei zunehmendem Alter über die blaue Augenfarbe des Welpen zu einer eher rauchbraunen Färbung wandelt.

Noch nicht geklärt sind die Ursachen der unterschiedlichen blauen Farbtöne, die von silbergrau bis anthrazit reichen. Dagegen läßt sich das in der Regel in den Sommermonaten auftretende Rostbraun des Haarkleides sowie das »verschossene« bräunliche Fell bei Zwingerhunden, die ›Wind und Wetter‹ ausgesetzt sind, auf Bleichvorgänge durch Sonneneinstrahlung und Pigmentzerfall infolge von Umwelteinflüssen zurückführen. Auf Weißfleckigkeit beruhen auch hier, wie bei den schwarzen Doggen, die weißen Abzeichen an Brust und Pfoten.

Aus der Zuchtordnung ergeben sich folgende Paarungsvarianten:

1. Blau (d d) × Blau (d d)
   ergibt: 100% blaue Nachkommen.
2. Blau (d d) × Schwarz aus Blauzucht (D d)
   ergibt: 50% blaue und 50% (D d) schwarze Doggen
3. Schwarz aus Blau (D d) × Schwarz aus Blau (D d)
   ergibt: 25% blaue, 50% gemischterbig schwarze (D d)
   und 25% reinerbig schwarze Doggen (D D).

Für »Überraschungen« sorgen von Zeit zu Zeit gelbe oder blau-gelbe Welpen, die in Würfen des blauen Farbschlages fallen. Zurückzuführen sind sie auf die vor Jahren vorgenommenen Gelbeinkreuzungen im Rahmen der »Sanierungszucht«, wobei festzustellen ist, daß nicht nur Schwarz, sondern auch Blau über das rezessive Gen des Gelbfaktors dominiert.

Bei einer Dogge mit gelbem Haarpigment ergibt die vermittelnde Wirkung der Gene für Blau (d d) und Gelb (e e) eine Schattierung, die bereits von Little und Jones (1919) als verdünntes Gelb oder Taubengelb angesprochen worden ist und »bei den Greyhounds als ›fahlblau‹ bekannt ist« (Burns, 1966). Offensichtlich war zu Anfang dieses Jahrhunderts dieser Farbton einer goldgelben Grundfärbung in Verbindung mit dem Blauschimmer, den man auch als Drappfarbe bezeichnete, allseits sehr beliebt. So schreibt Wetz (1922) u. a.: ». . . gerade dieser Farbton wurde vielfach als sehr apart befunden, besonders waren es Damen, welche immer ganz entzückt von diesen Tieren waren«.

Jödicke (1987) weist darauf hin, daß diese Tiere besonders durch die blaue Masken- und Nasenfärbung auffallen.

Abb. 104: Blaue Dogge Fleur Royal, Weltsiegerin 1965.

Abb. 105: Blaue Dogge Baccara v. Blauen See.

XX. Erblich- und umweltbedingte Verhaltensweisen

Unter Doggenfreunden, aber auch in jenen Kreisen, die dieser Rasse mit Skepsis begegnen, wird heute viel vom Wesen der Deutschen Dogge geredet, und die Einschätzung hierzu reicht von jubelnder Zustimmung bis zum bittersten Argwohn.

Der einfache Doggenbesitzer wünscht sich einen Hund mit einem guten Wesen. Was meint er damit? Er möchte eine Dogge, die treu zu ihm und seiner Familie hält, die erzieherisch keine allzu großen Schwierigkeiten macht, die sich den Kindern gegenüber liebenswürdig verhält, die sich durch eine gewisse Wachsamkeit auszeichnet, die sich im Straßenverkehr anständig benimmt und die er deshalb überallhin mitnehmen kann.

»Das, was wir das Wesen eines Hundes nennen«, sagt Seiferle, »ist die Gesamtheit all' jener Eigenschaften, die sein Verhalten gegenüber der Umwelt bestimmen, die den einzelnen Hund zum an- oder unangenehmen Lebensgefährten machen und ihm seinen durchaus ›persönlichen‹ Charakter verleihen.«

Jeder ernsthafte Doggenfreund wird bestrebt sein, seinen Schützling möglichst problemlos in das menschliche Milieu einzugliedern. Doch inwieweit ihm das gelingt, hängt ebenso sehr von den erblich bedingten, angeborenen Veranlagungen, wie von den erworbenen, den Umweltbeeinflussungen ab, die den Hund prägen und für bestimmte Erziehungskünste zugänglich machen oder nicht. So sind u. a. bereits beim noch unfertigen Junghund die Trieb- und Instinktveranlagungen im Keim vorhanden, während sich erworbene Wesenseigenschaften erst im Laufe der Zeit bemerkbar machen. Sie beruhen im wesentlichen auf den lust- oder unlustvollen Erfahrungen, die die Dogge im Laufe ihres Lebens sammeln konnte. Welchen Anteil Erbgut, Lernvermögen, Erziehung und Ausbildung an den Handlungen der Dogge haben, wird sich schwerlich im einzelnen ermessen lassen. Man nimmt an, daß beim Menschen die Intelligenz zu 51% von der Erbanlage und zu 49% von der Umwelt abhängig ist. Ähnlich soll das Verhältnis von Anlage und Erziehung auch bei Hunden sein. Wienrich (zitiert nach Wegner) gibt aus Untersuchungen mit sehr unterschiedlichen Hunderassen für die Verhaltensmerkmale bei Hunden einen Erblichkeitsgrad von 27 bis 44% an. Im Mittel sind hier sogar etwa 65% auf einen verbesserten Umgang (Prägungs-, Sozialisierungsphase, Haltung

u. a.), also auf Umweltfaktoren zurückzuführen. Der Genetiker spricht in einem solchen Falle, daß ein Merkmal nicht von zwei sich auf der Chromosomengarnitur gegenüberliegenden Genen, sondern durch viele variable Allele bestimmt wird, die zudem nicht in jedem Falle paarweise angeordnet sind, von einer polygenen Vererbung.

Der allgemein niedrige Erblicheitsgrad (ausgedrückt durch den Heritabilitätskoeffizienten) darf den Züchter nun nicht etwa zu der falschen Schlußfolgerung verleiten, das Wesen oder das Verhalten seiner Hunde züchterisch außer acht zu lassen. Es gehört vielmehr zu den größten züchterischen Herausforderungen, herauszufinden, inwieweit sich etwa angeborene Wesensschwächen züchterisch beeinflussen lassen. Da es sich hierbei um sogenannte endogene, auf inneren Reizen beruhende Verhaltensstörungen handelt, sind Ansatzpunkte möglicherweise in den vegetativen und hormonalen Entgleisungen zu suchen, deren Grundlage Stockard (1936, 1941) in dem Fehlverhalten der Hypophyse und Nebenschilddrüse bei Hunden mit Riesenwuchs vermutet und deren Folgen zu bestimmten Stoffwechselstörungen und Veränderungen im zentralen Nervensystem führen. Hierzu gehören u. a. die Überlegungen, den Standard um die unsinnige Forderung nach noch mehr Größe zu bereinigen, aber auch die Zucht nicht allein auf Schönheit zu betreiben. Das Wesen muß neben Rassenprägung und den allgemeinen Körperproportionen einen hohen Rang haben, weil wenig damit gewonnen ist, wenn man mit nervösen Doggen züchtet.

Die großen Einflüsse, die den Umweltfaktoren auf die Prägung des Verhaltens unserer Hunde zugeschrieben werden, geben uns die Chance zu einer Optimierung der Bedingungen, damit umweltbedingte Verhaltensstörungen weitestgehend ausgeschlossen werden können. Bei den psychisch bedingten, auch umweltreaktiv genannten Verhaltensweisen sind es nach H. Brummer (1988) ausschließlich psychische Reize oder deren Fehlen, die Störungen verursachen. Zu diesem umweltreaktiven Verhaltensstörungen zählen vor allem die früherworbenen, wie: Fehlprägungen und versäumte Prägungs- und Sozialisierungsvorgänge durch reizarme oder traumatisierende Umweltverhältnisse bei der Aufzucht und Erziehung. Die kynologische Wissenschaft mißt hier vor allem der sogenannten Prägungs- und Sozialisierungsphase, in der sich die jungen Hunde etwa von der vierten bis zur zwölften Lebenswoche befinden, besondere Bedeutung zu. Es ist die Zeit der Prägung auf den Menschen, in der die entscheidenden Weichenstellungen für die Entwicklung des Welpen zu einem aufgeschlossenen, lernfähigen und verhaltenssicheren Hund erfolgen muß. Der große Verhaltensforscher Konrad Lorenz hat den Begriff der Prägung im Bereich der Lebewesen als einen extrem kurzen, aber vor allem irreversiblen Lernvorgang definiert. Erfahrungen in diesem Alter, ob gute oder schlechte, so hat Eberhard Trumler in zahlreichen Versuchen nachgewiesen, beeinflussen nachhaltig das ganze spätere Leben. Hunde, bei denen versäumt wurde, sie auf den Menschen zu prägen, bleiben auch nach jahrelangem Zusammenleben mit ihnen scheu und zurückhaltend. Negative Erfahrungen einer schlechten Kinderstube, die sich vielleicht im nachfolgenden Erziehungsprozeß überspielen lassen, können sich später in unkontrollierten Reizhandlungen entladen.

Dabei beinhaltet das so akademisch klingende Wort Prägung für den Züchter nichts anderes, als daß er sich mit seinen Welpen liebevoll beschäftigt und sie nicht etwa brüsk zurückweist, wenn sie sich ihm zutraulich in ihrem Spieltrieb nähern. Wichtig ist vor allem viel körperlicher Kontakt durch Streicheln oder auf den Arm nehmen. Handlungen, an denen sich außer dem Züchter auch andere Personen beteiligen sollten, damit schon frühzeitig der Argwohn vor allen Fremden abgebaut wird.

Seine ersten gemeinschaftsbildenden Verhaltensweisen lernt der Welpe in den Spielen und Rangordnungskämpfen seines »Rudels«. Es fehlen eminent wichtige Erfahrungen für sein späteres Gemeinschaftsverhalten, die einen Hund kontaktarm oder aggressiv gegenüber Artgenossen werden lassen, wenn er zu früh aus der Meute abgegeben wurde. In den Zuchtordnungen der Vereine wird dem Rechnung getragen, indem den Züchtern auferlegt ist, ihre Welpen nicht vor der 8. Lebenswoche in andere Hände zu geben. Aber auch später sollte dieser Kontakt zu anderen Hunden nicht abreißen.

Viele Doggenbesitzer neigen dazu, ihre junge Dogge von anderen Artgenossen abzuschirmen, aus welchen Motiven auch immer. Eine Dogge, die in der Sozialisierungsphase nicht Gelegenheit hat, mit anderen Hunden zu spielen, wird unduldsam ihren Artgenossen gegenüber und reagiert ängstlich oder aggressiv.

Lernfähigkeit und Lernbereitschaft sind vor allem in der Sozialisierungsphase besonders stark entwickelt, so gilt es, nachdem der Welpe während dieser Zeit in aller Regel aus der Hand des Züchters in die seines neuen Besitzers überwechselt, diese zu nutzen und anknüpfend an die Welpenspiele des Rudels die Erziehung einzuleiten. Diese erfolgt spielerisch, mit viel Lob und nicht in Form einer rigiden Dressur, die die Persönlichkeit unserer empfindlichen Doggen zerstört. Vorgebliche »Wesensschwächen« bei unseren Hunden beruhen vielfach auf falsch angewandten Erziehungsmaßnahmen unwissender Besitzer.

XXI. Eine Dogge muß man sich leisten können

Mit diesem Hinweis soll nun nicht etwa einem elitären Denken das Wort geredet werden in der Weise, daß der Besitzer einer Dogge auch zu den ›Reichen‹ im Lande gehören muß. Aber jeder einzelne, der sich eine Dogge anschaffen möchte, sollte sich vorab prüfen, ob er die äußeren und inneren Voraussetzungen für die Aufnahme solch eines großen Hundes erfüllen kann. Beginnen wir trotzdem mit den materiellen Gesichtspunkten:

- Keiner wird leugnen können, daß die Anschaffungskosten für eine junge Dogge doch recht erheblich geworden sind. Und um ein gutes Exemplar zu erhalten, muß nicht unbedingt der nächstgelegene Zwinger der beste sein. Auch differieren die Preise schon mal zwischen drei- und vierstelligen Zahlenvorstellungen, bei denen die teuersten Zwinger durchaus nicht immer die besten sein müssen. Jeder hüte sich aber vor Billigstangeboten; denn kein Züchter, der seine Hunde ordnungsgemäß aufzieht und pflegt, hat etwas zu verschenken. Was sich hier womöglich durch die Versäumnisse an Impfungen, Entwurmungen, hochwertiger und artgerechter Fütterung, kontrollierter Zucht mit erbgesunden Elterntieren u. a. in einem verminderten Kaufpreis niederschlägt, zahlt der Käufer in der Regel in unkontrollierter Höhe bei seinen nachfolgenden Tierarztbesuchen auf.

- Nicht unerheblich sind die Kosten der Fütterung, bei der durch Unwissenheit und Nachlässigkeit oft viel gesündigt wird. Es wird oft vergessen, daß der Hund von seiner Herkunft her Mischfutterfresser ist. Nun hat die Futtermittelindustrie zwar in Form des Fertigfutters die ›optimale‹ Zusammenstellung der täglichen Futterrationen, angereichert mit ausreichenden Mengen an Mineralien und Vitaminen, übernommen, aber diese Bequemlichkeiten für den Doggenhalter schlagen sich natürlich auch in der Höhe des Preises nieder.

- Einkalkulierbar sind die in bestimmten Zeitabständen zu wiederholenden Auffrischungsimpfungen gegen Tollwut, Staupe, Leptospirose, Hepatitis, Parvovirose (auch als Katzenseuche bezeichnet) und andere bei bestimmten Seuchenzügen fällige Vorsichtsmaßnahmen. Bei Verletzungen und Fieber, hinter dem sich oft ernsthafte Erkrankungen verbergen, kann nur der erfahrene Kleintierarzt helfen. Auch das hat seinen Preis.

- Die Hundesteuer, zwar ständiges Ärgernis aller Hundefreunde, aber jüngst noch mit Urteil des Bundesfinanzhofes vom 14. 10. 87 – R 11/85 – als rechtens bestätigt, schlägt zunehmend deutlicher zu Buche. Ihre ›Gestaltungsfreiheit‹ liegt im Ermessen der Gemeinden und ist in Städten mit maximalen Sätzen von DM 240,– höher als in den dörflichen Bezirken. Gleichbehandlung aller Tierhalter hin, Steuergerechtigkeit her – hier auch die ›Daumenschrauben‹ anzusetzen, pflegt zur Eindämmung der Hundehaltung allgemein zu führen.

- Jeder Hundehalter, zumindest derjenige, der seinen Hund nicht aus beruflichen Gründen hält, und das ist ja wohl bei allen Doggenbesitzern gegeben, unterliegt gesetzlich der Gefährdungshaftung. Diese Haftung bedeutet, daß der Hundehalter grundsätzlich für alle Schäden im Zusammenhang mit seinem Tier aufzukommen hat, selbst wenn ihn dabei kein eigenes Verschulden trifft. Es wäre also sträflicher Leichtsinn, wenn er hier an falscher Stelle sparen, das heißt keine Haftpflichtversicherung für seine Dogge abschließen würde. Bei der Teilnahme an hundesportlichen Veranstaltungen des DDC ist Haftpflichtversicherung Pflicht.

- Unsere sensiblen Doggen gedeihen nur im täglichen Umgang mit ›ihren‹ Menschen. Rein äußerlich setzt das voraus, daß wir dem Hund einen geeigneten Raum innerhalb des Hauses mit einer weichen Lagerstatt zuweisen, von wo aus dieser Kontakt ständig möglich ist. Doggen sollten aber außer ihren täglichen Spaziergängen auch die Möglichkeit haben, sich zwischendurch in Luft und Sonne zu bewegen.

  Ein gut befestigter Gartenauslauf und eine zugfreie Hütte gehören also auch in die Kostenkalkulation, in die wir im übrigen getrost noch weitere, hier nicht näher zu erörternde Kosten, wie Halsbänder und Leinen, Futter- und Wassernapf, Kamm und Bürste, Hundeapotheke mit Fieberthermometer, Kohletabletten, Schere, Verbandstoff, Mittel für die Ohrenpflege, Ungezieferpuder u. a. einbeziehen können.

Dieser letzte Punkt der Hundehaltung leitet zu den ›inneren‹ Voraussetzungen über. Da gibt es eine ganze Reihe von persönlichen Fragen, die der Doggenfreund sich vor dem Kauf ehrlich stellen sollte, um späteren Enttäuschungen, die in der Regel immer zu Lasten der ausgelieferten Kreatur gehen, zu begegnen.
Ein junger Hund schließt sich sofort, ein etwas älterer nach einer gewissen Eingewöhnungsphase seinem neuen Herrn an. Von Natur aus sind Hunde Meutetiere, die daher nur in der Gesellschaft mit ihresgleichen und in der des Menschen gedeihen. Insbesondere unsere nach Zärtlichkeit heischenden Doggen benötigen diesen engen Kontakt zu ›ihrem‹ Menschen, ohne dessen Liebe sie sich nicht voll entfalten können.
Sie sollten sich daher vor dem Kauf einer Dogge selbst ernstlich befragen, ob Sie bereit sind, solch einen neuen Hausgenossen als vollwertiges Mitglied in Ihrer Familie aufzunehmen.

Abb. 106: Stimmen die äußeren und inneren Voraussetzungen für die Aufnahme solch eines großen Hundes?

Abb. 107: . . . nicht unerheblich sind die Kosten der Fütterung!

Sind Sie in der Lage, täglich von Ihrer ohnehin knapp bemessenen Zeit noch ein gut Teil Ihrer Dogge zu opfern, sich in Muße mit ihr zu beschäftigen, sie zu füttern, mit ihr spazierenzugehen und notfalls auch Ihres Hundes wegen auf lieb gewordene Urlaubsreisen zu verzichten?
Ist Ihre Familie bereit, nicht nur die schönen Stunden mit Ihrer Dogge zu erleben, sondern auch das Ungemach der täglichen Routine mit Ihnen zu teilen? Vor allem an der Frau des Hauses bleibt ja trotz aller guten Beteuerungen und Vorsätze ein Groß-Teil dieser Arbeiten hängen.
Sind Sie gewillt und von Ihrem Naturell her fähig, eine junge Dogge konsequent zu erziehen?

Wer nervös ist, überarbeitet und leicht erregbar, wem dann noch leicht die Hand ausrutscht, der lasse die Finger von einer Dogge. Sie ist ein äußerst gutmütiger und empfindsamer Hund, kein ›harter‹, an dem ungerechte Behandlung oder gar Schläge spurlos vorübergehen. Ihr zerstört es die Seele und bricht den Stolz. Aber ebenso bleiben Liebe und Güte in ihrem Gedächtnis haften und lassen die Instinkte in ihr reifen, die sie zum unbestechlichen Wächter und Verteidiger »ihrer« Familie und des ihrer Obhut unterstellten Lebensraumes machen.
Auch wer eine Dogge nur aus optischen Gründen, zur Aufpolierung seiner äußerlichen Staffage oder zur Steigerung seines Selbstwertgefühles besitzen will, sollte die Finger von diesem Hund lassen. Er ist kein Objekt, von dem man sich bei Gegebenheit wieder trennen kann, sondern ein Wesen mit eigener Persönlichkeit.
Und schließlich, wer mit dem Gedanken spielt, sein Leben mit einer Dogge als Hausgenossen zu bereichern, der sollte einen genauen Blick in seinen Mietvertrag tun, ehe er als Mieter einer Wohnung oder eines Hauses seinen Plan verwirklicht. Bei einem strikten Verbot der Hundehaltung vermag auch eine Berufung auf die Grundrechte wegen Behinderung der freien Entfaltung der Persönlichkeit nichts zu bewirken. Hat der Vermieter kein Einsehen, bleibt nur die Kündigung oder der Verzicht auf einen eigenen Hund.

Aber auch dort, wo Hundehaltung erlaubt ist, sind Mieter und Hund nicht frei in ihrer »Selbstverwirklichung«. Ein verunreinigtes Treppenhaus, ständiges Bellen oder auch nur der Anblick einer zähnefletschenden, unerzogenen Dogge können Mitbewohner und Hauseigentümer veranlassen, auf die Entfernung des Hundes zu bestehen. Der Doggenfreund tut gut daran, sich hier stets des kleinen Versleins von Goethe bewußt zu sein: »Dem Hunde, wenn er wohlerzogen, wird selbst ein weiser Mann gewogen.«

Glücklich der Hausbesitzer, der mit seiner Dogge in den eigenen vier Wänden schalten und walten kann, ohne Hausordnung und einschränkende Klauseln. Allerdings, auch hier ist die Freiheit nicht grenzenlos. Nachbarn haben das Recht, unbehelligt von Lärm- und evtl. Geruchsbelästigungen in Frieden leben zu können. Eine Dogge, die auch während der gewohnten Ruhestunden ständig bellt, sich in Nachbars Garten herumtreibt oder wildert, löst gar bald nachbarschaftsrechtliche, straf- und verwaltungsrechtliche Probleme aus.

XXII. Der Kauf

Sie haben sich ernstlich geprüft und bleiben bei ihrem Entschluß? Nun, dann kommt unweigerlich für den »Hundelaien« die Frage: »Wo kann ich eine Dogge käuflich erwerben?«.
Um es vorweg zu sagen, Deutsche Doggen kauft man nur beim Züchter. Anschriften hierzu vermittelt Ihnen gerne der »Deutsche Doggen Club 1888 e. V.« (DDC) oder der »Verband für das Deutsche Hundewesen e. V.« (VDH). Der DDC betreut seit 100 Jahren diese edle Rasse, er führt ein eigenes Zuchtbuch und erstellt für seine ihm angeschlossenen Züchter die Ahnentafeln, die vom VDH und weltweit von der FCI anerkannt sind. Sie bieten gleichzeitig eine Gewähr dafür, daß sich die Züchter freiwillig den strengen Zuchtvoraussetzungen und -überwachungen des DDC/VDH unterworfen haben. Es gibt Züchter und auch kleinere Vereine, die auch »Papiere« ausstellen. Diese werden, weil sie nicht den Zuchtvorschriften von VDH/FCI entsprechen, von diesen großen Organisationen nicht anerkannt. Halten Sie notfalls Rückfrage beim DDC oder beim VDH, wenn der Züchter sich nicht mit einer dieser Organisationen identifiziert.

Ehe Sie sich für einen Welpen erwärmen, sollten Sie sich beim Züchter umsehen. Denn es ist wichtig, in welcher Umgebung ihr künftiger Hausgenosse zur Welt gekommen und die ersten zwei bis vier Monate seines Lebens verbracht hat. Lassen Sie sich die Mutterhündin zeigen und den Ort, an dem die Welpen aufgezogen werden. Hygiene hat auch in der Hundezucht einen hohen Stellenwert. Ihr größtes Augenmerk aber sollten Sie auf das Verhalten der Welpen und der anderen im Zwinger befindlichen Doggen richten. Zeigen die Hunde ein freundliches, aufgeschlossenes Wesen ihrem Züchter und Fremden gegenüber, so kann angenommen werden, daß sich der Züchter in ausreichendem Maße mit seinen Tieren beschäftigt hat. Verhaltensforscher haben, wie schon beschrieben, herausgefunden, daß die ersten Wochen und Monate »prägend« für das Hundbaby sind und das Verhalten im ganzen späteren Leben bestimmen. Vom Züchter vernachlässigte oder zu früh aus dem Rudel herausgelöste Welpen werden leicht zu Problemhunden und führen zum traurigen Image einer Rasse. Kaufen Sie nicht spontan. Suchen Sie mehrere Zwinger auf; vergleichen Sie, denn auch zum Züchter müssen Sie Vertrauen finden.
Haben Sie all' die Voraussetzungen angetroffen, dann steht einem Welpenkauf eigentlich nichts mehr im Wege außer der Frage: Hündin oder Rüde?

Abb. 108: Mutterpflichten.

Abb. 109: Gemütlich hier!

Von Bedeutung ist diese Frage nur dann, wenn man züchten will; denn dann muß man sich ohnehin für ein weibliches Tier entscheiden. Für jemanden, der diesen Ehrgeiz nicht besitzt, einige Überlegungen über Vor- und Nachteile des einen oder anderen Geschlechts:
Weibliche Tiere sind in der Regel anhänglicher, häuslicher und leichter zu erziehen. Sie stehen in ihrer Wachsamkeit einem Rüden in nichts nach. Manche Hundefreunde empfinden die zweimal im Jahr, vorwiegend im Frühjahr und Herbst stattfindende Läufigkeit der Hündin als unangenehm. Sie ist in dieser Zeit unberechenbar und kann bei mangelnder Aufsicht leicht mit einem der von ihrem Duft angelockten Rüden eine Mesalliance eingehen. Doch mit Hilfe von hormonellen Behandlungen kann man die Läufigkeit mittlerweile unterdrücken. Dadurch sind auch alle nachfolgenden Unannehmlichkeiten ausgeschlossen, in der Regel auch die häufig auftretende Scheinträchtigkeit. Außerdem gibt es geruchsbindende Tabletten (Chlorophylltabletten) und Flüssigkeiten zum Einreiben, die zwar nicht die Läufigkeit, aber die Belästigung durch zudringliche Rüden einschränken.
Ein Rüde ist in seiner Gesamterscheinung imposanter, temperamentvoller und robuster. Er benötigt aber auch von Anfang an eine konsequentere Erziehung; denn sonst wird er es immer wieder versuchen, die Oberhand zu gewinnen und zu zeigen, wer der »Boß« ist. Ihrem Naturtrieb folgend versuchen Rüden im übrigen durch tröpfchenweises Harnabsetzen jeden Laternenpfahl und jeden Baum zur Abgrenzung »ihres« Reviers zu markieren. Eine Sache, die sehr lästig werden kann, auch wenn man einmal zu wenig Zeit für einen langen Spaziergang hat.
Sie haben sich nun für den Kauf eines Welpen entschieden, es kommt der Tag der Abholung, dem Ihre Familie bereits mit großen Erwartungen entgegen fiebert. Das Futter für die ersten Tage des Eingewöhnens bekommen Sie vom gewissenhaften Züchter mit auf die Reise und natürlich einen »Futterplan«, nach dem Sie sich zunächst einmal richten, damit Ihr Welpe sich nicht bei einer plötzlichen Umstellung mit Magen- und Darmstörungen herumzuplagen hat. Später können Sie nach Ihren Gewohnheiten und Möglichkeiten das Futter selbst besorgen.

Zur Übergabe gehören die Ahnentafel, ausgestellt vom Zuchtbuchamt des Deutschen Doggen Clubs 1888 e. V. und selbstverständlich ein Internationaler Impfpaß. Die Ahnentafel enthält alle persönlichen Daten Ihres Hundes und gibt seine Familienverhältnisse bis hin zu seinen Urgroßeltern an. Nach Entrichtung des Kaufpreises werden Sie als Eigentümer eingetragen. Auf Hundeschauen, bei der Ablegung von Prüfungen, bei der Anmeldung zu Körungen und als Züchter haben Sie stets diese Urkunde beizubringen. Selbst wenn Sie einmal in die mißliche Lage geraten sollten, sich von Ihrer Dogge trennen zu müssen, verbleibt diese Ahnentafel beim Hund. Auch der Impfausweis begleitet Ihren Hund sein ganzes Leben hindurch. Eingetragen werden alle Impfungen, die seinem Schutz dienen. Mit der dort nachgewiesenen Tollwut-Schutzimpfung öffnet er Ihrem Hund die Grenzen im internationalen Reiseverkehr. Ohne diesen Nachweis hat Ihre Dogge auch keinen Zutritt zu Ausstellungen und Prüfungen. Bei fiebrigen Erkrankungen Ihres Hundes wird Ihr Tierarzt sofort nach dem Impfpaß fragen.

Abb. 110: Nimmst Du mich mit?

Abb. 111: 8 Wochen alte unternehmungslustige Jungtiere.

Die Grundimmunisierung Ihres Welpen, für jeden gewissenhaften Züchter selbstverständlich – der Club macht u. a. hiervon die Übernahme seiner Welpen in das Zuchtbuch abhängig – besteht aus der Staupe-, Hepatitis- und Leptospirose-Impfung. Diese Impfungen erfolgen im Alter von 7–9 Wochen und müssen wiederholt werden, wenn der Welpe 12–14 Wochen alt geworden ist.
Seit einigen Jahren ist eine Immunisierung gegen Parvo-Viren unerläßlich geworden. Für einen ausreichenden Schutz sind zwei Impfungen im Abstand von 2–4 Wochen erforderlich. Sie werden bereits in der 6.–8. Lebenswoche gegeben. In Verbindung mit der Zwinger-Virus-Husten-Impfung schützen Sie Ihren Welpen gegen ein breites Spektrum der ihn draußen in Verbindung mit anderen Hunden zu erwartenden ansteckenden Krankheiten. Um einen dauerhaften Schutz zu haben, sind Wiederholungsimpfungen in bestimmten Zeitabständen notwendig. Sie werden von Ihrem Tierarzt im Impfpaß vermerkt.
Impfungen, die den Körper des Hundes zur Bildung von Antikörpern und damit zur Stärkung seines eigenen Immunsystems veranlassen, werden von einem gesunden Welpen, der frei ist von Wurmbefall sowie Flöhen und Läusen (sog. Endo- und Ektoparasiten), ohne Komplikationen überstanden. Achten Sie bei der Übergabe darauf und lassen Sie sich das Mittel nennen, mit dem entwurmt worden ist. Auch Sie müssen für eine weitere Wurmfreiheit Ihres Schützlinges Sorge tragen. Notfalls bringen Sie eine Kotprobe zu Ihrem Tierarzt, um evtl. auf einen speziellen Befall zu behandeln.
Kein Züchter kann bei der Abgabe eines Welpen garantieren, ob er sich zu einem künftigen Siegerhund entwickelt. Aber der Welpe sollte auf geraden Läufen stehen und sich ohne Schwierigkeiten frei bewegen können. Bei einem Rüden müssen beide Hoden gut fühlbar im Skrotum (Hodensack) sein.

XXIII. Vom Umgang und Erziehung der Dogge

Im Umgang mit unserer Dogge sollten wir stets an einige grundlegende Erkenntnisse denken: Abstraktionsvermögen, moralisches Denken und schöpferischer Geist sind dem Menschen vorbehalten. Als Hund verfügt die Dogge zwar über eine bestimmte Form von Intelligenz, die es ihr über angeborene Verhaltensweisen ermöglicht, Befehlen zu gehorchen und willkürliche Handlungen auszuführen. Nicht selten verblüfft sie uns dabei mit »intelligenten« Handlungen und die Fähigkeit, Probleme, die sich ihr stellen, angemessen zu lösen, indem sie beispielsweise Türen öffnet, wenn sie hinaus will, ihre Leine durchnagt, um sich zu befreien oder eine Öffnung im Zaun sucht, wenn sie sich eingesperrt fühlt. Aber bei alledem sollten wir uns stets vor Augen führen, daß wir es nicht mit einem vernunftbegabten Wesen zu tun haben. Ihre Auffassungsgabe wird nie über die eines zwei- bis dreijährigen Kindes hinausreichen. Erwarten wir von unserem vierbeinigen Freund also nichts Unmögliches, und nehmen wir stattdessen auf die reiche und empfindliche Skala seines Gefühlslebens mehr Rücksicht als bisher.
Im Leben unserer Dogge spielt der Mensch eine entscheidende Rolle. Er ist für sie eine Art »Superhund«, der schon wegen seiner aufrechten Haltung eine gewisse Überlegenheit ausstrahlt. Gelegentliche Unfälle mit emotionell erregten großen Hunden sind nicht selten dadurch ausgelöst, daß diese Dominanz im Augenblick nicht signalisiert wird, sobald der Mensch diese Haltung nicht mehr einnimmt, etwa wenn er fällt oder wenn Kinder, insbesondere beim Spielen mit fremden Hunden, auf allen Vieren kriechen.
Von ihren Vorfahren her ist der Dogge das Meuteverhalten angeboren, nach dem sich bei allen in Gruppen lebenden Tieren eine Rangordnung bildet, welche die Beziehungen der einzelnen Gruppenmitglieder regelt. Für sie wird die Familie gewissermaßen zum Meuteersatz, und die Dogge ist glücklich, wenn sie in einer Rangordnung leben darf, in der sie ihren bestimmten Platz hat. Ihr feines Gespür sagt ihr, welche Rangfolge der Einzelne in der Familie einnimmt, wer der Stärkere ist, wer der Schwächere, der weiter unten steht und gehorchen muß, dafür aber auch den Schutz des Stärkeren genießt. Kinder stehen in ihrer Hierarchie am Ende dieser Schlange. So läßt sich der natürliche Schutztrieb der Dogge, wie er Kindern gegenüber immer wieder zu beobachten ist, aus der Vorstellung des Hundes als soziales Lebewesen leicht erklären.
Die Einordnung in die »menschliche Meute« verläuft nicht immer problemlos. Vor allem der heranwachsende junge Doggenrüde wird sehr bald, ererbten Trieben

Abb. 112: Sehr vielversprechender Nachwuchs!

und Instinkten folgend, auszuloten versuchen, welche Rangordnung ihm in seiner Ersatzmeute zugedacht ist. Dies wird einerseits von seiner Wesensveranlagung, andererseits aber auch von seinen menschlichen »Meutegenossen« abhängen, wie sie sich ihm gegenüber verhalten.
Ein ersprießliches Verhältnis wird sich immer dann entwickeln, wenn es der Doggenhalter versteht, die in jedem Hund mehr oder weniger ausgeprägte Bereitschaft, sich dem Ranghöheren, dem Überlegenen unterzuordnen zu entwickeln. Nicht jeder Doggenbesitzer ist auch »Herr« seines Hundes. Nicht jeder, der seine Dogge liebt, beherrscht die Kunst, sein eigenes Tier durch geschickte und vor allem konsequente Erziehung zu meistern. Nicht gerade selten sind die Fälle, wo sich das umgekehrte Verhältnis zwischen Herr und Dogge entwickelt hat. Schon das so beliebte »Herrchen« drückt in seiner abschwächenden Verkleinerungsform der Grundwortbedeutung, das seiner geliebten Dogge gegenüber schwache, beide Augen zudrückende »Herrchen« plastisch genug aus: Der Hund ist also der Herr seines Herrn!
Solche Fälle sind zwar für die Umwelt sehr belustigend, aber sicher vom Betroffenen bestimmt nicht erwünscht. Denn was nützt uns ein großer Hund wie die Dogge, wenn er sein Handeln nicht freudig und natürlich der Leitung seines Herrn unterordnet?
Hüten sollten wir uns allerdings auch vor dem anderen Extrem und nicht erwarten, daß unsere Dogge auf Knopfdruck wie ein seelenloser Computer funktioniert. Mit großem Vergnügen beobachte ich daher immer wieder, wie scharfe »Kommandos« von unseren Doggen mit einer gewissen zeitlichen Verzögerung befolgt werden, so als würden sie den Sinn dieser Befehle überdenken, und wie sie schon einmal im für sie freudigen Spiel einige Schritte über das vorgegebene Ziel hinausspringen. Die Hundeführer, die bei Leistungsprüfungen um ihre Punkte bangen, mögen mir verzeihen!

Einige Vorbetrachtungen zur Erziehung: Jede Erziehung dient der Bildung von Gewohnheiten, das heißt, jeder Hund lernt durch Erfahrungen, die sich seinem Gedächtnis einprägen. »Lob und Tadel«, so schreibt hierzu Niemand, »sind der Zugang des Menschen in die Welt des Hundes.« Ihre Stimme ist dabei die erste Brücke der Verständigung zwischen Ihnen und Ihrer Dogge. Die Dogge bekommt einen Schreck, wenn sie scharf von Ihnen angefahren wird, es tut ihr ausgesprochen wohl, wenn Sie sanft und halblaut auf sie einsprechen. Doch Worte sind für Hunde zunächst leerer Schall, sie müssen lernen, diese mit bestimmten Begriffen zu verknüpfen. Das ist die Theorie von Pawlow's »bedingten Reflexen«, die jeder kennen sollte, der seinen Hund erfolgreich erziehen möchte. Es genügt zunächst nicht, wenn Sie energisch »Auf deinen Platz« rufen, wenn Sie den Welpen dabei nicht gleichzeitig auf sein Lager bringen und sanft darauf niederdrücken.
Worte sind im übrigen nicht die einzigen Signale, die ein Hund versteht. Pfiffe, Gesten, mit den Fingern schnippen, mit der Zunge schnalzen oder in die Hände klatschen, können den Hund zu bestimmten Verrichtungen veranlassen. Gute Ausbilder geben sogar mit den Füßen die Richtung an, in der sich ihr Hund bewegen soll.

Jedem richtig ausgeführten Befehl und jeder Leistung muß automatisch eine Belohnung folgen. Um dieser Belohnung willen, nicht der Tat wegen, wird sich Ihre Dogge selbst übertreffen. Ein Löwe im Zirkus springt auch nicht durch einen brennenden Reifen, weil ihm der Dompteur gefällt, sondern weil er nach jedem guten Sprung ein Stück Fleisch bekommt. Gleichermaßen müssen jede Abweichung und jeder Fehler sofort geahndet werden.

Befehle sollen nach Möglichkeit im annähernd gleichen Tonfall gesprochen werden. In gewissen Situationen kann der Ton allein den Welpen erschrecken. Schreien Sie etwa, wenn er sich gerade hinhocken will, um sein Bächlein zu machen, dann hält er vor Schreck inne. Das Vokabular muß einfach, auf etwa 50 Wörter beschränkt sein. Befehle sollten immer mit dem Namen des Hundes gekoppelt werden. Einprägsam sind für ihn kurze Namen mit Betonung der selben Silben.

Belohnungen umfassen die gesamte Skala von der schmeichelnden, sanften Stimme die sagt: »So ist's brav«, »sehr gut gemacht«, »ja« u. a. über Streicheln und Klopfen bis zur Verabreichung von Leckerbissen, die den Hund besonders motivieren.

Strafen sollten Sie Ihre feinfühlige Dogge so wenig wie möglich, und wenn, dann ohne jede Brutalität. Schon der scharfe Tonfall Ihrer Stimme oder der Ausdruck Ihrer Mißachtung kann die Welt Ihres Hundes zum Einsturz bringen. »Pfui«, »in die Ecke«, »auf deinen Platz«, »mach, daß du wegkommst« sind für ihn Strafe genug. Ein fester Klaps mit der Hand – meistens schmerzt er den Strafenden mehr als den Zögling, vor allem wenn eine Frau schlägt – ist ein wirksames Erziehungsmittel für einen Welpen. Wird er dabei aufsässig und will nach Ihnen schnappen, hat er entschieden nicht genug bekommen. Ein im richtigen Augenblick versetzter fester Schlag ist immer besser als mehrere, nicht so ernst gemeinte. Empfohlen wird häufig die Methode mit der zusammengerollten Zeitung, verbunden mit »Pfui«. Das tut nicht weh, doch die Kopplung des Zeitungsklatschens mit »Pfui« löst einen bedingten Reflex aus, das »Pfui« bedeutet künftig für den Hund die gleiche Strafe wie der Klaps mit der Zeitung. Der Nachteil dieser Methode liegt allerdings in der zeitlichen Verzögerung; bis Sie die Zeitung zur Hand und gerollt haben, weiß Ihr Hund nicht mehr, warum er bestraft wird.

Doggenrüden im »Flegelalter« versuchen möglicherweise, eine dominante Stellung im Rudel ihrer »Familie« einzunehmen, sich gegen ihren Erzieher aufzulehnen. Dann müssen entsprechende Zwangsmittel greifen, um die nötige Unterordnung herzustellen. Kommen Sie einmal in die mißliche Lage, daß Ihr Hund Sie beißt, um Ihnen zu zeigen, daß ihm etwas nicht paßt oder um selbst den »Chef« hervorzukehren, dann heißt es, ihm die »Dresche seines Lebens« zu verabreichen. Egal, wie Sie zur Peitsche, zum Ausklopfer oder zum Besenstiel stehen, hier müssen Sie als Meuteführer bestehen! Eine Dogge ist nur sehr selten von Geburt an bösartig. Wenn ihr Besitzer in der Erziehung versagt, auch Zwangsmittel nicht ausreichen, gehört sie in eine feste Hand abgegeben. Ist sie auch dort ihrem Herrn gegenüber aggressiv, so bleiben für sie nur die ewigen Jagdgründe.

Abb. 113: Gegenseitiges volles Vertrauen.

Das A und O des Erfolges der Erziehung liegt in der Konsequenz. Sie dürfen einen Fehltritt nicht doppelt bestrafen, um sich abzureagieren, einen anderen aus Oberflächlichkeit dulden. Getadelt werden darf nur, wenn Sie Ihren Vierbeiner auf frischer Tat ertappen. Unmittelbar darauf weiß er schon nicht mehr, warum sein Herrchen böse ist. Seine Aufmerksamkeit ist bereits auf etwas Neues gerichtet, und der Hund wird das Gefühl haben, für etwas ganz anderes bestraft zu werden.

Wie ein Hund lernt, bestimmte Dinge nicht zu tun, zeigt Ihnen die Natur. Beobachten Sie einmal eine Mutterhündin mit ihren Kleinen. Vielleicht frißt sie gerade. Ein Welpe nähert sich ihr; er hat das Futter gerochen und will mit aus dem Napf fressen. Sie knurrt und zieht die Lefzen hoch. Er vernimmt es, doch kümmert sich nicht darum. Dann plötzlich! Rrrr . . . Er fühlt die Zähne seiner Mutter, sie packt ihn, er wird durch die Luft gewirbelt, fühlt den Aufprall. Er hat schnell begriffen, Knurren bedeutet: »Hau ab!«.

Und da wir gerade bei Konsequenz sind: Lassen Sie Ihrem Welpen nicht anfangs eine Reihe von Unarten durchgehen, die Sie später der erwachsenen Dogge wieder abgewöhnen müssen. Ihre junge Dogge ist nicht irgendein Hund, sie ist eine Persönlichkeit, hat ihre besonderen Eigenheiten. Studieren Sie daher sehr sorgfältig den Charakter Ihres künftigen Hausgenossen, er wird es gewiß auch tun. Sie glauben gar nicht, wie eingehend ein Welpe es Ihnen gegenüber tut, wie schnell das »süße Kerlchen« Schwachstellen in seiner Familie entdeckt. Und sei es nur die warmherzige Ehefrau, die ihn, der doch halt so lieb dreinschaut, mit Zusatzhäppchen vom Tisch versorgt. Oft versuchen Familienmitglieder, die von der jungen Dogge nicht zum »Leithund« erkoren worden sind, ihre Gunst durch verschiedene Bestechungsversuche zu erkaufen. Sie haben Pech. Eine Dogge trifft nur einmal ihre Wahl in der Hund-Mensch-Beziehung, und diese ist zumeist für das ganze Leben geprägt.

Auch Gäste können sehr leicht das Erziehungsprogramm durcheinanderbringen, indem sie der jungen Dogge vom Tisch ab und zu verstohlen ein Häppchen zustecken. Sperren Sie den Hund aus, während Sie essen. Von Natur aus wird Ihre Dogge nicht betteln oder Appetit auf Süßigkeiten haben. Wecken Sie nicht erst ihr Interesse. Ihr Hund hat bald die Größe erreicht, bei der er sich ohne Anstrengung vom Tisch bedienen kann, wenn es für ihn kein Tabu gibt. Süßigkeiten schaden zudem seiner Gesundheit.

Übrigens hier gleich noch eine Erziehungsmaßnahme, die Ihrem Hund einmal das Leben retten könnte. Nehmen Sie Ihrer Dogge ab und zu ihren Kauknochen oder ein Stück Fleisch ab, mit denen sie sich gerade genüßlich vergnügt. Ein Hund muß sich diesen Eingriff in seine Rechte ohne Widerstand gefallenlassen. Es ist nicht auszuschließen, daß er auf einem der Spaziergänge einmal einen ausgelegten Giftköder oder achtlos weggeworfene Wurstreste, in denen sich das Gift des Bacillus botulinus entwickelt hat, erwischt. Es wäre fatal, wenn Sie hilflos diesem Verzehr zusehen müßten, nur weil Ihr Hund nicht gelernt hat, einen Gegenstand wieder herauszugeben.

Zu den lebensgefährlichen Gegenständen, die ein Hund arglos zerkaut und herunterschluckt, gehören auch die unsinnigen Spielsachen aus Hart- oder Weichgummi, von denen jedes Kaufhaus und jede Tierhandlung Regale voll führt. Herrchen und Frauchen mögen sich über all' diese quietschenden, knatternden, klingelnden Figuren amüsieren, der Hund nicht. Im Grunde beruhen diese läppischen Dinge auf der Annahme, daß Welpenbesitzer ihre Hunde als Babys ansehen. Besser und gesünder für Ihre Dogge ist es gewiß, wenn Sie ihr zur Beschäftigung und zum Nagen Kalbshaxenknochen oder zu Knochen aufgerollte Büffelhaut geben. Damit kommen Sie dem Spieltrieb der Dogge entgegen, den sie sonst gewiß mit ihren Zähnchen an Möbeln, Büchern oder Teppichfransen ausleben würde. Tägliches Spielen ist für das seelische Gleichgewicht des Junghunds unabdingbar. Auch später, wenn Sie mit Ihrer Dogge zum Ausbildungsplatz gehen, müssen die Übungsstunden immer wieder mit einfachem Herumtollen, Versteckspielen oder Ballspielen aufgelockert werden. Einen starken Gummiball, den Sie hierzu verwenden, nehmen Sie am besten am Ende wieder an sich. Verfallen Sie nicht auf die Unsitte, Steine apportieren und tragen zu lassen, der Zahnschmelz geht dabei schnell zu Bruch. Eine leichte Holzhantel oder handliche Äste eignen sich viel besser dazu.
Gewöhnen Sie Ihren Hund nicht an die Couch oder gar an Ihr Bett. Bei einem Welpen mag das noch recht kuschelig sein, er würde es bestimmt ausgiebig genießen. Doch später eine Dogge von 60 Kilo im Bett zu haben, die sich dort genüßlich rekelt, schafft auch für den anspruchslosesten Schläfer einige Probleme. Niemand, vor allem Ihre Gäste schätzen es nicht, wenn die Dogge sie ohne Aufforderung anspringt. Bei einem Welpen mag das sehr spaßig sein, doch hindern Sie ihn daran, ehe es zur Gewohnheit wird. Noch können Sie ihn einfach am Halsband herunterdrücken. Der Spaß vergeht Ihnen schnell, wenn Ihre Dogge mit schmutzigen Pfoten aus dem Garten kommt und Sie gerade Ihren Sonntagsanzug tragen. Einer erwachsenen Dogge ist diese lästige Angewohnheit häufig nur durch schmerzliche Erfahrungen auszutreiben. Wenn sie wieder einmal in überschwenglicher Freude ihre Pfoten auf Ihre Schultern gelegt hat, kraulen Sie ihr mit einer Hand am Ohr, doch treten Sie ihr dabei gleichzeitig kräftig auf die Hinterzehen. Der Schmerz wird sich ihr einprägen, sie vom weiteren Hochspringen abhalten.

Eine der ersten Lektionen, bei der wir uns – schon aus Gründen der eigenen Bequemlichkeit – mit Nachdruck dem Hundebaby widmen, besteht in der Erziehung zur Stubenreinheit. Nur etwas Geduld und Aufmerksamkeit gehören dazu, die Einhaltung einiger fester Regeln, dann erreichen Sie sehr schnell Ihr Ziel.
Ein Welpe hat das Bedürfnis, nach jeder Mahlzeit und nach jedem Schläfchen sein »Geschäft« zu machen. Also merken wir uns diese Zeiten vor. Wird er zwischendurch unruhig und versucht sich hinzuhocken, so müssen Sie auf dem Sprunge sein und ihn schnell hinausführen. Anfangs wird das etwa alle zwei Stunden sein; jungen Hunden geht es wie kleinen Kindern, bei denen wir dieses noch schlecht kontrollierende Bedürfnis scherzhaft als »Sextanerblase« zu bezeichnen pflegen.
Führen Sie den Welpen abends so spät und morgens so zeitig wie möglich hinaus. Und geben Sie ihm nach der letzten Mahlzeit um 19.00 Uhr das letzte Mal zu

trinken. Wer nachts seinen »inneren Schweinehund« überwinden kann, der stelle in der ersten Nacht den Wecker auf zwei, in der nächsten auf drei Uhr usw. – und lasse den Welpen hinaus. Sie werden sehen, er ist in wenigen Tagen stubenrein. Beginnt der Welpe zu winseln und unruhig zu suchen oder gar an der Außentür zu scharren, so haben Sie schon gewonnen. Er hat begriffen, daß er sein Geschäft im Freien erledigen muß. Benutzen Sie möglichst immer den gleichen Platz, denn der Hund ist ein Gewohnheitstier, läßt sich aber bei dauerndem Wechsel leicht durch fremde Gerüche und Geräusche ablenken.

Diese Gewohnheit kann zum Nachteil gereichen, wenn er erst einmal aus Unachtsamkeit seines Besitzers für sich das »Zimmer-Klo« entdeckt hat, etwa eine abgelegene, dunkle Ecke im Haus oder gar auf dem guten Teppich. Auch lange Spaziergänge können ihn dann u. U. über eine lange Zeit nicht dazu verleiten, seine Bedürfnisse draußen zu verrichten, der Hund ist »straßenrein«. Sorgen Sie dafür, daß er »seine« Stelle in der Wohnung nicht mehr erreichen kann, benutzen Sie zur Reinigung lauwarmes Essigwasser, damit der Geruch verschwindet.

Natürlich streicheln und loben wir den kleinen Kerl, wenn er sich draußen gelöst hat. Er wird schnell begreifen, daß er sich gut benommen hat. Äußern Sie aber auch deutliche Unzufriedenheit und Tadel, wenn Sie ihn beim Entleeren im Hause antreffen, oder wenn er entsprechende Anstalten macht. Am Tonfall Ihrer Stimme: »So ist's brav« oder »Pfui«, an veränderter Haltung oder Gebärde wird er rasch erkennen, wofür er Lob oder Tadel bekommt.

Allerdings hat es überhaupt keinen Sinn, ihn zu tadeln, wenn die »Bescherung« schon einige Zeit zurückliegt; er kann diesen Zusammenhang nicht herstellen, nicht begreifen, warum er bestraft wird. Von der rüden Methode, einen jungen Hund stubenrein zu erziehen, indem man seine Nase in den eigenen Kot stubst, ihm einen Klaps versetzt, halte ich absolut nichts. Sagen Sie: »Pfui ist das« und gehen Sie mit ihm nach draußen zu seiner gewohnten Stelle.

Hunde verabscheuen Einsamkeit. Es ist erschreckend, wieviele Hundebesitzer ihren Tieren ausgeliefert sind, wenn Herrchen oder Frauchen einmal ohne ihren Hund ausgehen wollen. Manche erwachsenen Hunde reagieren ihre enttäuschten Erwartungen in der Weise ab, daß sie Möbel zerbeißen, Sofakissen zerreißen, die Tür zerspänen oder sogar einen Haufen setzen. Manche Leute mußten sich schon von ihrem Hund trennen, weil sein fortgesetztes Bellen und Jaulen Klagen von Nachbarn zur Folge hatten. Nur Hunde, welche die Erfahrung gemacht haben, bei dem am Ende resignierenden Besitzer ihren Willen durchzusetzen, neigen zu solchen Ausfällen.

Ein Welpe, der ruhig ist, wenn man ihn allein läßt, wird als erwachsener Hund selten destruktiv. Also beginnen wir mit dieser Erziehung bereits am Tage seiner Ankunft: Setzen Sie den Welpen, sobald er sein neues Heim erkundet hat, auf den ihm zugewiesenen Platz. »Auf deinen Platz!«, heißt der Befehl, wenn Sie ihn dort hinbringen und »So ist's brav«, sobald er diesem Befehl gehorcht und dort liegen bleibt.

Sein Drama beginnt zumeist in der Stille der ersten Nacht. Von Mutter und Geschwistern getrennt, plötzlich allein gelassen, überfällt den kleinen Kerl der Kummer der ganzen Welt. Er beginnt zu winseln und schließlich zu heulen und zu bellen. Ihnen rührt es ans Herz; schon im Pyjama eilen Sie herbei und nehmen ihn in die Arme und dann mit ins Schlafzimmer. Das Problem ist für den Augenblick gelöst, aber für die Zukunft haben Sie verspielt; denn Ihr Welpe hat rasch begriffen, wie er Sie durch sein Geheul zurückholen kann. Er wird jedesmal gellender heulen, mit immer mehr Genuß vielleicht. Wenn Sie nicht unbedingt auf den Schlaf Ihrer Nachbarn Rücksicht nehmen müssen, lassen Sie ihn sich ruhig in den Schlaf jaulen. Millionen anderer junger Hunde mußten auch durch diese Prüfung hindurch.

Natürlich können Sie allerlei tun, um seine Verlassenheit zu erleichtern. Stellen Sie ihm eine laut tickende Weckeruhr neben sein Lager oder schalten Sie das Radio ein. Aber bitte auf Zimmerlautstärke, damit nicht auch dadurch der Schlaf Ihrer Nachbarn gestört wird. Diese Geräusche helfen ihm manchmal über die Einsamkeit hinweg.

Auch tagsüber muß die junge Dogge begreifen lernen, daß Sie nicht immer in ihrer Nähe sein können. Setzen Sie den Welpen auf seinen Platz und warten Sie im Nachbarzimmer, wo er Sie weder sehen noch hören oder riechen kann. Beim ersten Bellen stürzen Sie zu ihm ins Zimmer und zeigen ihm, daß er Sie zurückholte, um ihn zu strafen. Wiederholen Sie diese Lektion, lassen Sie immer längere Zeit verstreichen, bis Sie ganz sicher sind, daß er nicht mehr bellt, wie lange Sie auch fortbleiben.

Halsband und Leine gehören zur Grundausstattung eines jeden Welpen. Falls noch nicht beim Züchter geschehen, gewöhnen Sie ihn sofort nach der Ankunft an das Halsband. Wenn Sie es zu jeder Mahlzeit oder beim Spielen umlegen, wird er abgelenkt sein, es sogar mit etwas Angenehmen verbinden und nicht versuchen, sein Halsband abzustreifen. Das Halsband sollte seiner Größe angepaßt sein. Ein weiches, flaches Lederhalsband, das beim Spazierengehen ›auf Zug‹ eingestellt werden kann, eignet sich am besten dazu. Auf jeden Fall muß es so eng angelegt werden, daß der Welpe beim ersten schreckhaften Zurücksetzen nicht herausschlüpfen kann. Stachelhalsbänder sind nicht nur bei Welpen, sondern später auch bei der erwachsenen Dogge verpönt. Sie zeugen von der pädagogischen Unfähigkeit der Besitzer.

Sobald Ihr Welpe das Halsband nicht mehr als Fremdkörper empfindet, knipsen Sie eine Leine daran. Eine glatte Kette mit ledernem Griff ist besonders vorteilhaft. Gebrauchen Sie eine Lederleine, wird Ihr Welpe bald heraushaben, daß er sie zerbeißen kann, wird dann immer wieder versuchen, selbst beim Spazierengehen, die Leine zu zernagen.

Die ersten Gehversuche an der Leine finden in der Wohnung oder im Garten statt. Machen Sie ein Spiel daraus und überreden Sie ihn mit freundlichen Worten. Erziehen Sie ihn, wenn er Hunger hat und nehmen Sie ein paar kleine Belohnungen mit, die Sie geben, wenn er willig vorwärts marschiert. Werden Sie nie ungeduldig, und folgen Sie nicht Ihrer natürlichen Neigung, den Welpen vorwärts zu zerren, wenn er sich mit den Pfoten gegen die von Ihnen eingeschlagene Richtung stemmt. Sie dürfen hier durchaus einmal nachgeben. Freundliches Zureden mit der Aussicht auf eine Belohnung wird ihn überzeugen.

Nun können Sie versuchen, mit ihm auf die Straße zu gehen. Je eher sich Ihr Welpe an seine neue Umwelt gewöhnt, umso besser; denn eine Isolierung von der Umwelt schadet seiner Wesensentwicklung. Die Straße betreten wir nur mit angeleintem Hund. Scheut er bei der ersten Begegnung vor vorbeifahrenden Lastwagen oder einem knatternden Motorrad zurück, bleiben Sie stehen, beruhigen Sie ihn. Zeigen Sie Ihrem Welpen, daß ihm von Neuem keine Gefahr droht. Nehmen Sie ihn mit zu Freunden und Bekannten, ins Hotel und ins Restaurant. »Hunde haben keinen Zutritt« steht verständlicherweise an vielen Lebensmittelgeschäften und Fleischereien. Lassen Sie ihn beim flüchtigen Einkauf zu Hause, und binden Sie ihn nicht etwa vor dem Geschäft am »Parkplatz für Hunde« an. Sie wissen nicht, was in Ihrer Abwesenheit geschieht. Mancher Hund ist auf diese Weise schon gestohlen worden. Hüten Sie sich, mit Ihrem Hund jemals eine Rolltreppe zu betreten. Hier haben sich schon gräßliche Unfälle ereignet.
Doch verstehen Sie mich recht, ich habe dies geschrieben, weil es zur Früherziehung Ihres Welpen gehört, sich mit diesen Utensilien vertraut zu machen, die es uns erlauben, ihn aus der Isolation des begrenzten Auslaufes unseres Gartens oder seines Zwingers hinauszuführen. Es ist aber eine Unsitte, junge Doggen, bevor sie acht Monate alt sind, zu stundenlangen Spaziergängen mitzunehmen. Überanstrengte Sehnen, Muskeln und Knochen wirken sich äußerst nachteilig auf ihr weiteres Wachstum aus. Eine junge Dogge braucht einen Tummelplatz, wo sie sich freilaufend Bewegung in frischer Luft verschafft. Wo dieser fehlt, ist eine Aufzucht schwer. Gute Gelegenheiten finden Sie auf den zahlreichen Hundeübungsplätzen der Ortsgruppen des Deutschen Doggen Clubs. Hier bietet sich Ihrem Welpen auch die Gelegenheit, mit anderen Doggen ausgiebig spielen zu können. Ein Stadium in ihrer Entwicklung, das sie in keinem Falle missen darf.
Natürlich gehört es zu den weiteren Lektionen Ihres Hundes, daß er lernt, »Bei-Fuß« zu gehen, daß er Ihr Kommando »Komm« ohne zu zögern befolgt, »Sitz« und »Platz« beherrscht und andere wichtige Befehle befolgt, die das Leben mit ihm angenehm machen. In zahlreichen Büchern berufener Autoren sind die Methoden und einzelnen Lernschritte erläutert, die der Ausbildende am zweckmäßigsten zu beherzigen hat. Im Rahmen dieses Buches soll daher darauf verzichtet werden.

Während die Erziehung des Hundes global als die Voraussetzung zur Integration in die Mensch-Hund-Gemeinschaft anzusehen ist, verstehen wir unter Ausbildung auf den späteren, speziellen Verwendungszweck hinauslaufende Übungen, die u. U. sehr unterschiedlicher Art sein können. So unterscheidet sich die Arbeit zur Ausbildung eines Schutzhundes ganz wesentlich von der eines Blindenführhundes oder Jagdgebrauchshundes. Jagdhunde- und Gebrauchshundevereine pflegen ihre Arbeitsgebiete in der richtigen Überzeugung, daß nur Arbeit die geistigen Fähigkeiten ihrer Hunde über Generationen hinaus festlegen und entwickeln kann.

Nur wenigen dürfte bekannt sein, daß der erste Polizeihund der am 1. Oktober 1901 in Schwelm-Westfalen in Dienst gestellte Deutsche Doggen-Rüde »Cäsar« war, der unter der Führung des Polizeisergeanten Lange seinen Dienst versah. Wenn heute zu den offiziellen Gebrauchshunden nur Rassen zählen, die von

Abb. 114 + 115: Arbeitsfreude!

Abb. 116–118: Gruppenarbeit OG-Nürnberg

mittlerer Größe sind, so hat das seine einfachen Gründe. Diese Hunde stellen an die Haltung in den einzelnen Verwaltungszweigen, sei es Zoll oder Polizei, weit weniger Ansprüche. Doch was tun wir mit einer kraftvollen und temperamentgeladenen Deutschen Dogge, die in die Gruppe der »Schutz-Wach- und Haushunde ohne Arbeitsprüfung« verwiesen worden ist?
Sollen ihre hellwachen Instinkte, nachdem sie ihre Grundlektionen beherrscht, nun für den Rest ihres Lebens verkümmern, weil wir ihr mit unserer Haltung auch die letzten ihrer natürlichen Erfolgserlebnisse versagen? Sie darf nicht mehr jagen, sie darf nicht raufen, sie darf sich nicht zum Rudelführer aufschwingen, und auch die Arbeit des »Beutemachens« haben wir unseren Hunden abgenommen. »Arbeitslosigkeit«, so schrieb der große Schweizer Kynologe Albert Heim, »schafft Leiden und Degeneration beim Tier wie beim Menschen. Der kleine Hund und der mit anderen zusammenlebende schaffen sich selbst Bewegung und Anstrengung. Je größer das Tier und je vereinzelter, desto schwieriger wird sein Dasein. Manche Hunde degenerieren. Ihre Intelligenz wird nicht entwickelt. Durch Langeweile gequält, sind sie der Verdummung ausgeliefert.«
Eine sinnvolle Beschäftigung, mit deren Hilfe wir unsere Dogge geistig und körperlich beweglich halten, erscheint daher unerläßlich. Wo die Gelegenheit zu besonderen Ausbildungszielen fehlt, kann sportliche Betätigung in diese Lücken treten.

Der Deutsche Doggen Club bietet hier eine Reihe sinnvoller Beschäftigungen an, die auf den Entwicklungsstand der Dogge, aber auch auf den mehr oder weniger ausgeprägten Ehrgeiz ihrer Besitzer abgestellt sind, mit ihren Tieren einen bestimmten Ausbildungsstand zu erreichen.

Dieses Programm, speziell auf die Fähigkeiten der Deutschen Dogge abgestellt, umfaßt:

1. Die Erziehung zum führigen, gehorsamen Haus- und Familienhund
2. Die Ausbildung im Sinne der »Verkehrssicheren Begleithundeprüfung«
3. Die Ausbildung nach der DDC-Leistungsprüfung I–III
4. Die Ausbildung nach der VDH-Fährtenprüfung I–III.

Für den Hundehalter, der sich lieber spielerisch sportlich betätigen möchte, hat der Deutsche Hundesportverband (dhv) den »Breitensport mit dem Hund« entwickelt. In seinem Programm, das sich aus Gehorsamstraining, Slalom-Lauf-Training, Hürdenlauf, Hindernislauf und Geländelauf zusammensetzt, ist auch die körperliche Fitness des Hundeführers gefragt.
Nicht nach ganz so strengen Normen verläuft eine andere Form der Freizeitbeschäftigung mit dem Hund, die von England und Frankreich zu uns herüberkommt unter dem Namen »Agility Dog«. Teilnahmeberechtigt an dieser Hund-Freizeit-Veranstaltung sind grundsätzlich alle Hundebesitzer mit ihren Hunden. Das Programm besteht aus einer Grundprüfung mit Gehorsamsübungen und den Disziplinen: Geschicklichkeit, Ausdauer, Schnelligkeit.

Abb. 119–121: Gruppenarbeit OG Hamburg

Abb. 122–124: Aber auch einzeln macht's Spaß!

Die Deutsche Dogge ist von ihrer Natur her ein gutmütiger Hund, in dem Treue und Anhänglichkeit tief verwurzelt sind. Bei guter Aufzucht und im engen Kontakt mit ihrer Familie gehalten, entwickelt sie mit zunehmendem Alter ihre besonderen »Beschützerinstinkte«, die eine »Dressur« in dieser Hinsicht überflüssig machen. Häufig wird der Fehler gemacht, daß man sie, die im jugendlichen Alter bereits erwachsen erscheint, zu früh überfordert und damit für die Zukunft verdirbt.
Die Züchter wissen, warum sie seit Generationen bestrebt sind, keine übertriebene Schärfe oder stark ausgeprägte Angriffslust in dieser Rasse zu dulden. Schon eine dieser Eigenschaften bekäme in Verbindung mit der enormen Kraft der Dogge die Wirkung einer hochexplosiven Sprengladung. Und wer möchte schon ein vierbeiniges Dynamitfaß an der Leine oder im Haus haben? Es wäre höchst unverantwortlich, eine Dogge dressurmäßig »scharf zu machen«, indem man ihr solange bedrohliche Situationen vortäuscht und ihren Selbstverteidigungstrieb steigert, bis sie jegliches Vertrauen in sich und die Menschen verliert, jede Annäherung als lebensbedrohend taxiert und deshalb sozusagen immer zum selbstverteidigenden Angriff bereit ist. Um den Mißbrauch einer fehlerhaften »Dressur« in seinen Anfängen zu wehren, lehnt der Deutsche Doggen Club daher auch eine Ausbildung seiner Hunde zum sogenannten »Schutzhund« ab.
Von dem Verhalten seiner Deutschen Dogge in einer zweifelhaften Situation hat uns Adolf Göschel-Pfaffendorf folgende Geschichte überliefert:
»Ein einigermaßen ernstliches Renkontre hatte ich persönlich einmal, wobei ich Gelegenheit hatte, die ganz selbständige Beschützung durch eine Deutsche Dogge zu beobachten. Ein damals in meinem Zwinger stehendes Wißnetsches Zuchtprodukt begleitete mich damals zur Nachtzeit durch die Ausläufer der Eifel nach Hause. Wir waren bereits eine Strecke durch den Wald gegangen, als der Hund »Halfdan v. Inn«, der unangeleint war, mich plötzlich nach Art der Schäferhunde umkreiste und dann mit gesträubtem Nacken- und Rückenhaar in höchster Aktion vor mir Schritt vor Schritt herging. Ich vermutete zunächst Wild, da ich aber nichts in der Dunkelheit sehen konnte, so ließ ich »Halfdan« gewähren. Derselbe schien jetzt von einem Seitenweg Wind zu bekommen und warf sich nach dieser Richtung herum. In dem Moment, wie ich in begreiflicher Erregung nach dem Halsband des Hundes fasse, werde ich von einem aus dem Seitenweg tretenden Manne, der sich mit einem Knüppel bewaffnet vor mich stellte, um eine Gabe gebeten. Zu dieser mitternächtlichen Zeit hielt »Halfdan« es für besser, richtigerweise selbst darauf zu antworten. Momentan stutzend, sprang er mit einem gewaltigen Satz dem Kerl vor die Brust, der, durch den Anprall rückwärts zu Boden geschleudert, mit dem Kopf auf den Boden schlug. Einen Augenblick tiefes Schweigen, dann ein wüstes Geschimpfe, welches mit noch wütenderem Knurren beantwortet wurde. Der Kerl hätte nämlich jetzt selbst was drum gegeben, wenn er hätte aufstehen können. Aber »Halfdan« wünschte das nicht und dachte jedenfalls, daß die liegende Stellung des lichtscheuen Burschen vorderhand die bessere sei und duldete daher keine Bewegung. Erst nach geraumer Zeit war es möglich, den Hund abzunehmen, nachdem der Kerl heilig und teuer versicherte, daß er doch nur ein paar Pfennige habe betteln wollen. Hierfür hatte nun allerdings »Halfdan« um 11 Uhr nachts nicht das rechte Verständnis und wahrscheinlich zu meinem Heil.«

Einige Anmerkungen zum Thema Dogge und Kind. Ein Kind erblickt im Hund ein ihm verwandtes Wesen. Es spricht mit ihm aus einem ganz natürlichen Empfinden heraus wie mit seinesgleichen. Leider erzeugen unvernünftige Eltern oft Angstgefühle, aus denen eine spätere Abneigung zu Hunden entstehen kann. »Faß' den Hund nicht an! Der beißt!«, ist solch ein pauschales Urteil, das Aversionen erzeugt. Sinnvoller ist es, dem Kind schon früh begreiflich zu machen, daß es im Umgang mit Hunden – auch wenn es der eigene ist – bestimmte Regeln zu beachten gibt; genauso , wie jeder lernen muß, sich im Straßenverkehr zu verhalten, damit kein Unfall geschieht. Kinder, die noch keinen Umgang mit Hunden gehabt haben, wissen oft nicht, warum so ein fremder Hund offensichtlich unfreundlich sein kann, daß man fremden Hunden mit Respekt, aber ohne Angst, begegnen sollte.

Doggenwelpen und kleine Kinder haben denselben Spieltrieb. Welpen, die mit Kindern spielen dürfen, entwickeln sich schneller und fügen sich besser in die menschliche Gemeinschaft ein. Doch darf das Kind den Hund nicht als Spielzeug betrachten, mit dem es nach Lust und Laune verfahren kann. Ein Hund ist ein Lebewesen und ein Teil der Familie. Er verdient damit die gleiche Rücksichtnahme und Zuwendung wie alle anderen Familienmitglieder.

Die Deutsche Dogge ist ein besonderer Kinderfreund. Sie ist rührend in ihrer Geduld und – man ist fast versucht zu sagen – in ihrer Einsicht den Kleinen gegenüber. Sie spielt mit ihnen, gehorcht ihnen sogar aus dem Gefühl der Überlegenheit heraus und läßt sich die keineswegs immer angenehmen Liebkosungen gefallen, immer darauf bedacht, selbst nicht weh zu tun. Der Schlüssel zu diesem Verhalten liegt natürlich auch hier in dem Instinkt des Meutetieres Hund. Kinder nehmen, wie Hundebabys, noch keinen Rang in der Meutehierarchie ein. Sie genießen gewissermaßen innerhalb der Meute Narrenfreiheit und den Schutz des Stärkeren nach außen.

Wenn wir gelegentlich von Unfällen in Verbindung mit großen Hunden hören, so ist das meistens auf den Unverstand der sie umgebenden Menschen zurückzuführen. Die Dogge hat dann nicht gelernt, mit kleinen Kindern umzugehen, das heißt, sie als außerhalb der Rangordnungsfolge zu betrachten. Manchmal ist dieses auch der Fall, wenn sich in der Familie Nachwuchs einstellt und sich nun alles um diesen kleinen Sprößling dreht. Gerade die im Grunde ihres Wesens zartbesaitete, gemütvolle Dogge leidet oft schwer unter der Ankunft eines geliebten Mitgeschöpfes im Familienkreis. Durch die dem Neuling geschenkte Aufmerksamkeit und liebevolle Fürsorge fühlt sie selbst sich zurückgesetzt, verdrängt und verstoßen. Je nach ihrem Naturell zeigt sie zwar keine Feindschaft gegenüber dem Neuankömmling, sondern trägt ihren Jammer ganz still, trauert und zieht sich zurück. In ganz seltenen Fällen aber sieht sie die alte Rangordnung durch den Eindringling schwer gefährdet und in dem eifersüchtigen Bestreben, diese wieder herzustellen, beißt sie folgerichtig zu, um den Eindringling zu vertreiben. Dieser Entwicklung läßt sich jedoch immer zuvorkommen, wenn man die Dogge gebührend mit dem Familienzuwachs vertraut macht und sie keinesfalls im Überschwang neuer Gefühle vernachlässigt. Mit etwas Einfühlungsvermögen wird sich bald ein inniges Verhältnis von Dogge und Kleinkind entwickeln.

Kinder neigen im ausgelassenen Spiel schon mal dazu, die »Schmerzgrenze« selbst der gutmütigen Dogge zu überschreiten oder aber eigenmächtig an ihr herumzuerziehen und sie zu bestrafen, so wie sie es vielleicht von den Erwachsenen gesehen haben. Eine Dogge muß dieses als einen Eingriff in die von ihr akzeptierte Rangfolge ansehen, zu deren Aufrechterhaltung sie notfalls ihre starken Zähnen gebrauchen wird. Entweder schnappt sie zu oder sie wartet bei ihrem irrsinnig guten Gedächtnis auf die Gelegenheit, wo sie es dem kleinen Quälgeist einmal heimzahlen kann. Eltern sind daher gut beraten, ihre Sprößlinge nicht unbeaufsichtigt mit der Dogge herumtollen zu lassen. Vor allem dann nicht, wenn sich Nachbarskinder zum Spielen hinzugesellt haben: Kinder balgen und zanken sich untereinander und plötzlich wird aus dem Spiel Ernst. Die Dogge könnte Schreien, Gestikulieren und Drohgebärden als einen Angriff auf ihren eigenen Schützling auffassen, und schon ist das Unglück geschehen.

Es ist unvernünftig von Erwachsenen, ein Kind ohne Begleitung mit einer Dogge spazierengehen zu lassen. Selbst die wohlerzogenste Dogge, die es gewohnt ist, ihrem Herren ohne Leine durch den dichtesten Verkehr zu folgen, kann in Situationen geraten, denen weder sie, noch ein Kind gewachsen sind. So z. B. kann die Dogge durch einen sich ihr nähernden Artgenossen bis zum äußersten gereizt oder in eine handfeste Rauferei verwickelt werden. Kämpfende Hunde konzentrieren sich auf ihren Gegner. Sie sind im Kampf blind, taub und gefühllos. Mit einer 60-Kilo schweren, wütenden Dogge an der Leine sind nicht nur Kinder, sondern selbst viele Erwachsene heillos überfordert. Im übrigen sollte einem Kind unmißverständlich eingeprägt werden, daß es niemals den Versuch machen darf, raufende Hunde zu trennen, und daß Schlafplatz und Futterschüssel eines Hundes für Kinder tabu sind.

Aus der Vielzahl von Erzählungen, die von dem Verhalten der Deutschen Dogge im Umgang mit »ihrer« Familie berichten, will ich mich auf drei beschränken. Obwohl zwei dieser Episoden bereits aus der älteren Literatur stammen, könnten sie sich in dieser oder in ähnlicher Form auch heute zugetragen haben.
In Brehms Tierleben wird von dem Deutschen Doggenrüden »Tom« eines Herrn Gäßner folgende hübsche Geschichte erzählt:
»An allen Familientreffen nahm er wie ein Mensch Anteil. Wurde z. B. jemand bettlägerig, so saß er stundenlang am Lager des Kranken, schaute unverwandt nach dessen Angesicht und legte seine Schnauze oder Pfote leise auf die ihm entgegengestreckte Hand, um sein Mitleid auszudrücken. Traf eine Postsendung von einem in der Ferne weilenden Kinde ein, so konnte er vor Freude kaum die Zeit erwarten, bis der Inhalt ausgepackt wurde, ergriff dann den ersten besten, zum Vorschein kommenden Gegenstand und eilte damit zu allen Familienangehörigen im Hause, die beim Auspacken nicht zugegen waren, um sie auf diese Weise von dem frohen Ereignis in Kenntnis zu setzen. Kehrte ein längere Zeit abwesendes Familienmitglied von der Reise zurück, während ich mich in der Schule befand, so eilte er sofort dahin, obschon er es sonst nicht wagte, mir dort eine Visite zu machen und suchte, indem er mir Stock und Hut herbeitrug und sich vor

Abb. 125–126: Beste Freunde, große Liebe – trotzdem, Kontrolle durch die Erwachsenen ist unerläßlich!

Freude wie unsinnig gebärdete, mich zum Fortgehen zu bewegen. Gelang ihm dieses, so stürzte er vor mir ins Haus und brachte mir irgend ein Besitztum des Angekommenen entgegen, um mir anzudeuten, weshalb er mich geholt. Reiste dagegen ein ihm lieber Besuch wieder ab, so suchte er die Abfahrt zu verhindern, schleppte das Reisegepäck wieder aus dem Coupé und verfolgte den abfahrenden Zug eine weite Strecke mit Bellen und Heulen.
Am ergötzlichsten war sein Benehmen, wenn sich ihm Gelegenheit darbot, meinen Töchtern einen Gegenstand, mit welchen sie sich gerade bei ihrer Handarbeit beschäftigten, etwa ein Paar zusammengefaltete Strümpfe, einen großen Wollenknäuel usw. heimlich, wie er sich einbildete, wegzustibitzen und in seinem großen Rachen verschwinden zu lassen. Suchten dieselben dann den ihnen geraubten Gegenstand absichtlich mit auffallender Emsigkeit, so hatte er seinen Zweck erreicht, er nahm unter besonders gemessener Haltung eine möglichst einfältige Miene an, um zu zeigen, daß er keine Ahnung von dem Grunde der stattfindenden Aufregung habe, und gab das Vermißte unter schlauen Blinzeln nicht früher heraus, als bis man sich direkt an ihn mit der Frage gewandt hatte: ›Tom! weißt du denn nicht, wo es hingekommen ist?‹ War ich zufällig bei diesem Spiel zugegen, so kam er, ehe jene Frage an ihn gestellt und er mit einem Blicke auf die Mädchen sich überzeugt, daß er nicht beobachtet wurde, unaufgefordert zu mir, sperrte sein Maul soweit auf, daß ich den gesuchten Gegenstand erblicken mußte, warf mir einen verständnisinnigen, schelmischen Seitenblick zu, um dann im Umdrehen das vorher gezeigte dumme Gesicht wieder anzunehmen und auf seinen Platz zurückzukehren.«

Eine weitere Begebenheit wurde von Richard Strebel aufgezeichnet:
»In Friedrichsberg beschäftigte sich der kleine dreijährige Bruno Wielke damit, Murmeln, die zwischen die Straßenbahnschienen gefallen waren, aufzulesen. Der Junge wurde bei seinen Ausgängen stets von der großen Dogge seines Großvaters begleitet, die ein treuer, williger Spielkamerad war. Bei seiner Beschäftigung vergaß das Kind ganz seine Umgebung und wäre wahrscheinlich von einem heransausenden Straßenbahnwagen zermalmt worden, wenn nicht der Hund im letzten Augenblick den Knaben am Kleidchen erfaßt und fortgezerrt hätte. Dem Tier wurden förmliche Ovationen gebracht, und jeder wollte ihn sehen, der sich durch seine Tat als treuer Freund und Retter seines jugendlichen Herrn erwiesen hatte.«

Und abschließend hierzu Margot Benary, eine alte Doggenfreundin, die ihre Erlebnisse im folgenden niederschreibt:
»Doggen sind eifersüchtig, auch das ist etwas, womit man unbedingt rechnen muß. Meine »Cosi« zum Beispiel konnte es im Anfang gar nicht vertragen, wenn mir mein Mann oder meine kleine Tochter Eva zu nahekamen. Später hat sie sich daran gewöhnt, und jetzt hat sie gegen Zärtlichkeiten zwischen uns dreien nichts mehr einzuwenden, wenn nur sie auch ihren Anteil daran bekommt. Aber da ist noch »Tosca«, ein Baby von acht Monaten, ein rabenschwarzes, seidenweiches Spielhündchen, »erst« 72 cm hoch, zärtlich, tappig und weich. Und dieses Lamm

verwandelt sich in einen Tiger, sobald in seiner Gegenwart irgend jemand anders gestreichelt wird. Wie schon oft, wenn »Cosi« neben mir stand, den schwarzen Kopf zärtlich an meine Brust gelehnt, fühlte ich von hinten plötzlich ein zangenscharfes Kneifen, fuhr herum und blickte in »Toscas« Raubtierrachen, die auf diese freundliche Weise zu verstehen gibt, daß sie und nur sie gestreichelt werden will.

»Cosi« dagegen ist mehr still gekränkt, wenn »Tosca« einmal bevorzugt wird. Sie kann es einfach nicht mit ansehen, geht weg und liegt beleidigt und leise weinend auf ihrem Platz. Man muß sie dann lange trösten, bis sie wieder versöhnt ist.

Wenn Eva es für angebracht hält, Gehorsamkeitsübungen mit »Cosi« zu machen, führt sie mit unerschöpflicher Geduld die Befehle des Kindes aus. Es hat geradezu etwas Komisches, das große, starke Tier vor einem hocherhobenen Kinderhändchen sich brav und folgsam hinlegen zu sehen.

Wie oft wird »Cosi« von Eva vor Liebe fast erdrückt, und mit welcher freundlichen Nachsicht erträgt sie das. Selbst als sie geworfen hatte und keinen Fremden in die Nähe des Zwingers ließ, fand ich Eva oft bei ihr, ein paar Welpen im Schoß und »Cosis« großen Kopf auf ihrem Knie – ein Bild der Eintracht und des Friedens. Einem fünfjährigen Jungen, der damals bei uns zu Besuch war, erlaubte sie nach zweitägiger Bekanntschaft zwar, dicht an die Jungen heranzugehen; nur wenn er eines der Kleinen anfassen wollte, stand sie würdevoll auf, nahm sein Ärmchen behutsam zwischen ihre großen Raubtierzähne und schob ihn ganz sacht beiseite. Unsere Mädchen, die sonst gut Freund mit den Hunden sind, läßt »Cosi« nur höchst ungern in mein Schlafzimmer, sobald ich mich abends hingelegt habe. Überhaupt scheint sie mich für besonders schutzbedürftig zu halten, wenn ich liege. Jeder im Haus weiß das und richtet sich danach. Meine Masseuse erwischte sie einmal, als sie über mich gebeugt stand und auf mir herumklatschte. Kein Mensch kann es »Cosi« übelnehmen, daß sie diese Situation als bedrohlich empfand und entsprechend reagierte. Nur indem ich mit einem Satz aus dem Bett und »Cosi« an den Hals sprang, konnte ich verhindern, daß die kleine Schwedin aufgefressen wurde. Aber »Cosi« verfolgt seitdem das unglückliche Wesen und knurrt, wenn sie sich nur von weitem sehen läßt.

Unvergleichlich sind meine Doggen als Begleiter auf einsamen Spaziergängen. Überhaupt ist die Dogge der ideale Damenhund. Abgesehen von dem unbedingten Schutz, den sie ihrer Herrin bietet, ist sie so dekorativ, und wer von uns wäre nicht ein bißchen eitel? Und wie verstehen sie es, unterwegs auf ihre Herrin zu achten. Mitten im ausgelassenen Toben bleiben sie plötzlich immer wieder stehen, um sich zu überzeugen, daß man ihnen folgt. Auf den einsamsten Wegen fühle ich mich absolut sicher und geborgen in ihrer Begleitung. Ein altes Thüringer Bäuerlein fragte mich einmal aus sicherer Entfernung: ›Frailein, sein das junge Leewen?‹ Wobei freilich rätselhaft bleibt, warum er sich Löwen ausgerechnet schwarz vorstellt.«

papà

Abb. 127: In guter Hut!

XXIV. Die Ernährung unserer Doggen

An dem Wunsch aller Doggenbesitzer, einen Hund als Hausgenossen zu haben, der in guter körperlicher und seelischer Verfassung ein hohes Alter erreicht und in jeder Hinsicht ein echter Gefährte bleibt, wird wohl niemand Zweifel hegen. Die tägliche Erfahrung lehrt uns jedoch, daß sich diese, an sich verständlichen Vorstellungen nur selten erfüllen. Woran liegt das? Hierbei spielen sowohl die vererbungsbedingten Veranlagungen der Dogge wie auch eine zweckentsprechende Ernährung eine entscheidende Rolle, und auch die Art ihrer Haltung prägen ihr Wesen und ihr Äußeres ebenso wie ihre Lebenserwartung.

Ein altes englisches ›Hundesprichwort‹ sagt: »Die Hälfte der Rasse geht zum Maul hinein«. Ohne dies nun quantitativ abwägen zu wollen, werden hiermit in lapidarer Kürze zwei wichtige Grundsätze jeglicher Tierzucht festgehalten; nämlich daß sich die Entwicklung und Lebenserwartung unserer Hunde nur zu einem Teil züchterisch beeinflussen lassen, während die »Hälfte« dessen, was die Dogge in erwachsenem Zustand schließlich darstellt, »zum Maul hineingeht«, das sind im erweiterten Sinne des Wortes die Umwelteinflüsse, zu denen wir die Haltung und hier vorab sicher auch die Nahrung zählen, mit denen ein Jungtier aufwächst.

Es dürfte wohl kaum ein Tier geben, dem derartige Extreme in Haltung und Fütterung geboten werden wie dem Hund. Ich gehe einmal davon aus, daß es keine Doggen mehr gibt, denen zugemutet wird, sich von Küchenabfällen oder Resten des Schweinefutters zu ernähren. Doch da gibt es gewiß das andere Extrem der nicht nur überfütterten, sondern unzweckmäßig gefütterten Tiere, denen es zudem an der nötigen Bewegung fehlt, weil der Lebensraum des Menschen und damit auch der des Hundes immer mehr eingeengt ist, oder aber weil der ›stolze Besitzer‹ sich zu wenig Gedanken um die Bedürfnisse seines Lieblings macht.

Eine Dogge, die in ihrer Jugend Mangel litt, ist für ihr ganzes Leben gekennzeichnet. Mangel an Nahrung durch eine nicht artgerechte Ernährung führt zu körperlichem Mangel, an Zuwendung zu seelischen Schäden. Weder die einen, noch die anderen lassen sich später beheben.

Wir Hundebesitzer neigen häufig dazu, die Maßstäbe menschlicher Ernährung auf unsere vierbeinigen Lieblinge übertragen zu wollen, ohne uns mit deren besonderen Bedürfnissen vertraut zu machen. Dabei wird sich auch so mancher Doggenbesitzer bereits die Frage gestellt haben: Warum soll ich meinen Hund nicht an meiner Ernährungsweise teilhaben lassen? Denn als höhere Organismen benötigen wir doch beide Eiweißstoffe für den Aufbau und Unterhalt der Körperzellen,

Kohlehydrate und Fette als Energielieferanten für Wärme und Muskelarbeit, Mineralsalze zur Bildung und Ergänzung von Skelett und Zähnen und zur Aufrechterhaltung des Salzgleichgewichts im Körper und Vitamine als Zusatzstoffe und Steuerungsfaktoren des Stoffwechsels, die eine richtige Verwertung der Nahrung regulieren und die natürlichen Widerstandskräfte des Körpers gegen Mangelerscheinungen aktivieren.

Tatsächlich besteht der Unterschied dieser beiden Organismen auch weniger in den Bedürfnissen, sondern vielmehr in der Fähigkeit des Ausnützens der einzelnen Nahrungsmittel zur Deckung des Nährstoffbedarfs. Seiner Herkunft nach ist der Hund überwiegend ein Fleischfresser. Sein Gebiß als charakteristisches Merkmal solch eines Raubtieres ist weniger auf das Kauen und Zermahlen der Nahrung, als auf das Reißen und Verschlingen abgestellt. »Gut gekaut ist halb verdaut« gilt deshalb für den Hund nicht. Im Gegenteil, sein Magen ist relativ groß und geeignet, große Stücke unzerkaut aufzunehmen, und die intensiven Magensäfte vermögen in kurzer Zeit selbst einen Knochen aufzulösen. Auffallend kurz ist dagegen der Darm der Caniden. Spezielle Organe für den Aufschluß von pflanzlichen Zellen und Zellulosemembranen fehlen ihnen vollständig. Der menschliche Darm hingegen ist in Bau und Funktion nicht so spezialisiert. Er ist sowohl auf die Verwertung von Pflanzen- als auch von Fleischnahrung eingerichtet.

Wegen ihres unterschiedlichen Ernährungstraktes hat die Wissenschaft die Wirbeltiere, zu denen in diesem System sowohl Hund wie Herrchen gezählt werden, in drei Klassen eingeteilt:

1. Omnivoren (= Allesfresser, z. B. Mensch und Schwein)
2. Karnivoren (= Fleischfresser, z. B. Hund und Katze)
3. Herbivoren (= Pflanzenfresser, z. B. Rind und Schaf)

Doch es wäre ein Trugschluß zu glauben, ein Hund könne von Fleisch allein leben und seine für ihn notwendigen Kohlehydrate, Fette, Vitamine und Mineralien nur aus dem Fleisch beziehen. Wir wissen, daß die frei lebenden Vettern unserer Hunde Wolf und Fuchs von ihren pflanzenfressenden Beutetieren zunächst mit Genuß deren Magen- und Darminhalt verspeisen. Auch Blut, Knochen und sogar Fellfetzen mit unverdaulichen Haaren werden von ihnen nicht verschmäht.

So mancher Doggenbesitzer wird sich schon darüber geärgert haben, daß sich sein so sorgfältig gehüteter Hund auf Spaziergängen mit Vorliebe ganze Kuhfladen oder Schafsdung einverleibt oder gierig auf Aas ist. Was wir hier erleben ist das Ausgleichsbestreben des hundlichen Organismus, ein Säure-Basen-Gleichgewicht im Blut aufrecht zu erhalten. Da Fleisch zuviel dieser Säurebildner enthält, versucht der überwiegend auf Fleischnahrung gesetzte Haushund diesen Überschuß durch die Aufnahme basischer Stoffe zu neutralisieren. Vermehrtes Fressen von Gras, aber auch von Kot (enthält das stark basische Ammoniak) sind Alarmzeichen einer Übersäuerung. Es empfiehlt sich neben Fleisch auch Gemüse, Früchte, doppelt-kohlensaures Natrium, Milch oder auch Kalziumkarbonat, Karotten als Basenbildner und wegen ihres hohen Zelluloseanteils als Vermehrer des Kotvolumens zu verabreichen.

Bei Hunden, die ausschließlich mit Fleisch gefüttert werden, kommt es leicht zu dem sogenannten ›Nur-Fleisch-Syndrom‹: Störungen im Allgemeinbefinden, verbunden mit Gewichtsverlust sowie schwerwiegenden Skeletterkrankungen, von denen besonders im Wachstum befindliche Doggen betroffen werden. Wer also seinem Hund (und seiner Geldbörse) etwas Gutes tun will, der mache sich, sofern er Nachdenken nicht den Wissenschaftlern der Futtermittelindustrie überlassen will, mit dessen Ernährungsbedarf vertraut, um seinem Hund ein täglich ›ausgewogenes‹ Futter zu bereiten. Ausgewogen nennen wir ein Futter, das alle lebensnotwendigen Stoffe in verdaulicher Form enthält und überdies angereichert ist mit unverdaulichen Zellulosestoffen (Stützgewebe von Pflanzen = Rohfasern), die das Kotvolumen vergrößern und damit den Stuhlabsatz erleichtern.

Es ist eine Binsenwahrheit, daß unsere Hunde, wie alle Lebewesen, zur Aufrechterhaltung ihrer fundamentalen Lebensvorgänge Energie benötigen. Die Energiemenge, die ein Organismus im wesentlichen für die vielschichtigen Vorgänge des Stoffwechsels, wie Atmung, Kreislauf, Verdauung, Temperaturregulation u. a., aber auch für eine normale Bewegung benötigt, bezeichnet die Wissenschaft als den Erhaltungsbedarf. Hierzu gesellt sich bei Welpen und Junghunden ein zusätzlicher Bedarf für das Wachstum. Die Summe aller energiefordernden Vorgänge stellt so den Gesamtbedarf dar, den wir qualitativ und mengenmäßig durch eine richtige Ernährung decken müssen.

Wer hoch wissenschaftlich an die Ernährung seines Hundes herangeht, der orientiere sich am besten anhand der entsprechenden Tabellen, in denen der Energiebedarf nach Körpergröße und Körpergewicht erfaßt ist. Gemessen wird der Energiebedarf in Kilokalorie (kcal) oder neuerdings in Kilojoule (kJ), umzurechnen: 1 kcal = 4,19 kJ. Hierbei machen wir zunächst einmal die erstaunliche Entdeckung, daß der Energiebedarf keineswegs linear mit zunehmender Körpergröße des Hundes ansteigt. Im Gegenteil, ein großer Hund benötigt verhältnismäßig weniger Energie als ein kleiner Hund. Das hängt im wesentlichen mit der Körperoberfläche zusammen, die bei kleineren Hunden im Verhältnis größer ist als die der großen. Und je größer die Körperoberfläche, desto größer ist die Wärmeabgabe, desto größer der Stoffwechsel. Um hierzu eine ungefähre Vorstellung zu vermitteln: Ein Hund von 2 kg Gewicht benötigt etwa 140 Kalorien pro Kilogramm Körpergewicht zu seiner Erhaltung, bei Belastungen (nach überstandener Krankheit, Trächtigkeit, während des Säugens) bis zu 300 Kalorien pro Kilomgramm und Tag. Eine Dogge von 50 kg Körpergewicht benötigt nun nicht etwa die fünfundzwanzigfache Menge, sondern es genügt etwa eine Menge von 2500 bis 3000 Kalorien.

Junghunde sind allerdings anspruchsvoller. Zu ihrem guten Gedeihen kann gern mit der doppelten Menge an Kalorien gerechnet werden. Für uns als Betroffene mag das ein schwacher Trost sein, wenn ein kleiner Hund im Verhältnis zu seinem Körpergewicht im Extremfall doppelt soviel frißt wie eine Dogge. Und überhaupt, welcher Doggenhalter ermittelt schon den täglichen Kalorienbedarf seines Hundes nach der Tabelle?

Weit realistischer scheint mir die Zusammenstellung nach einer bewährten Faustregel, nach der die Tagesration für eine erwachsenen Dogge ⅓ Fleisch und ⅔ pflanzliche Futterbestandteile enthalten sollte. Beim heranwachsenden Hund drehen wir dieses Verhältnis um: ⅔ Fleisch : ⅓ Beifutter.
Besorgte Doggenbesitzer fragen immer wieder nach der Menge des zu verabreichenden Futters. Hier bestehen natürlich außerordentliche Schwankungen. Neben dem notorischen Fresser gibt es sehr heikle Tiere, die nicht richtig fressen und somit immer mager bleiben und kümmern. Sie gehen nur mit Widerwillen an den Futternapf, unabhängig davon, was er enthält. Sowohl das eine, wie auch das andere kann auf Erziehungsfehlern beruhen. Langeweile, Untätigkeit und Nervosität zählen, wie beim Menschen, zu den wesentlichen Gründen einer überhöhten Nahrungsaufnahme. Und so kann es auch bei unserer Dogge zu einer ›schlechten‹ Gewohnheit werden: »Wenn ich nichts anderes zu tun habe, esse ich!« Bekommt sie dann noch zwischendurch Naschereien und wird sie ›vom Tisch‹ gefüttert, so haben wir uns gar bald einen gefräßigen, stets vor Gier seibernden Hund erzogen. Ohne die richtige Freß-Erziehung wird Ihr Hund sich immer undiszipliniert verhalten.
Die Erziehung beginnt bereits mit der Ankunft des Welpen im Haus. Wenn er 10 bis 15 Minuten gefressen hat, nimmt man ihm den Freßnapf weg. Dadurch gewöhnt man ihn daran, seine Nahrung zügig aufzunehmen und beim Fressen nicht zu trödeln. Auch beim erwachsenen Hund läßt man keine Schüsseln mit Futterresten herumstehen. Abgesehen davon, daß es unhygienisch ist, sollte der Hund seine ihm zugemessene Portion ohne Umschweife verzehren.
Bezüglich der Menge können auch weitere Faktoren eine erhebliche Rolle spielen, wie Temperament (ruhig, lebhaft), Haltungsbedingungen – eine Dogge, die auch im Winter sehr viel draußen ist, wird einen höheren Energiebedarf haben als ein »Stubenhocker« –, Arbeitsleistung, Wachstum, Alter oder besondere Umstände wie Trächtigkeit oder Säugen von Welpen.
»Über den Daumen gepeilt« benötigt unsere erwachsene Dogge etwa 2000 bis 3000 Gramm Futter pro Tag. Diese Menge kann sich vor allem in der Wachstumsperiode oder bei einer säugenden Hündin auf bis zu 4000 Gramm pro Tag erhöhen. Nun sollte keiner auf die Idee kommen, seiner Dogge das Futter mit Hilfe der Briefwaage zuzuwiegen. Ob Sie in der Bemessung der Rationen richtig liegen, läßt sich am einfachsten am ›Rippenspiel‹ Ihres Hundes ablesen. Ihre Dogge ist in guter Form, wenn die Rippen kaum zu sehen, beim Streicheln mit der flachen Hand über den Brustkorb aber gut fühlbar sind. Sie ist zu mager, wenn die Rippen mit freiem Auge erkennbar sind und zu dick, wenn die Rippenkontur unter einer deutlichen Fettschicht kaum noch getastet werden kann. Der Grund für diese letztere Erscheinung ist relativ einfach. Die Energiezufuhr (-aufnahme) ist größer als der Energieverbrauch. Nur selten sind endokrine (= Drüsen-) Störungen hierfür verantwortlich. Oft neigen Hunde mit steigendem Alter zu Übergewicht. Dies hängt mit einer Senkung der Stoffwechselrate und mit der Herabsetzung der physischen Aktivität zusammen. Die Energieansprüche älterer Tiere sind grundsätzlich um etwa 20% niedriger als die jüngerer. Auch neigen weibliche Tiere häufiger zum Dickwerden als die aktiveren männlichen. Die Hauptursache beim

Hund ist aber immer zu wenig Bewegung. Nicht nur, daß unseren schönen Doggen damit der Adel ihrer Erscheinung verloren geht, Übergewicht verursacht auch eine Reihe medizinischer Probleme. Es schafft Hautprobleme, verminderte Zuchtleistung, vermehrte Geburtskomplikationen, Zuckerkrankheit, Störungen im Magen-Darm-Bereich und eine herabgesetzte Lebenserwartung infolge Überbeanspruchung von Herz und Kreislauf. Gründe genug, die uns als verantwortliche Doggenhalter davor bewahren sollten, in die Kette jener eingereiht zu werden, von denen es heißt: »An seinem frühen Grab erschüttert, steh'n jene, die ihn überfüttert.«

Für denjenigen, der die Nahrung seiner Dogge selbst herstellen will, hier ein kleiner Anhaltspunkt. Die Menge bezieht sich jeweils auf 100 Gramm:

Gekochte Karotten (Möhren, Mohrrüben) Karotten sind Basenbildner, Vitaminlieferanten und durch ihre schwer bzw. unverdaulichen Bestandteile an Zellulose (wichtiger Ballaststoff) auch Vermehrer des Kotvolumens.	27 g
Gekochter Reis (oder andere Getreideprodukte)	35 g
Fleisch, in Würfel geschnitten	30 g
Speck oder Schmalz und/oder Mais- oder Sonnenblumenöl	4 g
Trockenbierhefe oder Backhefe (sie enthält hohe Bestandteile des lebenswichtigen Vitamins B-Komplexes) und Biotin (Vitamin H)	3 g
Mineralstoff- und Vitaminmischung	1 g
	100 g

Im Gegensatz zu uns Vertretern einer Wohlstandsgesellschaft, bei denen ein eintöniger mittaglicher Eintopf schon zu einem mittleren Ehekrach führen kann, sind Hunde in ihren Nahrungsgewohnheiten recht konservativ eingestellt. Ja, ihr Verdauungstrakt reagiert bei einer plötzlichen Nahrungsumstellung häufig sehr unfreundlich in Form von Durchfall. Es empfiehlt sich daher, Hunde schon in frühester Jugend an eine Kost zu gewöhnen, die ernährungsphysiologisch allen Anforderungen entspricht. Sind Futterumstellungen vorgesehen, weil man von der Eigenfuttererstellung auf die bequemere Art der Fütterung mit Fertigfutter umsteigen möchte oder die Produkte anderer Hersteller übernehmen will, muß das schrittweise geschehen und zwar im Laufe von zwei bis drei Wochen.
Neben der herkömmlichen Fütterung mit selbsterstellter Hundenahrung vertraut heute eine zunehmende Anzahl von Doggenfreunden den Herstellern von Fertignahrung. Dieser Markt für vorgefertigte Tiernahrung ist in den letzten Jahren immer größer geworden, so daß wir heute aus einem reichhaltigen Futterangebot wählen können. Bei den inzwischen gesammelten Erfahrungen und den Fortschritten in der ernährungswissenschaftlichen Forschung, der Erprobung dieser Ergebnisse auf Versuchsfarmen, dürfen wir weitgehend davon ausgehen, daß alle lebenswichtigen Nährstoffe, Mineralien und Vitamine in ausgewogener Menge im Fertigfutter enthalten sind.

Dabei wirkt sich die Konkurrenz unter den Herstellern positiv auf die Qualität der Produkte aus. Darüber hinaus müssen alle im Handel befindlichen Futtermittel den Anforderungen und Ausführungsbestimmungen des Futtermittelrechts entsprechen.

Beim Fertigfutter wird zwischen Fleischnahrung (Muskelfleisch und Innereien) und Vollnahrung (dem Fleisch sind Zeralien beigegeben) unterschieden. Beide Arten werden entweder als Dosennahrung, Softfutter (halbfeuchtes Futter) oder Trockennahrung angeboten. In der Dosennahrung sind etwa 75% an natürlicher Feuchtigkeit aus Fleisch und Pflanzen enthalten. Trockennahrung mit einem Feuchtigkeitsgehalt von ca. 10% ist im Verhältnis zu ihrem Volumen wesentlich konzentrierter und damit kalorienhaltiger. Sowohl beim Soft- als auch beim Trockenfutter muß dem Hund das im Produktionsprozeß entzogene Wasser über das Trinken wieder zugeführt werden. Es ist dabei unerläßlich, daß ihm stets eine Schüssel mit frischem Wasser zur Verfügung steht. Bei älteren Hunden, die ausschließlich mit Trockennahrung versorgt werden, kann dies zu einer vermehrten Nierenbelastung führen.

Hundekuchen, aus einer Mischung von pflanzlichen und tierischen Mehlen hergestellt und mit Mineralzusätzen versehen, sollten als Zusatznahrung oder als »Zwischendurch-Leckerle« für besondere Leistungen auf keinem Speiseplan fehlen. Neben dem guten Nährstoffangebot leisten sie vorzügliche Dienste bei der Pflege des Gebisses.

Aufgrund ihrer ursprünglichen Ernährungsweise besitzen Hunde im Vergleich zu ihrer Körperlänge einen sehr kurzen Verdauungstrakt mit einem relativ kleinen Darmvolumen und einem großen Magen, der etwa 60% des Gesamtverdauungstraktes ausmacht. Sie können aus diesem Grunde große Mengen an Futter auf einmal aufnehmen. Wegen des geringen Darmvolumens und der verhältnismäßig kurzen Verweildauer, die den reichlich vorhandenen Verdauungssäften mit ihrem hohen Enzymgehalt zum Aufschluß der Nahrung verbleibt, muß Hundefutter eine hohe Verdaulichkeit aufweisen.
Eine große Magenkapazität ist nicht bereits bei der Geburt vorhanden. Sie entwickelt sich erst im Laufe der Wochen nach der Geburt. Saugwelpen und künstlich ernährte Welpen sind daher auf eine Versorgung in kurzzeitigen Intervallen von zwei bis drei Stunden angewiesen.
Nach ihrer Entwöhnung erhalten die Welpen bis zu einem Alter von 3 Monaten vier Mahlzeiten über den Tag verteilt, um ihren Magen nicht zu überlasten. Nach und nach können sie dann auf eine drei- bis zweimalige Fütterung umgestellt werden.
Das große Fassungsvermögen des Magens würde an sich die einmalige Fütterung einer erwachsenen Dogge rechtfertigen. Wenn ich dennoch für eine zwei- bis dreimalige Fütterung plädiere, so beziehe ich mich auf die Erfahrungen, die aufgrund von Magendrehungen gemacht worden sind. Diese traten vorwiegend bei Hunden auf, deren Magen stark bis übermäßig mit Futterteilen gefüllt war.

Insbesondere ältere Doggen, bei denen bereits eine gewisse Erschlaffung der Bänder vorlag, an denen der Magen aufgehängt ist, scheinen hiervon betroffen zu sein. Es erscheint daher sinnvoller, die Futtermenge über den Tag verteilt in kleineren Portionen zu geben und die Fütterungszeiten regelmäßig einzuhalten. Damit wird gleichzeitig eine zu hastige Aufnahme, bei der die Tiere sich leicht überfressen können, vermieden.
Wo dies etwa aus beruflichen Gründen nicht möglich ist, gönne man seiner Dogge zumindest eine 1- bis 2-stündige Verdauungspause und sorge dafür, daß sie nicht unmittelbar nach der Fütterung beunruhigt oder zu lebhaften Sprüngen und Spielereien verleitet wird.
Der Verdauungsvorgang dauert etwa 9 bis 10 Stunden. Es empfiehlt sich, die Mahlzeiten auf die täglichen Spaziergänge abzustimmen, auf denen die Dogge die Gelegenheit findet, sich zu lösen. Auch das gehört zu einer ordentlichen Erziehung.
Hunde verweigern manchmal die Nahrung, ohne krank zu sein. Es schadet durchaus nichts, wenn dann hier einmal ein Fastentag eingelegt wird, der zur Entschlackung des Körpers beiträgt. Ansonsten können ausgedehnte Spaziergänge sehr appetitanregend wirken.
Nicht selten werden Rüden von einer anhaltenden Freßunlust befallen, in deren Verlauf sie bis zum Skelett abmagern können. Dabei entwickeln sie oft gleichzeitig eine bei ihnen vorher nicht gekannte große Unruhe und Aktivität. Sie haben schlicht »Liebeskummer«, weil ihnen, kein Mensch weiß oft woher, der Duft einer läufigen Hündin zugetragen wird. Sobald dieser ›Zustand‹ beendet ist, entwickeln sie einen gesunden Appetit, der ihren Gewichtsverlust schnell vergessen läßt.
Nun einige Hinweise zu Aufzucht und Nährstoffbedarf von Junghunden. Wenn der Welpe in einem Alter von 8 bis 12 Wochen den Zwinger verläßt, um in die Obhut seiner neuen Familie hinüberzuwechseln, beginnt für ihn auch eine Phase körperlicher Entwicklung, die nicht selten von Wachstumsstörungen begleitet zu sein scheint. Oft über Nacht wird ein stolzer, doch bis dahin ahnungsloser Besitzer solch eines Jungtieres überrascht von einer fehlerhaften Skelettentwicklung. Erste Anzeichen solcher Wachstumsstörungen zeichnen sich durch übermäßige Verdikkungen in der Nähe der Gelenke der Vorderfußwurzel, des Ellenbogens und des Knies ab. Diese Wucherungen an den Epiphysenknorpeln, das sind die Knorpel an den Endstücken der Röhrenknochen, wo sie in ein Gelenk münden, sind anfangs weich, verknöchern später und führen zu ganz außerordentlilchen Deformationen der Knochen, die dabei in ihrem Wachstum zurückbleiben.
Als weitere Symptome erkennen wir knopfförmige Verdickungen an der Grenze zwischen Rippen und Rippenknorpel (sog. rachitischer Rosenkranz), Auftreibungen der Röhrenknochen und des Hirnschädels, Verkrümmungen der Wirbelsäule (Karpfenrücken) und oftmals einen gestörten Zahnwechsel, bei dem die Zähne verkümmern und Schmelzdefekte aufweisen. Daß sich Knochendeformationen (X-Beine, O-Beine) häufig zuerst an der Vorhand zeigen, liegt an deren Funktion als Stützorgan. Allein 60 bis 66 Prozent des Körpergewichts der stehenden Dogge werden von diesem vorderen Gliedmaßenpaar getragen, das während des Laufens zeitweise sogar mit dem gesamten Körpergewicht belastet wird. Bereits dieses

Eigengewicht kann zu einer Verbiegung der noch weichen Knochen beitragen. Da in diesem Stadium die Gelenkbänder Zerrungen mehr als sonst ausgesetzt sind, kommt es häufig zu weiteren Komplikationen mit Gelenkentzündungen und Bewegungsstörungen. Die betroffenen Hunde zeigen einen unbeholfenen, watschelnden Gang, sie liegen viel, jede Bewegung ist schmerzhaft, bisweilen treten sie vollständig durch (Bärentatzigkeit) und berühren sogar mit der ganzen Sohle den Erdboden.
Im Volksmund werden alle diese Erscheinungen gemeinhin als Rachitis bezeichnet. Die Ursachen einer üblichen Rachitis, bei der die Knochen weich bleiben und sich verbiegen, beruht auf einer Mineralisationsstörung, hervorgerufen vor allem durch einen Mangel an Vitamin D. Bei dem Überangebot an hochwertigem Futter jedoch, das jedem Hundehalter zur Auswahl steht, dürfte die Rachitis heute praktisch keine Rolle mehr spielen. Die oben beschriebenen Erscheinungen können einzeln, in abgeschwächter Form oder auch in einer ganzen Palette starker Störungen auftreten. Wachstumsstörungen an den Gelenkknorpeln finden sich im übrigen bei vielen mittelgroßen und großen Hunderassen. Von den Wissenschaftlern wurden sie nach Ursache und Erscheingsart mit Namen belegt wie Osteodystrophie, Osteochondrose, Spondylose, Hüftgelenkdysplasie u. a. Ihre Entstehung ist vermutlich in einer engen Wechselbeziehung zwischen erblicher ›Vorbelastung‹ (genetische Prädisposition) und unausgeglichener Ernährung in der Wachstumsphase zu suchen, verbunden mit haltungsbedingten Überlastungen des Skeletts.
Das Skelett der Tiere und Menschen besteht keineswegs aus toter Materie, sondern es lebt, solange Blut durch die versorgenden Blutgefäße fließt. Dabei können sich die aus kleinen Bausteinen zusammengesetzten Knochen das ganze Leben hindurch inneren und äußeren Veränderungen anpassen, wobei die Anpassungsfähigkeit mit dem Alter abnimmt. Sie haben die Aufgabe, Mineralstoffe zu speichern und bei Bedarf an andere Organe des Körpers wieder abzugeben. Unter normalen Bedingungen sind sie so ständig im Umbau begriffen; innere und äußere Störfaktoren können diese Umbauvorgänge beeinflussen. Zu den inneren Faktoren zählen wir zum Beispiel hormonelle Störungen, angeborene oder vererbte Fehler, Krankheiten innerer Organe (Niere). Zu den äußeren Faktoren, die uns hier besonders interessieren, zählen wir die Nahrung sowie mechanische Einflüsse wie Verletzungen und Belastungen.
Für einen gesunden Knochenbau ist eine ausgewogene Versorgung mit Kalzium und Phosphor notwendig. Der Stoffwechsel beider Mineralstoffe ist eng miteinander verbunden. So ist z. B. das Kalziumgleichgewicht im Blut konstant verknüpft mit dessen Phosphorgehalt. Das bedeutet, daß nicht nur Änderungen des Kalziumstoffwechsels, sondern auch Änderungen im Phosphorstoffwechsel das Skelett als Kalziumdepot beanspruchen. Gesteuert wird dieses Ca/P-Verhältnis im Blut, das etwa 1 : 0,8 beträgt (und deshalb sollte auch der Anteil beider Elemente in der Nahrung dieses Mischungsverhältnis aufweisen), von den Hormonen der Schilddrüse und Nebenschilddrüse, die je eine entgegengesetzte Wirkung ausüben. Sinkt z. B. der Kalziumspiegel im Blut, dann erzeugt die Nebenschilddrüse Parathormon. Seine Wirkung auf bestimmte Zellen im Knochengewebe fördert die Freisetzung des Skelettkalziums, das für den Ausgleich des Kalziummangels im Blut

dient. Dabei wird gleichzeitig die Ausscheidung des überschüssigen Phosphors erhöht. Kalzium im Übermaß angeboten hemmt die Produktion von Parathormon und damit den Abbau des Kalziumdepots des Skeletts. Gleichzeitig wird jetzt über die Schilddrüse das Hormon Calcitonin ausgeschüttet, unter dessen Einwirkung sich bestimmte Zellen unter Aufnahme von Kalksalzen in Knochengewebe umwandeln.

Eng mit dem Kalzium- und damit sekundär auch mit dem Phosphorstoffwechsel verbunden ist das Vitamin D, von dem in erster Linie die Vitamine D 2 und D 3 von Bedeutung sind. Die D-Vitamine fördern die Aufnahme von Kalzium und Phosphor im Darm und beeinflussen die Verkalkungsvorgänge im Knochen. Dabei ist die Wirkung des Parathormons gebunden an das Vorhandensein von Vitamin D. In rohem Fleisch, in Leber, in Milch oder Eigelb sind diese D-Vitamine in der Regel ausreichend vorhanden. Und daher sind rachitisähnliche Erscheinungen heutzutage seltener auf einen Mangel an diesen Vitaminen als vielmehr auf Hormonstörungen, beispielsweise auf eine Erkrankung der Nebenschilddrüse zurückzuführen, die durch eine überhöhte Parathormonbildung das Kalzium aus den Knochen herauslöst. Eine zusätzliche Vitamin-D-Fütterung würde hier nun verheerende Folgen haben: Vitamin D erhöht nicht nur die Konzentration von Kalzium und Phosphor im Blut und hemmt deren natürliche Ausscheidung, sondern es forciert auch die vermehrte Ausschüttung von Parathormon und damit die Herauslösung des Kalziums aus den Knochen mit den bekannten Veränderungen des so entmineralisierten (»entkalkten«), in seiner Tragfähigkeit verminderten Skeletts. Veränderungen in Knochen und Gelenken der Vorder- und Hinterläufe, die besonders zu einer Störung der Verknöcherung der langen Gliedmaßenknochen führen, Wirbelsäulenverkrümmungen und Knochenbrüche selbst bei geringer Belastung sind hier typische Symptome, die von der Wissenschaft als Osteodystrophie bezeichnet werden. Es kann daher nicht genug vor den Folgen einer solchen Hypervitaminose gewarnt werden, die durch ein Zuviel an hochkonzentrierten Vitamin-D-Präparaten entsteht. Zumindest sollte in einem solchen Fall auf eine entsprechende und ausreichende Zufütterung von Kalzium, beispielsweise Kalziumkarbonat (Naturkreide) geachtet werden. Für den Junghund sollten dies täglich mindestens 0,5 g pro kg Körpergewicht sein. Später, bei dem erwachsenen Hund, genügen 0,25 g.

Weitere Gründe, die zu Wachstumsstörungen an den Gelenkknorpeln führen können, sind:

1. Ein grundsätzlicher Mangel an Kalzium in der Nahrung. Bei dem heutigen Futterangebot scheidet diese Ursache aber praktisch bei der Aufzucht von Junghunden aus. Lediglich bei chronischen Nierenerkrankungen wird u. U. Kalzium zur Ausscheidung bestimmter Verbindungen vermehrt verbraucht.

2. Ein ständiger Phosphorüberschuß im Nahrungsangebot (und der damit zwangsläufig verbundene Kalziummangel), hervorgerufen durch einseitige Verfütterung

von Muskelfleisch und Innereien, die reich an Phosphat und arm an Kalzium sind. Selbst die häufigsten Getreideprodukte wie Haferflocken, Reis, Mais u. a. haben Phosphatüberschuß. Eine Beifütterung von Kalzium, etwa in Form des Kalziumkarbonates, ist daher dringend geboten. Auch Milch und Milchprodukte können wegen ihres hohen Kalziumanteiles eine wertvolle Ergänzungsnahrung sein. Allerdings sollten Milchprodukte gesäuert sein, da Hunde nach dem 6. Lebensmonat nicht mehr fähig sind, sie sonst aufzuschließen und unliebsamen Durchfall bekommen. Reich an Kalksalzen sind auch Knochen, so daß die Zugabe von etwas Knochenmehl wegen der ebenfalls darin enthaltenen Spurenelemente durchaus zu empfehlen ist, wenn es in Maßen geschieht und nicht zu Verstopfungen führt. Auch hin und wieder ein weicher Kalbsknochen, an dem die junge Dogge vor dem Verzehr ihre Zähne erproben kann, leistet hier wertvolle Dienste.

Weniger Sorgen um ein ausgeglichenes Futter muß sich der Hundefreund machen, der vom reichhaltigen Angebot der Futtermittelindustrie Gebrauch macht. Das von dort angebotene Trockenalleinfutter, Dosen(Naß-)alleinfutter sowie Hundekuchen sind in der Regel auf das optimale Kalzium-Phosphor-Verhältnis 1,2 : 1 (1 : 0,8) eingestellt. Zusätzliche Beimischungen von Kalzium sind in diesem Falle schädlich! Die dadurch forcierte Calcitoninausschüttung der Schilddrüse führt zu einem Ungleichgewicht in der Form, daß mehr Kalzium in den Knochen ein- und weniger abgebaut wird. Durch eine Überversorgung mit Kalzium entstehen Wachstumsstörungen in den Gelenkknorpeln; denn die übermäßigen Einlagerungen von Kalksalzen erzeugen ein gestörtes Anpassungswachstum des Gelenkknorpels besonders an den konvex gewölbten Gelenkflächen der großen Gliedmaßengelenke. Die hier entstehenden Knorpelschuppen bleiben entweder mit der Gelenkfläche verbunden oder lösen sich bei Druckbelastung und eventuellen gleichzeitigen Schiebebewegungen ab und bewegen sich dann als Fremdkörper frei im Gelenk. In der Wissenschaft ist diese Erscheinung unter dem Namen Osteochondrose bekannt.

Die Erkrankung tritt besonders häufig an den Schultergelenken unserer Doggen auf. Sie kann aber auch an den Gelenken des Ellenbogens, des Knies oder den Sprunggelenken entstehen. Das vornehmliche Erkrankungsalter liegt zwischen dem 5. und 10. Lebensmonat. Diese Knorpelablagerungen können mit der Zeit ganz verknöchern. Sie führen zu schmerzhaften Gelenkentzündungen und Lahmheiten und können aussichtsreich eigentlich nur auf operativem Wege durch Entfernung der abgelösten Knorpelschuppe beseitigt werden.

3. Eine verminderte Vitamin-D-Aufnahme über den Dünndarm. Sie kann in Begleitung einer Magen-Darmerkrankung, hervorgerufen beispielsweise durch Infektionen oder Wurmbefall, auftreten. Trotz einer reichhaltigen Versorgung mit den Mineralien Kalzium und Phosphor verhindert der Vitamin-D-Mangel eine Mineralisierung des im Rahmen des allgemeinen Körperwachstums der Jungtiere neu zu bildenden Knochengewebes mit den typischen Erscheinungen einer Rachitis.

Nach bisher vertretener Lehrmeinung können Hunde in ihrem Organismus aus verschiedenen Vorstufen (z. B. Ergosterin) die Vitamine der D-Gruppe unter dem Einfluß der ultravioletten Strahlen des Sonnenlichts in Eigensynthese erstellen. Diese Auffassung konnte allerdings in jüngeren experimentellen Untersuchungen des Instituts für Veterinärmedizin an der Universität Utrecht nicht belegt werden, wobei die den gesamten Organismus aktivierenden Wirkung der UV-Strahlen außer Frage steht. Der in den Wintermonaten bei der Eigenzubereitung von Futter gelegentlich auftretende Vitamin-D-Mangel läßt sich durch tägliche Zugabe von Lebertran – Welpen 1 Teelöffel, ab etwa 5 Monate 1 Eßlöffel – ausgleichen. Bei der gleichbleibenden Qualität des industriellen Fertigfutters besteht keine Veranlassung zu Lebertranfütterung.

4. Durch Erkrankungen von Nebenschilddrüse und Schilddrüse, von deren Hormonen alle Stoffwechselvorgänge wesentlich gesteuert werden. Ihre krankhaften Über- oder Unterfunktionen machen sich nicht nur in einer ausgesprochenen Entwicklungsstörung des zentralen Nervensystems bemerkbar, sondern schlagen sich auch, wie bereits geschildert, in Störungen des Knochenwachstums und des Knochenbaues nieder.

Infolge der erblich bedingten hohen Wachstumsintensität junger Doggen, bei der diese Drüsen stets auf ›Hochtouren arbeiten‹ müssen, scheinen hier besondere Anfälligkeiten auch durch äußere Faktoren gegeben zu sein. So erfahren wir bereits von dem alten Doggenzüchter Kirschbaum (1901) in seinen ›Praktische Winke für Doggen-Züchter‹ den Hinweis: ». . . Bei naßkaltem, regnerischem Wetter dürfen junge Doggen nicht im Freien belassen bleiben; man läßt sie mehrmals des Tages draußen austoben, dann aber hinein in den trockenen geschlossenen Raum, worin ein warmes Lager steht. Niemals lasse man junge Doggen des Nachts draußen, und wenn es noch so warm ist. Sie können im ersten Lebensjahr Nachtluft nicht vertragen.«

5. Unsere Doggen gehören zu den schnellwüchsigen Hunderassen, deren Wachstum nicht nur intensiver als bei kleineren Rassen verläuft, sondern auch später zum Abschluß kommt. Recht deutlich wird dies an dem Gewichtszuwachs. Ausgehend von einem mittleren Geburtsgewicht von 875 g wiegt eine junge Dogge in der 36. Woche etwa zwischen 53 bis 55 kg. Sie hat innerhalb dieser kurzen Zeitspanne also etwa das 60- bis 63-fache ihres Geburtsgewichtes erreicht mit einem noch »unfertigen« Skelett, dessen Verfestigung – mit weiterhin zunehmendem Gewicht – erst nach dieser Zeit des »in die Höhe-Schießens« eintritt. Diese erblich bedingten hohen Wachstumsraten führen zu einer verstärkten Muskel- und Gewebebildung in dem noch weichen jugendlichen Skelett, dessen mechanische Belastbarkeit wesentlich von der Mineraleinlagerung abhängt, und die nicht mit dem übrigen Gewebewachstum Schritt halten kann. Der von den Muskeln auf die Knochen – an denen sie verankert sind – ausgeübte Zug wird einfach zu groß. Diese Überlastung des »Trageapparates« verursacht nicht nur eine fehlerhafte Gliedmaßenstellung, sondern sie führt häufig zu einer Verbiegung der langen Röhrenknochen und

Gelenkveränderungen mit allen Anzeichen einer Rachitis, ohne daß es sich hier um eine Stoffwechselstörung handelt. Als eine Spätfolge dieser Überlastungen während des Wachstums werden nicht selten Erkrankungen an den Wirbelgelenken der Brust- und Lendenwirbelsäule erkannt. Diese, von der Wissenschaft als Spondylose, in Laienkreisen u. a. auch als Nachhandlähmung bezeichnete Erkrankung, hat, je nach dem Stadium und ihrer Ausbreitung eine schleichende Versteifung der Wirbelsäule zur Folge. Ihre Symptome machen sich in zunehmenden Bewegungsbeschwerden bemerkbar. Durch eine Einklemmung der Spinalnerven kann diese Krankheit für die Hunde äußerst schmerzhaft sein. Ihr Rücken ist aufgezogen, die Hinterhand schleppend und sie bewegen sich in einem pendelnd-schaukelndem Gang, wobei sie versuchen, das Gewicht zur Entlastung der Wirbelsäule nach vorn zu verlagern.

Eine andere Form der Spondylose, die auch als Wobbler-Syndrom bekannt ist, wird durch eine Verengung des Wirbelkanaldurchmessers im Bereich der Halswirbel und der damit verbundenen Rückenmarkeinschnürung hervorgerufen. Die hiervon betroffenen Hunde haben Schwierigkeiten in der Bewegungskoordination vorwiegend der Hinter-, aber auch der Vorderläufe. Sie bewegen sich häufig mit steif gehaltenem und abwärts gerichtetem Nacken.
Diese Beobachtungen führen in der Konsequenz dazu, daß bei der Junghundefütterung ein ständiger Energieüberschuß, der zu einer deutlichen Beschleunigung mit maximal ausgeschöpften Wachstumsraten führt (anabole Wirkung), vermieden werden muß. Sowohl der Ehrgeiz vieler Doggenhalter, über eine ›energiegeladene‹ Fütterung zu besonders großen Doggen zu kommen, wie die Sorge, die Tiere würden nicht ihre volle Körpergröße erreichen, sind hier weder angebracht noch begründet. Die Größe ist erblich festgelegt, sie wird nur später erreicht. Das Körpergewicht muß der Tragfähigkeit des Skeletts angepaßt sein, wobei die Devise lautet: Knapp und ausgeglichen füttern oder, wie mein alter Lehrmeister Fritz Hirsch, Inhaber des bekannten Zwingers ›vom Schloß Dellwig‹ sich stets etwas drastisch auszudrücken pflegte: »Junge Doggen müssen sich ›groß hungern‹, wenn sie gerade und korrekt auf den Läufen stehen sollen.«

Die folgenden Körpergewichte für junge Doggen mögen als Anhaltspunkt für ein wünschenswertes harmonisches Wachstum gelten (Schünemann, Tierärztliche Hochschule Hannover):

8. Woche	6 bis 7 kg	Lebendmasse
12. Woche	11 bis 12 kg	Lebendmasse
16. Woche	20 bis 22 kg	Lebendmasse
20. Woche	28 bis 30 kg	Lebendmasse
24. Woche	36 bis 38 kg	Lebendmasse
36. Woche	53 bis 55 kg	Lebendmasse

Die häufig auftretenden höheren Gewichte (bis 20 kg mit 8 Wochen) müssen als schwere Belastung der Skelettentwicklung unbedingt vermieden werden. Eine

Abb. 128: Diese Dogge zeigt das erwünschte trockene Gebäude, Voraussetzung für Gesundheit und Ausstellungskarriere.

Abb. 129: Nur vernünftige Ernährung und Haltung führen zur gesunden Dogge mit guter Lebenserwartung.

Verlangsamung des Wachstums ist biologisch auch für die Entwicklung des Kreislaufes und der inneren Organe sinnvoll, die sich langsam den steigenden Anforderungen – wie der Gewichtszunahme – anpassen müssen. Viele Nachfolgeschäden, die erst im Lauf der Jahre offenkundig werden und u. a. auch zu einer verminderten Lebenserwartung beitragen können, haben hier möglicherweise ihren Ursprung.

Nach einer Aufstellung (Schünemann) beträgt der Energiebedarf bei wachsenden Doggen pro Tag:

Lebensmonat	Bedarf an verdaulicher Energie in MJ		Trockenalleinfutter in g pro Tier und Tag
	pro Tier	pro kg Lebendmasse	
2.	4,7	0,92	280
3.	9,2	0,90	550
4.	13,2	0,74	790
5. – 6.	16,8	0,60	1000
7. – 12.	16,8	0,37	1000

(Trockenalleinfutter mit 1,88 MJ Bruttoenergie oder 1,67 MJ verdaulicher Energie pro Tag 100 g Futtermittel; verdauliche Energie = Bruttoenergie (Brennwert) X Verdaulichkeit (= Aufnahme im Organismus; in der Regel 85–89%).
Da Frischfleisch und Innereien etwa 60 bis 70%, Gemüse bis zu 90% Wasser enthalten, müßte bei der Eigenzubereitung des Futters etwa mit der 2½ bis 3-fachen Menge gerechnet werden.

Die Zusammensetzung der Kost für heranwachsende Doggen könnte etwa – bezogen auf 1000 g – so aussehen:

Gekochte Mohrrüben	250 g
Gekochter Reis oder Ceralien	300 g
Fleisch- oder Innereien, in Stücken geschnitten	350 g
Speck oder Schmalz und/oder Mais- oder Sonnenblumenöl	50 g
Trockenbierhefe	30 g
Mineralstoff- und Vitaminmischung	20 g

Zur Mineralstoffergänzung und vor allem aber einer Kalziumsupplementierung bieten sich junge Knochen, Futterknochenschrot, Kalziumsalze wie Schlemmkreide oder Kalciumcitrat an. Die Versorgung mit Spurenelementen und Vitaminen wird in der Regel am günstigsten mit vitaminierten Mineralstoffmischungen erreicht.

Wie wir in diesem Kapitel gesehen haben, lassen sich viele aufzuchtbedinge Fehler, auch wenn eine vermutliche erbliche Prädisposition dafür besteht, durch eine vernünftige und ausgeglichene Ernährung vermeiden oder zumindest in ihren Auswirkungen begrenzen. Am Schluß dieses Kapitels wollen wir noch auf die Gefahren einer zu frühzeitigen Überbelastung einer heranwachsenden Dogge hinweisen, die ein Altmeister der Doggenzucht, Fritz Kirschbaum – Berlin, mit den Worten umschreibt: „Eine Unsitte ist es, junge Doggen, bevor sie 8 Monate alt sind, zu stundenlangen Spaziergängen mitzunehmen. Die deutsche Dogge bedarf eines Tummelplatzes. Wo dieser fehlt, ist eine Aufzucht schwer. Wird die junge Dogge zu stundenlangen Märschen mitgenommen, so dehnen sich die weichen Sehnen und Knochen derart, daß von einem einzigen angestrengten Gange dieselbe Nachteile für ihr Wachstum behalten kann."

XXV. Rassespezifische Erkrankungen

Hüftgelenksdysplasie und Maßnahmen zu ihrer Bekämpfung in der Zucht Deutscher Doggen

In den letzten Jahren ist von den Züchtern des Deutschen Doggen Clubs wohl kaum so leidenschaftlich und konträr über eine Krankheit diskutiert worden, wie über die der Hüftgelenksdysplasie. Es handelt sich um eine Deformierung der Hüfte, bei welcher der Kopf des Oberschenkelknochens nicht mehr genau in die vom Hüftknochen gebildete Gelenkpfanne eingefügt ist. Während dieser Kopf bei einem normalen Tier recht tief in der Pfanne sitzt, ohne locker beweglich zu sein, können aus einer Reihe von Gründen Abweichungen von unterschiedlichen Schwierigkeitsgraden auftreten. In einigen Fällen wird dieses nur einem geübten Beobachter sichtbar, in anderen hingegen passen die beiden Hüftgelenkteile so schlecht ineinander, daß ein völliges Ausgleiten des Oberschenkelkopfes möglich ist. Die Übergänge hierzu können fließend sein, auch müssen Hunde nicht beidseitig davon befallen sein oder denselben Schwierigkeitsgrad aufweisen. Der Name Hüftgelenkdysplasie bedeutet zunächst einmal nichts anderes als »falsch geformtes Gelenk«.
Je schlechter nun diese Einpassung ist, etwa bei Abflachung der Gelenkpfanne oder bei einer möglichen Schwäche der Bänder, die beide Teile zusammenhalten, umso eher wird man Folgeerscheinungen beobachten können. Sie entstehen aufgrund der Reibung der Kontaktflächen dieser beiden Gelenkteile und führen zu einer allmählichen Abnutzung der Knochen an den Oberflächen.
Die Hüftgelenkdysplasie ist durchaus kein neues Problem. Ein nahezu gleiches Leiden des Menschen ist seit über 2000 Jahren bekannt. Bei Hunden wurde diese Krankheit zuerst von dem amerikanischen Tierarzt Schnelle im Jahre 1935 beschrieben. Sie zieht sich nach neueren Erkenntnissen quer durch fast alle Hunderassen, von den Doggen bis hin zu den kleinen Yorkshire-Terriern. Entsprechende Beobachtungen dieser Abnormität liegen aber auch von Pferden, Rindern, Schweinen und Katzen vor.

Ob ein Tier erkrankt ist, läßt sich, mit Ausnahme einiger schwerer Fälle, äußerlich nicht erkennen. Viele Züchter fühlen sich dadurch in ihrer Ansicht bestärkt, diese Erkrankung der Hüfte bagatellisieren zu können, solange ihre Doggen ein gutes Gangwerk zeigen und in der Lage sind, auf Ausstellungen Preise zu gewinnen.

Tatsächlich ›überspielen‹ viele Hunde über eine verstärkte Muskelbildung um das dysplastische Gelenk herum diesen Defekt und bleiben viele Jahre belastungsfähig. Oft kommt erst im zunehmenden Alter der Zusammenbruch.
Von der Hüftgelenksdysplasie ist bekannt, daß sie eindeutig erblich ist. Sie wird in ihrer Ausprägung von mehreren Genen gesteuert. Man spricht deshalb auch von einer polyfaktorellen oder polygenen Vererbung, die außerdem durch Umweltfaktoren beeinflußt werden kann. Wie groß der Erblichkeitsgrad ist, konnte bisher noch nicht eindeutig ermittelt werden. Möglicherweise ist er von Rasse zu Rasse unterschiedlich. Die bisher vorliegenden Beurteilungen liegen zwischen 25 und 60%. Das heißt 25 bis 60% der Hüftgelenksausbildung ist erblich, die restlichen 75 bis 40% werden von nicht-additiven Genen und Umwelteinflüssen verursacht.
Von verschiedenen Seiten ist gerade diesen umweltbedingten Einflüssen erhebliche Bedeutung beigemessen worden. Wachstumsgeschwindigkeit, Fütterung, Bewegung und Training sind in diesem Zusammenhang diskutiert worden. Dabei konnte festgestellt werden, daß die Wachstumsrate und das Körpergewicht ganz entscheidend am Zustandekommen der Hüftgelenksdysplasie beteiligt sind. Dieses Ergebnis ist nicht ungewöhnlich, wenn wir bedenken, daß die Hunde mit unvollständig verknöchertem Skelett geboren werden, das während der ersten neun Monate allmählich verknöchert. Solange dieser Prozeß nicht abgeschlossen ist, muß ein übermäßiges Körpergewicht logischerweise die Hüfte beeinträchtigen. Insbesondere Hedhammer u. a. (1974) haben am Beispiel Deutscher Doggen-Welpen zeigen können, daß Überernährung, die zu einer maximalen Wachstumsrate führte, nicht nur ein breites Spektrum von Knochen-Abnormitäten hervorrief, sondern auch deren Anfälligkeit zur Hüftgelenksdysplasie erhöhte. Eine Nahrung, die Kalzium, Phosphor und Vitamin-D nicht ins Gleichgewicht bringt, kann ebenfalls die Entwicklung der Dysplasie begünstigen.

Eine weitere Frage ist die nach dem körperlichen Training bei jungen Tieren. Auch hier ist gewiß nicht auszuschließen, daß starke Belastungen durch lange Spaziergänge, Stehen auf den Hinterbeinen, Springen u. a. zum Ursachenbild der Hüftgelenksdysplasie gehören könnten, insbesondere bei zu schweren Welpen. In diesem Zusammenhang hat Riser (1963) nachgewiesen, daß eine Beschränkung von Welpen durch kleine Käfige die Entstehung der Hüftgelenksdysplasie verhindern konnte. Doch werden sich diese Versuche wohl kaum auf Doggenwelpen übertragen lassen; denn dort, wo diese ihrem natürlichen Bewegungsdrang nicht nachkommen können, verkümmern sie körperlich und seelisch.

Wir sollten uns in jedem Fall darüber im klaren sein, daß optimale Umweltbedingungen die angeborenen Dysplasie-Probleme zwar verschleiern, aber nicht wirksam beseitigen können. Dazu bedürfte es des Ausschlusses aller Merkmalsträger von der Zuchtverwendung, die rasch zur weitgehenden Ausmerzung dieser Anomalie beitragen könnte. Daß dieser Weg nicht gangbar ist, wissen wir. Bei einer derartigen Verengung der Zuchtbasis würden auch andere wertvolle Eigenschaften verschwinden, die unsere Rasse ausmachen. Gute Hüftgelenke sind ja beileibe nicht das ausschließliche Zuchtziel, dem es nachzustreben gilt.

Der Deutsche Doggen Club hat in seiner Verantwortung für die von ihm betreute Rasse einen vertretbaren Weg beschritten und alle Tiere, die einen mittleren und hochgradigen HD-Befund aufweisen, von der Zucht ausgeschlossen. Seine Entscheidung beruht auf der Erkenntnis, daß ein Auftreten der erblichen Hüftanomalien bei Nachkommen aus Eltern, die gesunde Gelenke aufweisen oder leichte HD haben, deutlich geringer ist als bei Zuchtverwendung von Tieren mit schwerer HD. Das schließt allerdings nicht aus, daß auch bei Paarung von HD-freien Tieren mit einem gewissen Prozentsatz HD behafteter Nachkommen, auch solchen schwerer Grade zu rechnen ist. Im Erscheinungsbild gesunde Hunde können eben Träger von Genen sein, die beim Zusammentreffen mit ähnlichen Anlagen des Partners die Anomalie auftreten lassen.
Derartige Kompromisse mögen zwar für den Genetiker unbefriedigend erscheinen, in der Praxis sind sie jedoch, auch im Hinblick darauf, daß diese Maßnahmen von den Züchtern unterstützt werden müssen, unumgänglich. Dort, wo die Bestimmungen zur Bekämpfung der Hüftgelenkdysplasie zu streng gefaßt sind, werden sie auf eine zunehmende Gegnerschaft der Züchter stoßen, je weniger es diesen gelingt, die hohen Maßstäbe zu erfüllen.

Nachstehende Aufstellung zeigt die Untersuchungsergebnisse der HD-Befunde Deutscher Doggen, die in den Jahren 1973 bis 1988 dem Zuchtbuchamt des Deutschen Doggen Clubs zur Prüfung vorgelegt worden sind.

Entwicklung der HD-Befunde von 1973–1988

Jahr	Anzahl der Röntgenbilder	-0-	0-1 1-1	0-2 2-2	0-3 3-3	0-4 4-4
1973	318	22,33%	36,79%	31,13%	9,75%	0
1974	580	28,79%	39,83%	26,03%	5,34%	0
1975	886	21,33%	37,81%	35,10%	5,76%	0
1976	591	25,21%	38,75%	30,96%	4,91%	0,14%
1977	572	28,85%	36,89%	31,29%	9,75%	0
1978	421	36,34%	36,82%	25,18%	1,43%	0,24%
1979	487	31,21%	34,29%	33,06%	1,03%	0
1980	488	30,94%	34,63%	33,40%	1,02%	0
1981	426	32,86%	38,73%	26,29%	1,88%	0,23%
1982	497	32,19%	40,04%	25,75%	2,01%	0
1983	434	27,42%	38,71%	30,18%	3,69%	0
1984	449	22,27%	40,54%	32,74%	4,45%	0
1985	389	22,88%	35,48%	37,02%	4,37%	0,25%
1986	385	20,78%	38,70%	36,62%	3,64%	0,26%
1987	341	15,23%	39,00%	37,24%	8,21%	0,29%
1988	258	15,89%	35,27%	39,15%	9,69%	0

Der Vergleich der Jahre 1973 und 1988 zeigt, daß sich am Gesamtergebnis der aufgrund ihres HD-Befundes zuchttauglich geschriebenen Hunde nichts geändert hat. Es beträgt in den Bereichen HD-0 bis HD-2 nach wie vor 90%. Innerhalb dieses Bereiches ist aber eine tendenzielle Gewichtung zur leichten HD hin festzustellen. Die Gründe liegen möglicherweise in einer nachlassenden Motivation der Züchter, die im Laufe der Jahre eingetreten ist. So erscheint es jedenfalls im Zusammenhang mit einer Statistik der Zuchtbuchstelle des DDC (Walze), wonach bis zum Jahre 1980 etwa 56% der Elterntiere aus den HD-Bereichen HD-0 bis HD-1 ausgewählt worden sind. Nur 44% des Nachwuchses entstammten Verpaarungen, in denen beide Elternteile den HD-Befund 2 (leichte HD) aufwiesen. Dieses Verhältnis hat sich in den nachfolgenden Jahren bis 1988 in etwa umgekehrt. Eine Beobachtung zur Stützung der These, daß im ganzen gesehen die Nachkommenschaft um so besser sein wird, je besser der Zustand der Eltern hinsichtlich der Hüftstruktur ist.

Aus dem vorliegenden Zahlenmaterial geht aber auch hervor, daß mit den bisherigen Selektionsmethoden eine weitergehende Reduzierung der Hüftgelenksdysplasie nicht möglich ist. Infolge der geringen Heritabilität der HD war ohnehin nur in den ersten Jahren mit einigem Erfolg zu rechnen, hier ausgelöst durch die Herausnahmen von Hunden mit HD-3 und HD-4. Bei dem nunmehr erreichten Selektionsplateau müßten andere Kriterien zur weiteren Reduzierung der HD herangezogen werden. Diese könnten in einer individuellen Vererbung der Elterntiere zu sehen sein, nachdem bekannt ist, daß trotz eines gleichen HD-Grades sich Einzeltiere sehr unterschiedlich vererben.
Erreichen nun Tiere mit zwar gutem HD-Grad, aber schlechter Vererbung eine große Verbreitung in der Zucht, wie es immer wieder bei hochprämierten Tieren durch den offenbar nicht zu beeinflussenden ›Run zum Sieger‹ geschieht, so ist es nicht verwunderlich, wenn Fortschritte in der Bekämpfung der HD geringer werden. Die Konsequenz wäre eine gezielte Selektion von solchen Negativvererbern etwa in der Form, daß Zuchtrüden zunächst nur eine gewisse Anzahl von Würfen zugestanden wird. Über eine weitere Freigabe müßte dann nach der Auswertung der Röntgenergebnisse von einer bestimmten Anzahl ihrer Nachkommen entschieden werden.
Die Grundlage des Verfahrens zur Diagnose des Hüftgelenkes bildet die röntgenologische Untersuchung. Da nach allgemeiner Auffassung Hüftgelenksdysplasie nicht schon bei Geburt vorliegt, sondern sich erst später entwickelt, sollte, um zu einer optimalen Beurteilung zu kommen, eine entsprechende Auswertung erst in einem Alter von 15 bis 18 Monaten vorgenommen werden, wenn eine vollständige Verknöcherung des Skeletts stattgefunden hat.

Wir in Deutschland verlangen eine Röntgenaufnahme, die bei Rückenlage des Hundes mit gestreckten Gliedmaßen angefertigt werden soll. Sie muß das gesamte Becken sowie die Oberschenkel in möglichst vollkommener Symmetrie zeigen. Als Beurteilungskriterium gilt die international anerkannte Winkelmessung nach Norberg. Sie erfaßt den Winkel, der von der Verbindungslinie beider Oberschenkel-

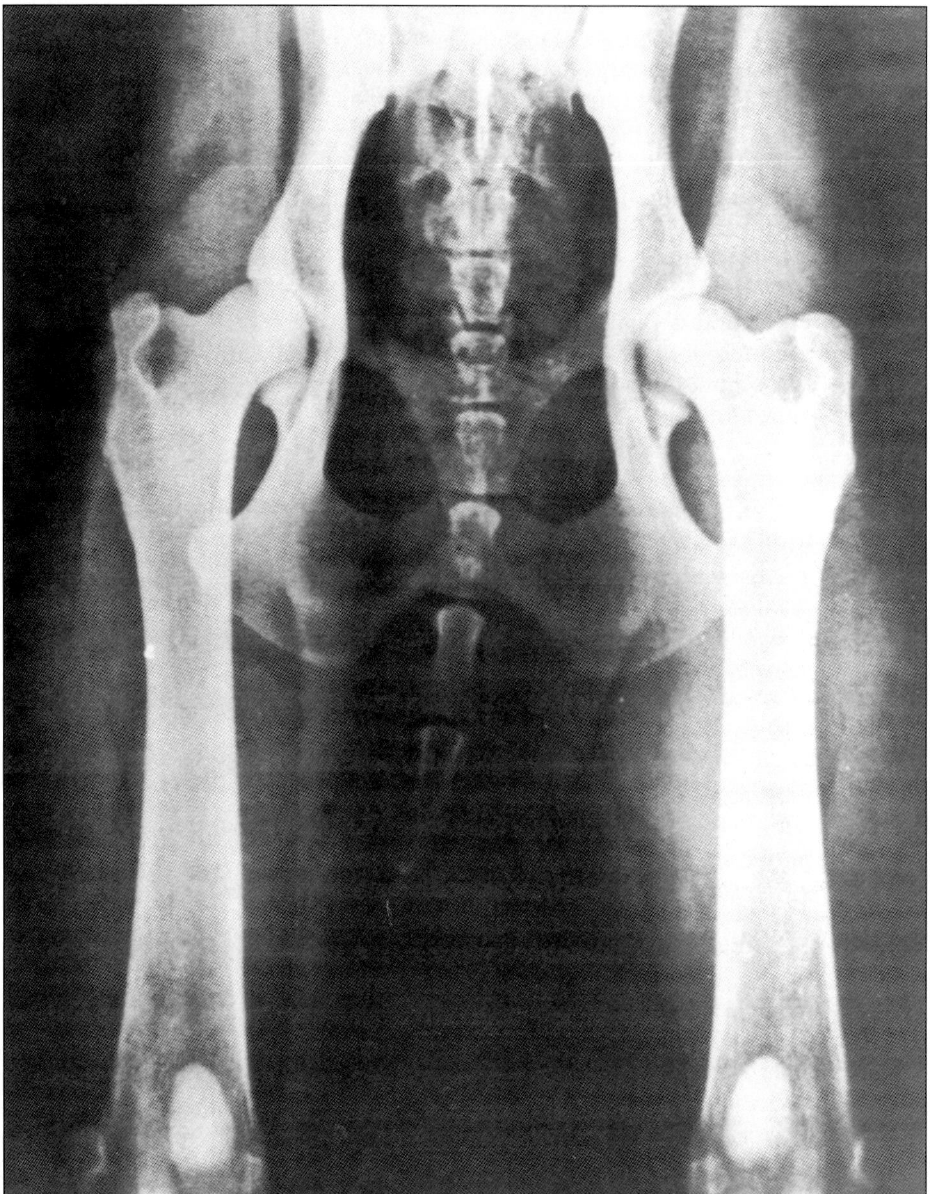

Abb. 130: HD-frei. Kein Hinweis auf Hüftgelenkdysplasie, hervorragende Hüftgelenke.

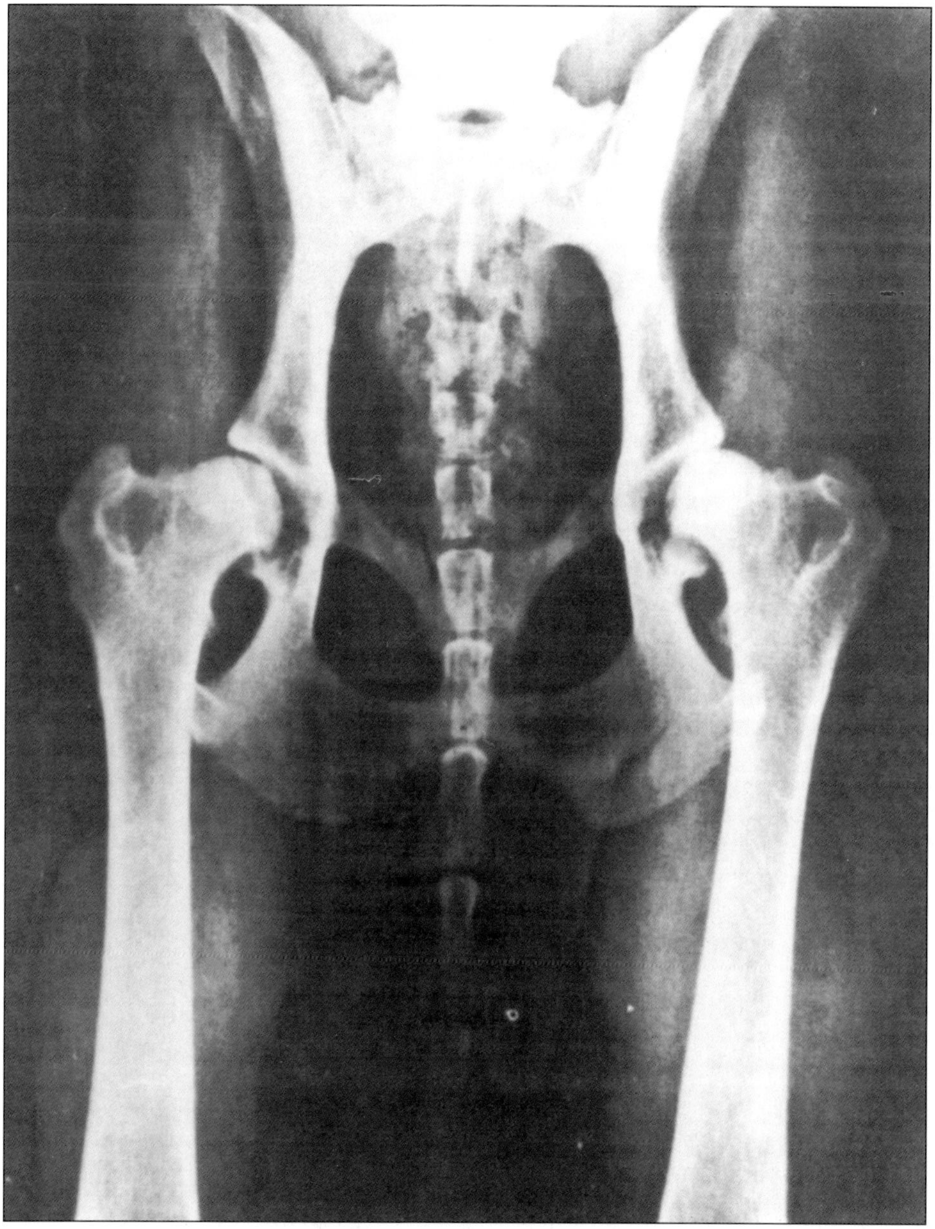

Abb. 131: Schwere HD. Osteoarthrose. Deutliche Subluxation. Abflachung des kranalen Azetabulumrandes, Deformierung des Femurkopfes und Exotosen am Femurhals.

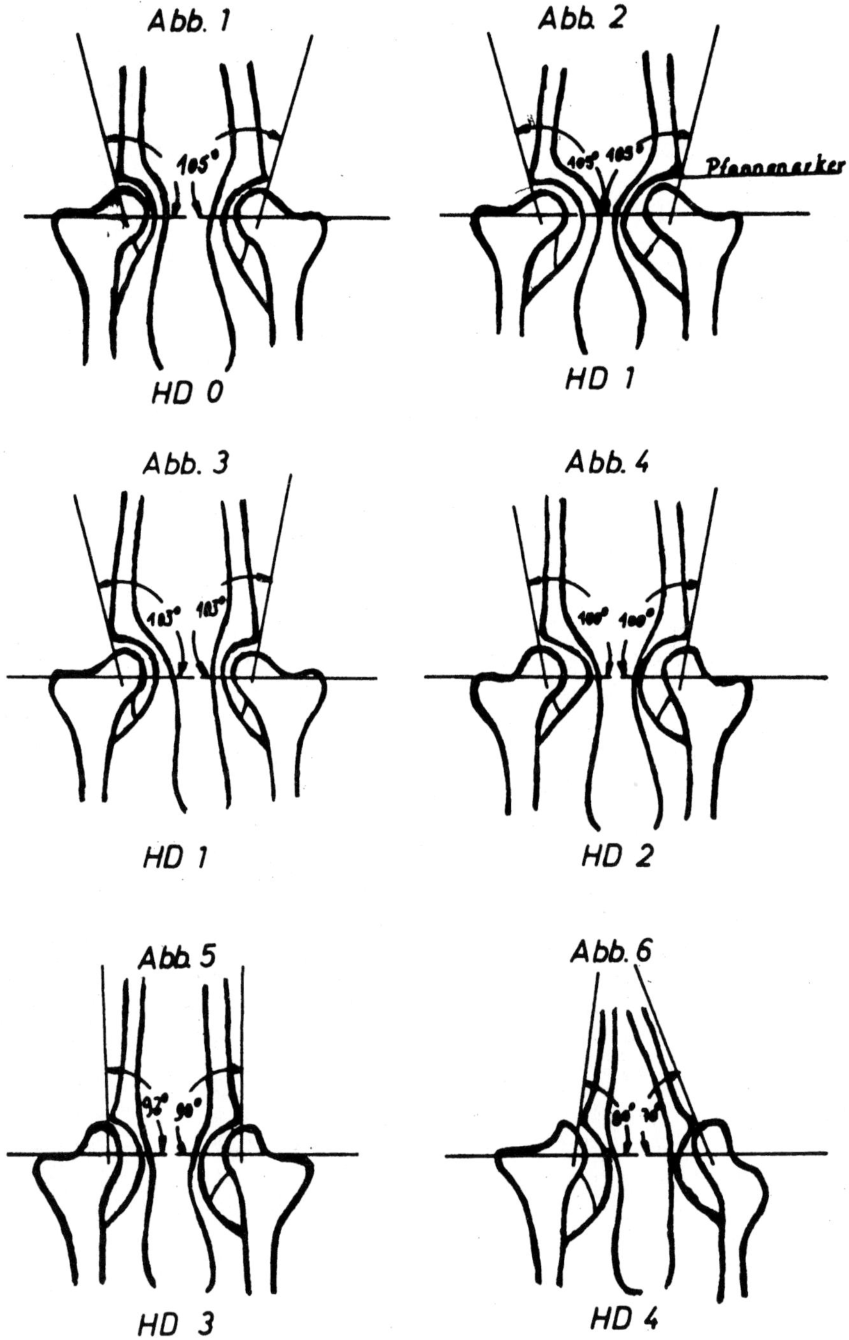

Illustrationen 35: HD-Klassifizierung

kopf-Mittelpunkte und der jeweiligen Verbindungslinie vom vorderen oberen Pfannendachrand zu dem Oberschenkelkopf-Mittelpunkt gebildet wird. Dieser, mit Hilfe einer Schablone gemessene Winkel, sollte mindestens 105 Grad oder mehr betragen.
Die Illustr. 35 (nach Badde) zeigen die in Deutschland gebräuchlichen Klassifizierungen HD-0 bis HD-4, wie sie aufgrund der Winkelmessungen vorgenommen werden.

HD-0 = Kein Hinweis auf eine HD. Der Winkel nach Norberg ist 105 Grad oder größer. Sonst keine Veränderung am Hüftgelenk. (Abb. 1)

HD-1 = Übergangsform = verdächtig auf HD. Der Winkel ist 105 Grad oder größer, aber die Begrenzungslinie von Oberschenkelkopf und Hüftpfanne verlaufen nicht ganz parallel (sind nicht kongruent). (Abb. 2) Oder der Winkel ist kleiner als 105 Grad (zwischen 105 und 100 Grad), wobei jedoch eine Kongruenz zwischen Kopf und Pfanne besteht. (Abb. 3)

HD-2 = Leichte HD. Der Norbergwinkel darf nicht kleiner als 100 Grad sein, also zwischen 105 und 100 Grad. Die Begrenzungslinien von Oberschenkelkopf und Hüftpfanne verlaufen unregelmäßig, sind nicht parallel, also nicht kongruent. Das Pfannendach ist seitlich vorn oben etwas abgeflacht, es umfaßt den Oberschenkelkopf nicht mehr so gut. (Abb. 4)

HD-3 = Mittlere HD. Der Norbergwinkel darf nicht kleiner als 90 Grad sein, muß also zwischen 100 und 90 Grad liegen. Es besteht eine starke Inkongruenz zwischen den Begrenzungslinien von Oberschenkelkopf und Hüftpfanne. Das Pfannendach ist seitlich vorn oben verstärkt abgeflacht. Zusätzlich sind an den Hüftgelenken verstärkte arthrotische Abnutzungserscheinungen in Form von knöchernen Ausziehungen nachweisbar.

HD-4 = Schwere HD. Der Norbergwinkel ist kleiner als 90 Grad. Sehr starke Inkongruenz zwischen Pfanne und Oberschenkelkopf. Starke Abflachung des Pfannendaches, so daß der Kopf von der Pfanne nur noch ganz wenig überdacht wird (deutliche Subluxation) oder ganz außerhalb der Pfanne steht (Luxation). Oft ist der Kopf des Oberschenkels noch stark deformiert und arthrotisch verändert bei gleichzeitig starker Abflachung der Gelenkpfanne.

Bisher haben sich die kynologischen Dachverbände im internationalen Bereich noch nicht dazu entschließen können, die Einteilung der HD-Abstufungen nach gleichen Kriterien vorzunehmen.

Magendrehung

Für diese lebensbedrohliche Erkrankung besteht offenbar eine rassegebundene Anfälligkeit, von der insbesondere Deutsche Doggen, Deutsche Schäferhunde, Boxer, Irische Wolfshunde und Bluthunde betroffen sind.

Bei der Magendrehung, die überraschend und plötzlich bei vollkommen gesunden Tieren auftritt, dreht sich der Magen von links nach rechts um 90 bis 180, im Extremfall um 360 Grad um seine Längsachse. Mageneingang (Speiseröhre) und Magenausgang (Zwölffingerdarm), sowie alle zu- und abführenden Blutgefäße des Magens werden bei diesem Vorgang abgeklemmt und damit sind deren Versorgung und Funktionen unterbrochen. Durch den Ausfall der Magensekretion kommt es zu einer raschen Vermehrung der im Nahrungsbrei enthaltenen Bakterien; der Mageninhalt vergärt unter starker Gasentwicklung.

Die Magendrehung, in ihrem Anfangsstadium äußerlich nicht zu erkennen, zeichnet sich nunmehr durch den infolge des hohen Gasdruckes prall gespannten Unterleib ab, sowie nach außen gedrückte Rippenbögen. Alle Anstrengungen des Tieres, sich durch Brech- und Würgebewegungen seines Mageninhaltes zu entledigen, sind erfolglos. Starker Speichelfluß, hochgradige Atemnot, steifer, unbeholfener Gang sind weitere untrügliche Anzeichen für den Besitzer, daß unverzügliches Handeln mit Hilfe eines chirurgischen Eingriffs, bei dem der Magen zurückverlagert wird, geboten sind. Die aus dem Gleichgewicht geratenen chemischen Reaktionen des Blutbildes führen ansonsten innerhalb von 4 bis 6 Stunden zu Herz- und Kreislaufversagen und damit zum Tode des Hundes.

Tierärzten gelingt es manchmal, diesen Prozeß der Magendrehung in seinem Anfangsstadium zu stoppen, indem sie der Dogge eine Magensonde in Form eines dünnen Plastikschlauches durch den Schlund einführen. Der Magen entgast und dreht sich u. U. von allein in seine ursprüngliche Lage zurück. Chancen hierzu bestehen allerdings nur, wenn der Mageneingang noch nicht vollkommen verschlossen ist.

Die Ursachen einer akuten Magendrehung liegen offensichtlich in einer Störung des Gleichgewichts bestimmter Blutkomponenten, wobei den als Elektrolyten dienenden Mineralstoffen Kalzium, Phosphor, Kalium u. a. besondere Bedeutung zukommt. So schlagen sich die Folgen eines unausgeglichenen Kalzium-Phosphor-Haushaltes nicht nur als Störungen des Knochenaufbaues und der Entwicklung der Organe nieder, sondern spielen auch eine Rolle in Bezug auf die Nerven- und Muskeltätigkeit. Eine abnorme Senkung des Kalziumspiegels im Blut, mit der gewöhnlich eine Störung beginnt, löst besonders im Magen-Darm-Komplex Muskelkrämpfe aus. Ursachen, die zu einer Senkung des Kalziumspiegels im Blut führen, können zum Beispiel ein an Kalzium armes und an Phosphor reiches Futter sein, chronische Nierenleiden, die eine Ausscheidung der phosphorsauren Salze verhindern und dadurch eine proportionelle Senkung des Blutkalziumspiegels bewirken, Kalziumverluste bei der säugenden Hündin, krankhafte oder evtl. erbliche Störungen der endokrinen Drüsen, die den Kalzium-Phosphor-Haushalt regulieren. Um deutlich zu machen, wie kompliziert die zu einer Magendrehung führenden Vorgänge letztlich sind, sei darauf hingewiesen, daß die Zerstörung des mineralischen Gleichgewichtes des Blutes auch durch einen überhöhten Alkaligehalt (Natrium und Kalium sind die sog. Alkalimetalle) als Folge eines Säureverlustes des Blutes oder der Eingabe alkalischer Stoffe entstehen kann. Alkalosis nennt man diesen Zustand, der bei normalem Verlust von Salz und Wasser bei übertriebenem Hecheln, aber auch bei Verlust von Hydrochloridsäure im Magen bei übermäßiger Nahrungsaufnahme eine Krise auslösen kann, wenn die auf »normal« eingestellten Kontrollmechanismen eines mineralischen Gleichgewichtes des Blutes versagen.

Jeder Doggenbesitzer sollte daher zur Vorbeugung folgende Regeln beachten:

1. Es ist besser, täglich mehrere kleine Futterportionen zu verabreichen als eine einmalige große. Eine Dogge, die nur einmal am Tag und zu unregelmäßigen Zeiten gefüttert wird, neigt dazu, sich zu überfressen. Je älter die Dogge ist, desto eher ist bei einem überfüllten Magen eine Erschlaffung jener Bänder möglich, mit denen der Magen in der Bauchhöhle befestigt ist.
2. Nach dem Fressen sollte die Dogge tunlichst ruhen. Auf jeden Fall verhindere man bei einem überfüllten Magen das ausgelassene Spielen und Herumtollen des Tieres, bei dem der Magen so in Schwung geraten kann, daß er sich um seine eigene Achse dreht.
3. Die Nahrung muß aus Bestandteilen bestehen, die ein ausgeglichenes Kalzium-Phosphor-Verhältnis gewährleisten (s. unter Kapitel Ernährung).
4. Zusätzliche Gaben von »Konditionsmitteln« jeglicher Art, inclusiv Kalziumtabletten, Vitamin A und D sind nur auf Anraten eines Fachmannes zu verabreichen. Übertreibungen können mehr Schaden anrichten als Mangel.
5. Man sorge dafür, daß die Dogge stets Zugang zu frischem Wasser hat.
6. Man vermeide Situationen, die zu einem übertriebenen Hecheln führen. Sollte dies dennoch der Fall sein, lasse man sie nach Bedarf Wasser zu sich nehmen. Dieses sollte leicht gesalzen werden.
7. Ein täglicher Auslauf der Dogge im Freien oder ein ausgiebiger Spaziergang mit ihr müssen gewährleistet sein. Mangelnde Bewegungsmöglichkeiten, vor allem eine ausschließliche Zwingerhaltung, führen leicht zu chronischen Nierenleiden.

Herzkrankheiten

Ein Blick in die Fachliteratur eines Tierarztes lehrt uns, daß es eine ganze Reihe von Herzkrankheiten gibt, sie einzeln zu erläutern, wäre sehr kompliziert und bliebe im Rahmen dieses Buches ohne Gewinn. Nachdem in den letzten Jahren aber immer häufiger das Phänomen der Herzerkrankungen zur Diskussion steht und in aller Regel dann, wenn der plötzliche Tod einer Dogge zu beklagen ist, will ich mich kurz mit den Symptomen beschäftigen, wie sie sich bei Deutschen Doggen bemerkbar machen. Bekannt ist, daß auch andere, vor allem große Hunderassen wie Bernhardiner, Neufundländer, Bouvier des Flandres, Mastiff, Irischer Wolfshund und Dobermann mit dem Problem der Herzmuskelerkrankungen zu tun haben. Sie tritt in aller Regel beim erwachsenen Hund auf und ist »Folge einer Degenerierung des Herzmuskels« (s. Calvert/Pickus ›Unser Dobermann 11/89).

Bekannt sind vor allem zwei Erscheinungsformen:

1. Der plötzliche Tod durch Herzstillstand. Er ist auf hochgradige Unregelmäßigkeit der Herzrhythmen zurückzuführen. Anfallsweise ist der Herzschlag auf über 350 Schläge pro Minute beschleunigt.
Der Tod tritt vollkommen überraschend ein. Betroffen sind anscheinend gesunde und lebhafte Doggen, die plötzlich, ohne vorherige Anzeichen einer Krankheit, sterben. Manche ereilt es im Schlaf, andere brechen beim Spielen, Spazierengehen, in Ruhepausen oder beim Fressen zusammen und verenden, ohne daß der ratlose Besitzer je Anzeichen einer Krankheit bemerkt hat. Die Früherkennung beginnender Störungen ist auch für den Fachmann sehr schwierig, für den Laien unmöglich, zumal im Gegensatz zu dem des Menschen der Herzschlag des Hundes unregelmäßig ist.
2. Kongestives Herzversagen. Diese von der Wissenschaft so benannte Erkrankung des Herzens ist die Folge einer allmählichen Verschlechterung des Herzmuskels. Auslöser dieser Krankheit sind in der Regel Herzklappenfehler, die nach einiger Zeit zu Stauungsvorgängen in der Lunge führen. (Kongestition = übermäßiger Blut- und Flüssigkeitsstau in den Lungen.) Zu Beginn dieses Prozesses vermag das Herz zunächst den Schaden durch Vergrößerung seiner Herzkammern auszugleichen (Dilation der Herzkammern = krankhafte Erweiterung der Herzkammern). Wenn das nicht mehr möglich ist, kommt es zur Schwächung des Herzmuskels, wobei immer weniger Blut in den Kreislauf gepumpt wird. Der Zeitraum, innerhalb dessen sich dieser fortschreitende Prozeß vollzieht, beträgt 15 Monate oder länger. Anfangs sind es leichte Herzrhythmusstörungen, die unentdeckt bleiben, da kaum äußerliche Symptome wahrnehmbar sind. Vorübergehend leichter Husten, Trägheit und kleine Atembeschwerden werden zumeist von den Besitzern der Dogge nicht beachtet. Erst wenn sich Atemnot einstellt, der Husten heftiger wird, besonders bei heißem Wetter, hoher Luftfeuchtigkeit oder Föhn (»Herzasthma«) das Tier unruhig ist, sich weigert hinzulegen, vor allem nachts, werden sie sich dieses Problems bewußt.
Herzrhythmusstörungen lassen sich mit Digitalis behandeln. Allerdings führt diese Behandlung nicht zur Heilung, sondern lediglich zu einer Stabilisierung der Herzfunktionen, wodurch u. U. auch im letzten Stadium des kongestiven Herzversagens das Leben der Dogge um einige Zeit verlängert werden kann. Eine einmal begonnene Therapie muß zuverlässig bis zum Lebensende der Dogge fortgesetzt werden.
Obwohl spezielle Untersuchungsergebnisse bezüglich der Herzerkrankungen für Deutsche Doggen noch nicht vorliegen, kann unter Berufung auf umfangreiche Untersuchungen in den USA, die u. a. beim Dobermann erfolgt sind, davon ausgegangen werden, daß erblich bedingte Faktoren vorzuliegen scheinen. Ein Zusammenwirken von genetischen Anlagen und schädigenden Umwelteinflüssen – wie bei der Hüftgelenksdysplasie – ist nicht auszuschließen. Da hier möglicherweise ein Schlüssel für die Erkennung der Frühsterblichkeit der Dogge liegt, sollten Verein, Züchter und Liebhaber der Rasse dazu beitragen, die Ursachen dieser Krankheit zu erforschen.

Abb. 132: Zum guten Schluß: Harmonie!

XXVI. Zum Schluß

Ich bin am Ende meines Buches angekommen, die letzten Korrekturen sind angebracht, und ich lege es nunmehr in die Hände meiner Verleger und damit meiner Leser. Wenn es mir gelingen sollte, Verständnis und Liebe für unseren Hund, die Deutsche Dogge, zu erwecken, sehe ich seinen Zweck erfüllt. Abschließen möchte ich mit den wundervollen Worten des Dichterphilosophen Maurice Maeterlinck in »Le Double Jardin« über das Verhältnis von Mensch und Hund:

»Der Mensch liebt den Hund, aber wieviel mehr noch müßte er ihn lieben, wenn er daran denkt, daß er in der unbeugsamen Harmonie der Naturgesetze die einzige Ausnahme, das einzige Wesen ist, das die Trennungswand durchbrochen hat, um uns näher zu sein; diese Trennungswand, die sonst überall undurchdringbar die Arten voneinander scheidet. Wir sind allein, vollkommen allein auf diesem Zufallsplaneten. Und von all den vielen Lebewesen, die uns umgeben, hat keines außer dem Hunde einen Bund mit uns geschlossen.

Er hat loyal, glaubend und unumstößlich die menschliche Überlegenheit anerkannt und sich ihr mit Leib und Seele ergeben, ohne Hintergedanken, ohne Absicht zur Rückkehr, sich nur soviel von seiner Freiheit, seinem Instinkt, seinem Charakter erhaltend, als unbedingt notwendig ist, um das ihm von der Natur vorgeschriebene Leben zu erhalten.«

Roetgen, im Frühjahr 1990

Winfried Nouč

XXVIII. Bildbeiträge

Die historischen Bilder der doggenartigen Hunde und die der frühen Entwicklungsjahre der Deutschen Dogge stammen aus der umfangreichen Sammlung des Kynos Verlages oder wurden den Archivunterlagen des Deutschen Doggen Clubs entnommen. Drei Abbildungen (»der große dänische Hund«, »der Tigerhund«, »die große Dogge«) von Magnus Brasch, in Kupfer gestochen und in Farben erleuchtet, aus der Raspischen Buchhandlung, Nürnberg 1789, werden zum ersten Mal mit freundlicher Genehmigung der Stadtbibliothek Nürnberg veröffentlicht.

Zu den Doggenfreunden, die mir in uneigennütziger Weise Fotos ihrer Lieblinge zur Verfügung gestellt haben, gehören: Dr. Bernhard Badde, Recklinghausen; Sigrid Baldesi, Santena - Italien; Werner Bienert, Blomberg; Gerda van den Bosch, Zoeterwoude - Niederlande, Margret Everton, Birmingham - England; Veronika Ewaldsen, Neukirchen; Ruth Freund, Mannheim; Gera Frintrop, Duisburg; Werner Fuchs, Reken; Siegfried Goldschmitt; Lünne; Karin Gubser, Bichelsee - Schweiz; A. und D. Hinze, Altenburg; H. und H. Isfort, Horstmar; Dr. Herbert und Iris Kahmer, Erlensee; Karina De Mare, Otteshaw Surrey - England; Hermann Lorenz, Fürth; Markus Lück, Hattingen; Walter Nöll, Kreuzthal; Hedy Nouc, Roetgen; Helga Ohlenforst, Düsseldorf-Erkrath; Ortsgruppe Hamburg; Ortsgruppe Nürnberg; Ewald Pharo, Undenheim; Gunnel Radström, Tullinge - Schweden; Barbara Rettig, Pfaffenhofen; Resi Rübbelke, Dellbrück-Westenholz; Albert Schleicher, Riesbürg; Marie-Jeanne Strauve, Beverst - Belgien; Katrin Stucki, Thun - Schweiz; Margit Völzer, Schuttrange - Luxemburg; Rosita Virnich-Faulwetter, Montzen - Belgien; Brigitte Vollmann, Maibach; Helga Wallner, Kaisheim; Elke Wenzel-Haase, Darmstadt.

Um keine Einzelhunde oder Zwinger herauszustellen, wurde bewußt auf die Nennung von Zwingernamen, Rufnamen, Stammbuchangaben u. a. verzichtet. Sollte jemand irrtümlich unter den o. g. Namen nicht aufgeführt sein, so bitte ich dieses zu entschuldigen.

XXVIII. Literaturverzeichnis

American Kennel Club, The Complete Dog Book, New York 1968
Ash, C. Edward, Dogs, their History and Development, London 1927
Beckmann, Ludwig, Geschichte und Beschreibung der Rassen des Hundes, Bd. I u. II, Braunschweig 1894/95, Reprint Mürlenbach 1983
Bylandt, H., Die Rassen des Hundes, Brüssel 1897
Bonetti, Franco u. Gorrieri, Walter, Der Hund – Anatomischer Aufbau und Fortbewegung, Modena 1976
Buffon, H. L. L., de, Naturhistorie der Vierfüßigen Thiere, 1772
Bungartz, Jean, Der Luxushund, Berlin 1888
Burns, M. u. Fraser, M., Die Vererbung des Hundes, Reutlingen 1968
Dalzil, H., British Dogs, London 1878/80
Denlinger, Milo G., The Complete Great Dane, Silver Spring 1950
Deutscher Doggen Club 1888 e. V., Zuchtbücher Bd. I (1897), Bd. II (1901), Bd. III (1907), Bd. IV/V, VI (1913)
Deutscher Doggen Club 1888 E. V., Almanach 1982–88
Dhont, Ir. N., De Duitse Dog, Den Haag, o. J.
Dhont, Ir. N., Onze Hond-voedingsgids, Den Haag 1979
Donath, W. F., Hunde – gesund ernährt, Zürich 1971
Edwards, Sydenham, Cynographia Britannica, 1800
Eichelberg, Helga, Kleine Einführung in die Genetik, Boxer Blätter 1985
Ellenberger, Baum u. a., Handbuch der Anatomie der Tiere für Künstler, Leipzig 1911
Fiedelmeier, Leni, Die Deutsche Dogge, Schloß Bleckede, a. d. Elbe 1967
Fischel, W., Die Seele des Hundes, Berlin 1950
Fitzinger, L. I., Der Hund und seine Racen, Tübingen 1876
Flemming, H. F. von, Der Vollkommene Teutsche Jäger, 1724
Gesner, Konrad, Historia Animalium (1587), Frankfurt a. M., 1669
Hart, Ernest, This is the Great Dane, New York 1967
Haß, Hermann, Bismarck-Selbstzeugnisse zu Bauerntum u. Natur, Jena 1927
Hutchinson, Walter, Hutchinson's Dog Encyclopaedia, London 1935
Jödicke, R., Zur Farbvererbung bei der Deutschen Dogge, Teile I–V im Almanach 1983–88
Keckler, Virignia, The Great Dane, Chicago 1953
Kennel Club, Standards of the Breeds, London 1989
Klatt, B., Extreme Rassenkreuzungen beim Hund, 1941–43
Klatt, B., Wuchsformen und Hypophyse, 1946
Kufner, Paul, Ausbildungspraxis in Wort u. Bild, Deggendorf 1983
Lanning, Jean, The Great Dane, London 1971
Lee, Rawdon, Modern Dogs, Horace Cox 1893
Lenz, M. u. Marcks, E., Das Bismarck-Jahr, Hamburg 1915
Mackenzie, Morell, Great Danes – Past and Present, Manchester 1912
Nederlandsch Duitse Doggen-Stamboek, Bd. I, 1901
Niemand, H. G., Praktikum der Hundeklinik, Berlin 1962
Niemand, H. G., Hundehaltung – aber wie?, Reutlingen o. J.
Nouc, Winfried, Die Dogge, Köln 1977
Räber, Hans, Brevier neuzeitlicher Hundezucht, Bern 1974
Seiferle, Eugen, Neue Hundekunde, Rüschlikon b. Zürich 1960
Schneider, A. u. W., Hundekrankheiten, Stuttgart 1979
Schneider-Leyer, E., Mein Freund der deutsche Rassehund, Stuttgart 1956
Shaw, Vero, The Illustrated Book of the Dog, London, Paris, New York, o. J.
Shaw, Vero, Das illustrierte Buch vom Hunde, übersetzt u. mit Anmerkungen versehen von R. v. Schmiedeberg
Specht, Friedrich, Diana-Blätter für Jagd- u. Hundefreunde, Stuttgart 1874
Stockmann, F., Das Gangwerk des Hundes, Weiden 1985
Stonehenge, The Dog in Health and Disease, ohne Ortsangabe 1887
Stonehenge, The Dog, London 1972
Strebel, Richard, Die deutschen Hunde u. ihre Abstammung, Frankfurt/M. 1901/05, Reprint Mürlenbach 1986
Ströse, A., Unsere Hunde, Bd. I, Neudamm 1902
Täntzer, J., Der Dianen Hohe u. Niedere Jagtgeheimniß u. Geheime u. gar rare Jäger-Künste, Nürnberg 1682
Trumler, E., Das Jahr des Hundes, Mürlenbach 1984
Trumler, E., Mit dem Hund auf Du, München 1981 – Hunde ernst genommen, 1974
Trumler, E., Der schwierige Hund, Mürlenbach 1986
Trumler, E., Mensch und Hund, Mürlenbach 1988
Turner, J. Sidney, The Kennel Encyclipaedia, London 1908
Wegner, Wilhelm, Kleine Kynologie, Konstanz 1979
Wiesner, E. u. Willer, S., Lexikon der Genetik der Hundekrankheiten, Stuttgart 1984
Willis, Malcolm B., Züchtung des Hundes, Stuttgart 1984
Winckell, G. F. D., Aus dem Handbuch für Jäger, Jagdberechtigte u. Jagdliebhaber, 1820
Zorn, Carl, Des edlen Hundes Aufzucht, Pflege, Dressur, Zahna 1901

XXIX. Wichtige Anschriften

Deutscher Doggen Club 1888 e. V. (DDC)

Der Deutsche Doggen Club wurde am 12. Januar 1888 in Berlin gegründet und ist der älteste deutsche Spezialclub für eine Hunderasse. Grundlegend für die gesamte Doggenzucht ist das Deutsche Doggen-Stammbuch geworden, dessen I. Band im Jahre 1897 herausgegeben wurde und seit dieser Zeit in ununterbrochener Reihenfolge unter der alleinigen Verantwortung und im Eigenverlag des Deutschen Doggen Clubs erschienen ist.

Unter dem Einfluß des »Deutschen Kartells für Hundewesen« (DKH)-Vorläufer des späteren Verbandes für das Deutsche Hundewesen e. V. – schlossen sich am 06.11. 1910 der »Deutsche Doggen Club 1888 e. V.« und der »Doggen-Bund« zu einer losen Vereinigung, dem »Deutschen Doggen-Verband« (D.D.V.) zusammen. Ziele dieses Zusammenschlusses waren eine gemeinsame Zuchtbucherstellung unter der Federführung des DDC, die Durchführung gemeinsamer Zuchtschauen mit der Vergabe von Siegertiteln und die gegenseitige Anerkennung der Zuchtrichter.

Der »Doggen-Bund« besaß von Anfang an nicht das feste Gefüge des DDC. Er war, im Jahre 1909 in Salzburg gegründet, lediglich eine Interessengemeinschaft der nachstehend aufgeführten Doggen-Clubs:

1. Nationaler Doggen-Club, Sitz: München. Gegründet im Februar 1889, vereinigt mit dem DDC in den Jahren 1904 bis 1907. Sektionen: Berlin, Sachsen, Thüringen, Württemberg, Oberbayern, Franken, Rheinprovinz, Baden, Hamburg, Österreich, Belgien, Frankreich.
2. Norddeutscher Doggen Club, Sitz: Hamburg
3. Südwestdeutscher Doggen-Club, Sitz: Mannheim
4. Schweizer Doggen Club, Sitz: Zürich
5. Württemberger Doggen-Club, Sitz: Stuttgart. Gegründet am 17. 9. 1892
6. Österreichischer Doggen-Club, Sitz: Wien
7. Ostdeutscher Doggen-Club, Sitz: Königsberg i. P.

Im August 1929 fand die Vereinigung dieser beiden großen Verbände statt. In den vertraglichen Vereinbarungen heißt es hierzu:

»Von dem Wunsche beseelt, ihren Mitgliedern und der Deutschen Doggenzucht zu dienen, gehen der »Deutsche Doggen Club e. V.« und der »Doggen-Bund« folgenden Vertrag ein:

»Der D.D.C. verdeutscht seinen Namen in »Deutscher Doggen-Verein« (D.D.V.). Der D.B. tritt mit allen in ihm zusammengeschlossenen Vereinen (Doggen-Clubs) zum »Deutschen Doggen-Verein« über.«

Nach der Machtübernahme durch die Nationalsozialisten im Jahre 1933 wurden alle Rassezuchtvereine in sogenannte Fachschaften überführt, die der neugeschaffenen »Reichsfachgruppe Deutsches Hundewesen e. V.« (RDH) als unselbständige Untergliederungen unterstanden. Der »Deutsche Doggen-Verein« wurde aus diesem Grunde am 19.11.1933 umbenannt in »Fachschaft für Deutsche Doggen«. Im Jahre 1952 wird auf Beschluß der Mitglieder dieser zwangsweise erteilte Name abgelegt und der ursprüngliche Name »Deutscher Doggen Club 1888 e. V.« (DDC) wieder in die Clubsatzung aufgenommen. Gleichzeitig wird der Rechtssitz des Clubs von Berlin nach Frankfurt a. M. verlegt.

Unter dem Druck der politischen Ereignisse wurde im Gebiet der Deutschen Demokratischen Republik (DDR) die »Spezialzuchtgemeinschaft Deutsche Dogge« gebildet. Sie hat seit dem Jahre 1955 ihre eigenen Zuchtbücher herausgegeben. Die Entwicklungen seit der »Wende« des Jahres 1989 haben auch für die dortigen Doggenfreunde und -züchter eine »Wiedervereinigung« im Rahmen des Deutschen Doggen Clubs gebracht.

Der »Deutsche Doggen Club 1888 e. V.« hat zur Zeit 70 örtliche Untergliederungen, die dem engeren Zusammenschluß der Mitglieder, der gegenseitigen Beratung und Hilfe in der Zucht und der Erziehung der Doggen, der Durchführung von Zuchtschauen und sportlichen Veranstaltungen mit Doggen sowie anderen, allgemeinen kynologischen Veranstaltungen dienen. Sie sind Untergliederungen der nach landsmannschaftlichen Gesichtspunkten errichteten dreizehn Landesgruppen:

Landesgruppe Baden-Württemberg
Landesgruppe Bayern
Landesgruppe Berlin/Brandenburg
Landesgruppe Hessen/Hessen-Nassau
Landesgruppe Mecklenburg-Vorpommern
Landesgruppe Niedersachsen-Bremen
Landesgruppe Nord
Landesgruppe Pfalz-Saar
Landesgruppe Rheinland
Landesgruppe Sachsen
Landesgruppe Sachsen-Anhalt
Landesgruppe Thüringen
Landesgruppe Westfalen

Nützliche Anschriften

Bundesrepublik Deutschland
Verband für das Deutsche Hundewesen e.V. (VDH)
Westfalendamm 174
44041 Dortmund
»Unser Rassehund«
Erscheinungsweise: monatlich

Deutscher Doggen Club 1888 e.V. (DDC)
Geschäftsführer
Siegfried Goldschmitt
Ringstraße 2
D-48480 Lünne
»Unsere Deutsche Dogge«
Erscheinungsweise: monatlich

Belgien
Union Royale Cynologique Saint Hubert
Avenue A. Giraud, 98
B-1030 Bruxelles
»Woef«
Erscheinungsweise: monatlich

Niederlande
Raad van Beheer op Kynologisch
Gebied in Nederland
Postbus 75901
NL-1070 AX Amsterdam

Österreich
Österreichischer Kynologen Verband
(ÖKV)
Johann-Teufel-Gasse 8
A-1238 Wien
»Unsere Hunde«
Erscheinungsweise: monatlich

Schweiz
Schweizerische Kynologische Gesellschaft (SKG)
Postfach 8276/Länggassstr. 8
CH-3012 Bern
»Hunde - Haltung, Zucht, Sport«
Erscheinungsweise: monatlich

Anmerkung: Vereinsanschriften der Spezialclubs für Deutsche Doggen können sich durch Neubesetzung von Vereinspositionen ändern. Bleiben Anfragen unbeantwortet, so wenden Sie sich bitte an den jeweiligen Dachverband.

Alison Hornsby

HUNDE HELFEN MENSCHEN

Hunde als Therapie, Hunde als Helfer - die meisten Blinden, Körperbehinderten, Hörgeschädigten oder auch alten Menschen ahnen gar nicht, wie sehr ein Hund ihr Leben verändern könnte. Speziell ausgebildete Behindertenbegleithunde apportieren Telefonhörer, knipsen Lichtschalter an, öffnen Türen, holen die Post, schlagen im Notfall Alarm und sind - das nicht zuletzt - rund um die Uhr für ihren Menschen da. Dieses Buch dokumentiert in zahlreichen Fallbeispielen eindrucksvoll, was diese Hunde leisten können.

96 Seiten, zahlreiche Farbfotos

ISBN 3-933228-21-2 / € 17,50

Dr. med. vet. Axel Bogitzky
REISERATGEBER FÜR HUNDEHALTER
Zusammen mit dem Hund in Urlaub fahren? Kein Problem - mit der richtigen Vorbereitung! Neben Informationen zu hundefreundlichen Urlaubszielen und Unterkünften, Einreisebestimmungen, Checklisten für die Reiseplanung, Tipps zur Anreise mit Auto, Bahn oder Flugzeug gibt der Autor auch kompetent Auskunft zu Fragen rund um die Hundegesundheit: Wie schützt man den Hund vor besonderen Krankheitsrisiken auf Reisen? Wie kann man sich bei leichteren Verletzungen oder Erkrankungen erst einmal selbst helfen? Mit einem Sprachführer für Hundefreunde und vielen nützlichen Adressen im Anhang. 120 Seiten, 77 Farbfotos, fester Einband.
ISBN 3-933228-45-X, € 15,--

Viviane Theby/Michaela Hares
... DARF ICH BITTEN?
Dogdancing, die faszinierende neue Sportart mit dem Hund
Tanzen Sie gern? Ja? Und Ihr Hund...? Fragen Sie ihn doch einfach mal! Wir sind sicher: er ist begeistert. »Dogdancing« ist mehr als nur eine Modewelle. Es bietet eine faszinierende Möglichkeit, Freizeit sinnvoll zu gestalten – für Mensch UND Hund! Viele Verhaltensauffälligkeiten bei Hunden haben ein und dieselbe Ursache: Langeweile und Unterforderung! Wie Sie aus einem »Sofarutscher« einen begeisterten Tänzer machen, zeigen Ihnen die Autorinnen Schritt für Schritt und mit ansteckend guter Laune in diesem Band. 120 Seiten, 60 Farbfotos, fester Einband.
ISBN 3-933228-40-9 / € 15,--

Susanne Preuß
DER ZUGHUND
- EINST UND JETZT
Haben Sie einen großen Hund? Haben Sie schon je daran gedacht, ihn einmal anzuspannen? Dass dieser Gedanke keineswegs abwegig ist, zeigen neben den historischen Darstellungen eindrucksvoll auch die zahlreichen positiven Erfahrungen moderner »Zughundeführer«. Die Autorin beschreibt aus langjähriger Praxiserfahrung, welche Wagen und Geschirre geeignet sind, wie man einen Zughund ausbildet und wie man die Leistungsgrenzen seines Hundes erkennt, damit nicht nur der Mensch Spaß hat.
120 Seiten, 60 Farbfotos, fester Einband.
ISBN 3-933228-42-5 / € 15,--

Gisela Rau
DER REITBEGLEITHUND
Die Beziehung zwischen Hund und Pferd besteht aus viel mehr als »Jäger« und »Gejagtem«. Wie Sie als Chef Ihres kleinen Dreierteams es schaffen, harmonische Ausritte zu verleben und Ihren Hund dabei mitnehmen zu können, zeigt dieser Band. Welche Hunde geeignet sind, welche Grundschule Ihr Hund schon absolviert haben sollte und was Sie beachten müssen, um Pferd und Hund aneinander zu gewöhnen, wird anschaulich vermittelt. Mit einem Anhang über das Reit- und Waldrecht in den einzelnen Bundesländern.
120 Seiten, 60 Farbfotos, fester Einband.
ISBN 3-933228-43-3, € 15,--

In Siegerpose!

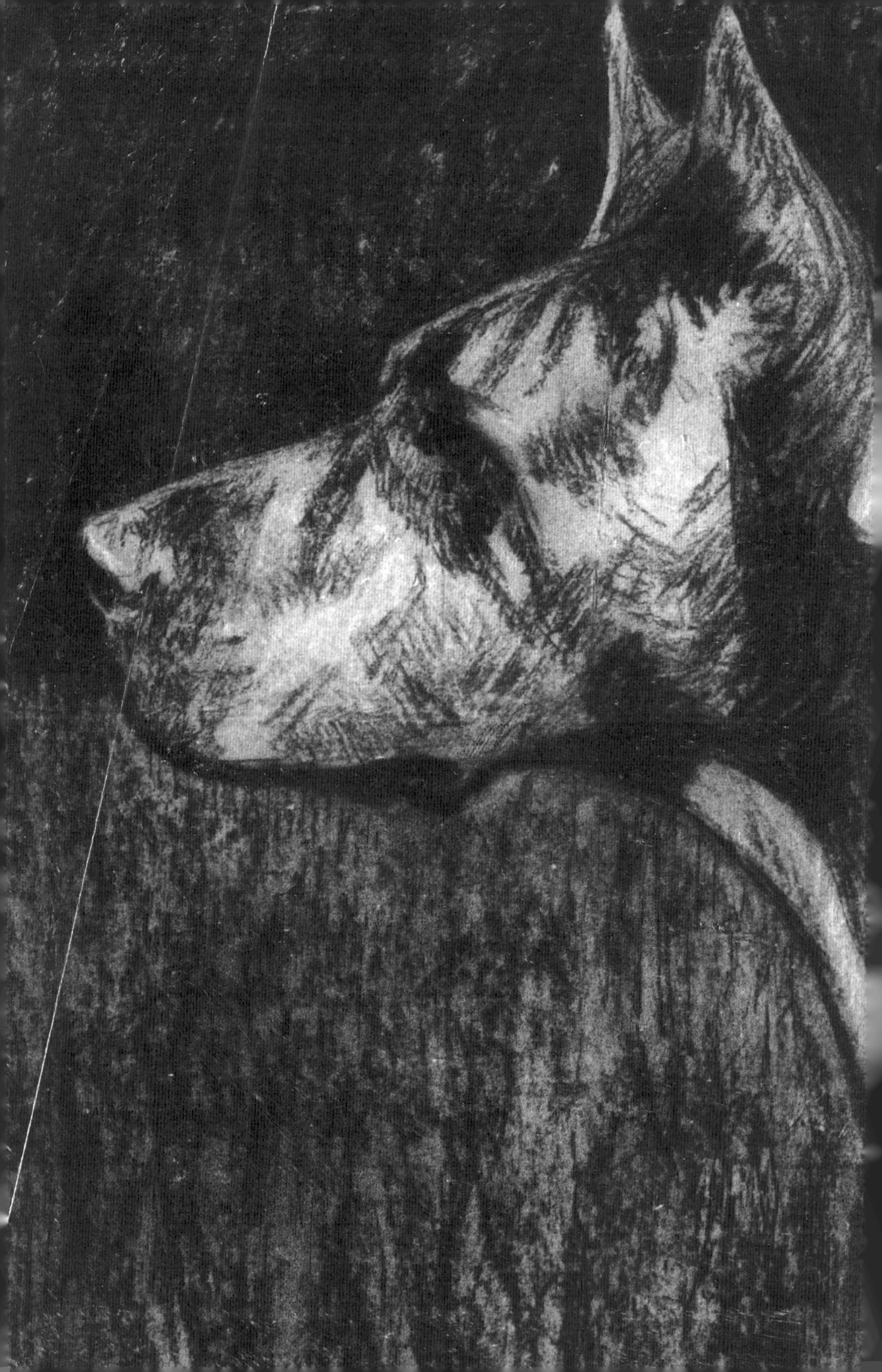